CRITICAL LIVES

[英] 伊斯特·莱斯利 著
陈永国 译

本雅明

WALTER BENJAMIN

北京大学出版社
PEKING UNIVERSITY PRESS

著作权合同登记号　图字：01-2008-4814

图书在版编目（CIP）数据

本雅明/（英）莱斯利（Leslie, E.）著；陈永国译. —北京：北京大学出版社，2013.9
ISBN 978-7-301-22841-8

Ⅰ.①本… Ⅱ.①莱… ②陈… Ⅲ.①本雅明，W.（1892～1940）－思想评论 Ⅳ.① B516.59

中国版本图书馆 CIP 数据核字（2013）第 158051 号

Walter Benjamin by Esther Leslie was first published by Reaktion Books, London, 2007 in the Critical Lives series
Copyright © Esther Leslie 2007

Simplified Chinese edition copyright © 2013 by Peking University Press.
本书中文简体字翻译版由北京大学出版社独家出版发行。

书　　名	本雅明
著作责任者	〔英〕伊斯特·莱斯利 著　陈永国 译
责任编辑	于海冰
标准书号	ISBN 978-7-301-22841-8/I·2657
出版发行	北京大学出版社
地　　址	北京市海淀区成府路 205 号　100871
网　　址	http：//www.pup.cn　新浪官方微博：@北京大学出版社 @培文图书
电子信箱	zpup@pup.cn
电　　话	邮购部 62752015　发行部 62750672　编辑部 62752032　出版部 62754962
印刷者	北京楠萍印刷有限公司
经销者	新华书店
	880 毫米 × 1230 毫米　32 开本　9 印张　200 千字
	2013 年 9 月第 1 版　2013 年 9 月第 1 次印刷
定　　价	36.00 元

未经许可，不得以任何方式复制或抄袭本书之部分或全部内容。
版权所有，侵权必究
举报电话：010-62752024　电子信箱：fd@pup.pku.edu.cn

目　录

001　缩写表

003　第一章　本雅明遗稿
009　第二章　青年时代：1892—1916年
035　第三章　出人头地：1917—1924年
067　第四章　撰文立著：1925—1929年
109　第五章　文人学者：1930—1932年
151　第六章　隐姓埋名：1933—1937年
201　第七章　作家之障：1938—1940
239　第八章　后　记

260　参考文献
267　人名表

缩写表

AP 瓦尔特·本雅明著《拱廊计划》(麻省剑桥：1999—2003)(英文版)
Walter Benjamin, *The Arcades Project* (Cambridge, MA, 1999—2003)

GB I—VI：瓦尔特·本雅明著《选集》第1—6卷(法兰克福，1996)(德文版)
I—VI: Walter Benjamin, *Gesammelte Briefe*, vols I—VI (Frankurt, 1996)

GS I—VII：瓦尔特·本雅明著《全集》第1—7卷(法兰克福，1992)(德文版)
I—VII: Walter Benjamin, *Gesammelte Schriften*, vols I—VII (Frankfurt, 1992)

SW I—IV：瓦尔特·本雅明著《选集》第1—4卷(麻省剑桥，1996—2003)(英文版)
I—IV: Walter Benjamin, *Selected Writings*, vols I—IV (Cambridge, MA, 1996—2003)

年近四十的瓦尔特·本雅明

第一章

本雅明遗稿

瓦尔特·本雅明留下了许多遗稿。他生前发表的著作包括四部专著，一部书信集和普鲁斯特、巴尔扎克、波德莱尔的译文；有从1910年到1940年为不同报刊杂志撰写的文章、评论；他还发表过近90次广播讲话——但没有找到任何一次录音——只留下了手稿。除了这些公开发表的作品外，还有大量个人资料。本雅明是个多产的书信作者，字里行间充满了他对生活细节的描写、他所处的境遇和他的思想，这是由于多年流放和逃亡在外，无法与朋友们进行面对面的日常交流所致。他的许多朋友都保留了这些记录其思想发展和物质状况的文献。本雅明有意识地为未来写作，从早期公开发表的作品、手稿、草稿和影印资料就已开始建构自己的档案库了。本雅明精心组织自己的资料库。档案、文件夹、信封、盒子和箱子，到处都装满了通信、朋友的手稿、私下和公开的事件记录、备忘录、日记、照片、明信片、图画和笔记、文献卡片、目录、一份从小学就开始的书单、一份自己的出版物目录，以及他自己著作的草稿，上面写满了修改或奇怪的标记、文中内容的相互关联和索引等。每一张纸片，图书馆还书单的背面，都记下了文章的构思，画满了把不同观念勾连在一起的方位刻度图和坐标平面图。甚至连转瞬即逝的东西也能在他的档案里找到一席之地，比如来自最令他着迷的诗人波德莱尔的某个想法，后者在现代性中发现了短暂的和永恒的、过渡的和不变的东西。

　　本雅明最喜欢的格式是笔记。没有笔记，他的思想就"无家可归"。[1] 他有7本笔记本和3本记事手册存留于世。这些笔记本中充满了文章和信件的草稿、各种想法、图表、用作题词的引文、参考文献索引和日记的内容，有时候纸页上的每一厘米都写满了密密麻麻的小字。[2] 这些笔记他都是随身携带着的。带着他们，他可以在旅途上、在欧洲的咖啡馆里随时记下思考的内容。他甚至对笔记本挑挑拣拣，尤其喜欢薄而透明的纸页、柔软的仿犊皮封面的笔记本。上述几本之所以幸存下来，是因为他写满了之后，就把它们交给了朋友，请求他们"小心保管好"[3]，而且还有附加条件，作者可以随时把它们要回来。如1928年6月18日他在写给朋友阿尔弗雷德·科恩（Alfred Cohn）的信中说：

> 　　我将继续完成你从我的田地里收集的小草和枝干。这样做至少对我的益处比对你的益处要多一些，因为除了我自己的外，我在别处还有一处完整的植物园。[4]

　　还有许多地方档案。本雅明把资料交给了许多朋友和机关。

---

[1] *GB*, III, p. 433.
[2] 关于无数页码的复制，见 *Walter Benjamins Archive: Bilder, Texte und Zeichen*, ed. Walter BenjaminArchiv（Frankfurt, 2006）。
[3] *GB*, V, p. 452.
[4] *GB*, III, p. 388.

在法兰克福、耶路撒冷、纽约、洛杉矶、巴塞罗那等处都有他储存的资料。1933年5月31日，他写信给盖尔肖姆·肖勒姆（Gershom Scholem），要求他替换本雅明档案中的一些损坏的文献，这清楚地说明了他当时使用复制品和未把档案放在一处的事实：

> 现在是时候了，你必须允许我从那棵良心之树上摇下几颗瘦小的果子，它们的根在我的心里，而它们的叶子则在你的档案里。[1]

这些大量资料中有些已经在流亡期间与他最珍贵的藏书一起丢失了，但许多还是保存了下来。本雅明1940年6月逃往巴黎之前一直保存的文献和物品落入盖世太保之手。到1945年，这些资料与其他战利品一起被运到莫斯科。在书信、合同、照片、广播讲稿和一些论波德莱尔的文章中，以及一本流亡期间的地址簿，上面详细记载了朋友和熟人的联系方式，提供了这些年中他的交往圈子，而被删掉的地址则成了逃亡者经常转移的证明。1957年，这些文献继续转道柏林，被交到德意志民主共和国内务部，内务部将其交给了波茨坦中央档案馆，1972年又从那里转到东柏林美术院档案馆。1983年这些资料只对"社会主义"国家的公民开放，1986年才向全世界开放。

这部分档案又与另外两部分汇合起来：本雅明从巴黎逃走时携带的、设法交给阿多诺与社会研究院的手稿、书信和文献放在一起的法兰克福档案，以及本雅明临行前交乔治·巴塔耶保管、存放在法兰西国家图书馆的巴黎档案。档案的追踪仍在继续，私人收藏或解体后的

---

[1] *GB*, IV, p. 222.

瓦尔特·本雅明的护照照片，
日期不详

莫斯科特殊档案馆后来又发现了他的资料。自2004年4月以来，统一后的柏林美术院的本雅明档案已达12000页。甚至临时短暂的文献也冲破重重障碍传给了后世。以复制形式出现的本雅明遗稿也同样不难弄到。他著作的许多版本，对这些著作的评论、照片和资料，都随处可见。甚至可以买到他在1933—1940年间的一本地址簿，其仿制与真品几无区别。[1]

  本书得益于德国档案存储者的非凡努力，不仅是整理和再版现存资料的努力，还有尽量充实详细的评论、说明和参考文献的努力。本雅明匆匆而过但却极为充实的一生能够从这些浩繁资料中重建起来：从1972—1999年连续出版的《全集》及其广泛的学术研究，到2006年以《瓦尔特·本雅明档案》为题出版的巨著，以及对大多数奇异地幸

---

[1] Walter Benjamin, *Das Adressbuch des Exils 1933—1940*（Leipzzig, 2006）.

存资料的附加评论的复制，包括明信片、信手涂抹和玩笑、俄国玩具的照片、印有佩拉格里诺水广告的旅店便签或咖啡馆收据、医药处方或电影票的背面都以小书写体记载着他临时产生的一些想法。1992年，英格里·舍尔曼（Ingrid Scheurmann）在调查本雅明死亡的现场情况时追踪和复制了与他在布港（Port Bou）的最后日子相关的每一份文献：旅馆账单、医药账单、购置墓地和棺材的账单、证明本雅明与社会研究院联系的马克斯·霍克海默的一封信。[1] 但是，甚至她也没能找到据说他临终前携带的一份文献：比他生命还重要的一份手稿——关于它的内容无人知晓。本书出于不同的目的，远离空洞的推断，依据这些可用的资料，努力如实展现已经有口皆碑的一个人的生活。

---

[1] Ingrid Scheumann, *Neue Dokumente zum Tode Walter Benjamin*（Bonn, 1992）.

第二章

青年时代：1892—1916年

瓦尔特·本雅明于1892年7月15日生于柏林蒂尔加藤区马格德堡广场4号。他的父亲埃米尔（Emil）和母亲保莉妮（Pauline）都是被同化的犹太人。瓦尔特出生后不久，他们就搬到旧西区中心的库尔夫斯坦街。瓦尔特·本雅明是三个孩子中的老大。弟弟格奥尔格生于1895年，妹妹朵拉生于1901年。随着孩子们的降生和财富的增长，本雅明一家不断搬迁，房宅越来越大，从耐特尔贝克街到卡莫斯街，最后定居在德尔布鲁克街23号的"新西方"，那是皇家狩猎场边上的一栋别墅，远离喧闹市中心的一个富有的"贫民窟"，[1]而距离柏林贫穷的东区就更远了。本雅明在一个保姆和一个女法语教师的陪伴下长大。根据官方文献，父亲的职业是经纪人（Kaufmann）。他靠经营古董和艺术品赚了大笔的钱，到瓦尔特青年时期，他已经是一位富有的投资者了，分别在医药供应商、葡萄酒商和一个滑冰场等公司投了资。本雅明家的三个孩子享受舒适的物质生活。本雅明在自己的著作中清楚地表达了这一点，柏林的童年生活本雅明在成年时写了一遍又一遍，甚

---

[1] *SW*, 3, p. 404.

瓦尔特·本雅明在赫灵多尔夫，1896年

至改写成了诗歌，多年来不断反复地修改。

  40岁时，也就是最后终于从德尔布鲁克街的家独立出来仅三年后，他又回到了童年。这不是自我放纵，而是他所做尝试的组成部分，即试图理解19世纪的诸种冲动如何造就了当下的环境和居民。本雅明挖掘的是一个着了魔的世界，那里感觉经验的惊颤给精神和记忆留下了不可磨灭的印记。他记录下1900年柏林生活的奇装异彩：家宴上银器的款式，阳台上休闲椅的有机形式，勒曼姑妈（Aunt Lehmann）的缩微矿场模型的精雕细刻。他还记得那些坐垫，地毯装饰，巧克力，散发着薰衣草味道的丝袋，冬日早晨女仆放在寝室壁炉架上的苹果发出的味道，百叶窗的咔哒声，树枝的沙沙声，在木马上旋转看着母亲的身影越来越模糊的那种感觉。一个渴求经验的孩子瞥见了城里的那个世界，然后又到书中寻求冒险。写于柏林童年时期的一篇小短文《男孩子的书》记载了旋风般飘落的雪花儿在温暖客厅的窗台上积聚,一个体弱多病的中产阶级小男孩也常常在雪天闷在家里不能外出。对本雅明来说,阵阵的雪花儿就好比一本书中文字的游戏。书是通往新地方和未知未来的通道。雪天里的这些冒险是在内心里进行的,是想象的,就像书里的内容一样。本雅明曾经在梦中想象过有史以来最好的书,书中有暴风雨,在欢腾和短暂的缤纷色彩中编织了一个变化着的神秘文本。[1]

从自己记得的童年中,本雅明推断出一个孩子的感官是接受型的,一个孩子的世界是新奇的。孩子如此完整地接受这个世界,以至于世界铸造了孩子。世界留下了印记,正如身体在照片上留下了影像一样。孩子就内嵌于世界的物质性之中。在《藏猫猫儿》中,本雅明写了如何被编织在窗帘里,如何被放逐到沉重的门里。声音——本雅明有生期间刚好录制了很多声音——也在经验的铸造中起到了一定的作用。在《蕾勒嬷嬷》("The Mummerehlen")中,本雅明描述了19世纪如何像一只贝壳抓住了他的听觉,让他聆听童年时期那些构成性的声音:煤从炉架上落到火炉里时发出的沙沙声,点燃煤气灯时火苗的哔剥声,车辆经过时灯罩与铜圈发出的摩擦声,钥匙串的叮铃声,台阶前后的钟声。在《柱廊》("Loggias")中,他描写了电车路过时的震动和脚步踏在地毯上的砰砰声,他正是听着这些声音入睡的。本雅明在一个辉煌的城市里度过了生命中的第一个十年,是被这座城市束缚和保护的一个软体动物,随着交通、劳动、休闲和战争等技术的引进,这座城市正迅速把它的能量用在现代化上。

---

[1] *SW*, 3, p. 356.

装扮成士兵的瓦尔特·本雅明

恺撒·威廉二世在菩提树下大街举行军事游行。1900年左右的一张明信片:"那就上马吧,同志们,上马出发/向自由等待着我们的那片田野。/在战场上,男人仍有价值,/心灵仍然在平衡的天平上"(引自《沃伦斯坦》,本雅明,《1900年左右的柏林童年》)

童年的本雅明对物质世界情有独钟，一种对感觉的开放性，一种从事发明和改造的能力，用垃圾玩耍，却把它们变成了财宝。本雅明把采纳物质世界的相似性的"心理压力"看作一股原始冲动，它在童年的模仿中得到了认可，但在成年人的世界里却未得到承认。在题为《电话》的一篇小文中，本雅明认识到电话和他一起来到这个世界上，因此他和电话是双胞胎。在忍辱负重的早年过去后，电话已经离开走廊，进入了年轻一代的明亮的房间里，他们已经成为电话的后代，能够接受它；电话成了这一代人"孤独的慰藉"，他们渴望听到铃声。[1] 孩提时，本雅明愿意把头放在哑铃一般沉重的听筒之间，聆听外部世界的噪音，那就如同被束缚在贝壳里的噪音一样真实。本雅明很久以后才意识到我们也在聆听我们血液的沸腾，聆听我们自己的声音。

孩提时的本雅明——至少是一个40岁没有固定职业、生活在风雨飘摇之中的男人记忆中童年的本雅明——居住在富有感性经验的一个世界上。他对资产阶级家庭的奢侈品与这个家庭里令人恼怒的喧嚣同样感兴趣。他记得在一条完全废弃的路上遭遇了瓢泼大雨；他还记得藏身于一个温暖的房间里，翻阅他收藏的明信片，上面画着塔巴尔兹树林密布的山坡，布林迪什黄白相间的码头，以及摩德纳迪坎皮格里奥蓝色的屋顶。这些都是外祖母寄给他的图片，在本雅明心中唤起了强烈的旅游欲望，产生了横跨世界各大洋的梦想，让"韦斯特兰号的船头冲向高高的海浪"[2]。

---

[1]　*SW,* 3, p. 349.
[2]　*SW,* 2:2, p. 621.

本雅明三兄妹，瓦尔特、格奥尔格和朵拉。日期不详

他在两个世纪交错时期的经历——至少按回忆中的描述——表明对一个充满好奇心的孩子来说，城市及其内饰为幻想提供了丰富的素材。本雅明接触到了城市的各种刺激，实际上，城市本身就是一种刺激。他后来回忆说，他的第一次性冲动发生在犹太人的元旦，在母亲恪守宗教传统的一个罕见时刻。由于在犹太教堂里迷了路，他不敬地逃避了礼拜仪式，而在为此而得意的同时忘形于他所站立的街道，他那被唤醒的欲望后来将成为他欣赏"收获仪式"的一个场景。[1] 在这

---

[1] *SW*, 2:2, p. 630; 又见*SW*, 3, P. 386.

座城市里，父亲的金钱在商店之间开通了条条通路，而他童年的好奇心偶尔也常常带他到几乎无人光顾的街角。但是，这座城市也会让一个人跨过无数门槛，置身于横七竖八的街道之中。这也是一座布满障碍的城市，潜伏着各种灾难和排斥。这是由"非人性的"军队铜管乐队[1]、乞丐和低薪工人[2]、紧锁房门的密室[3]，以及家庭隐私[4]组成的一座城市。

伴随本雅明一生的一种不适感很早就产生了。9岁时他就对家庭私塾感到不适，1901年去市政铁路局附近的萨维尼广场恺撒-弗雷德里希体操学校上学。他不喜欢那所学校，它的名字令人想起帝国制度，它的红砖给人一种"矮胸高肩的印象"，散发出一种"凄惨的老处女的味道"，以至于没有给本雅明留下一丁点儿快乐的记忆。[5]当老师们随便进进出出而他却被困在大铁门外，不得不虚假地摘下帽子点头致意时，本雅明心中的愤怒和屈辱就沸腾起来。学校的栏杆和模铸，着霜的窗户和雕刻的城垛，大礼堂墙上说不出口的灰绿色装饰；在本雅明眼里全都捻在一起，美化着一个恐怖和梦魇的内室。每一个卷轴或凹口都是一种密码，强化了这所学校对作为帝国公民的学生的塑造。在本雅明的记忆中，

> 严格固定的词语、表达和韵律就像已经冷却和坚硬的可塑物体，给我留下了一个更大的集体与自己发生了冲突的印象。就好比你醒来时，

---

[1] *SW,* 3, pp. 383, 406.
[2] *SW,* 3, p. 404.
[3] *SW,* 3, p. 402.
[4] *SW,* 3, pp. 368, 390.
[5] *SW,* 2:2, p. 626.

瓦尔特·本雅明于1905—1906年就学的图灵根进步学校的裸泳图片

> 一个非常重要的梦仍然以词语的形式残存着,尽管梦的其余内容已经消失,这里,孤立的词语作为灾难性相遇的记号存留下来了。[1]

语言的火山灰在自我内部硬化了,表明我们的生存甚至——或特别是——梦想该有多么社会化呀!学校的训练使他和其他人受到了伤害,正如后来这种训练将引诱他们加入破坏性的战争一样。

1905年,一段病假之后,本雅明有几个月没有收到学费,便被送到图林根的豪宾达一所进步的男女合校的住宿学校。在几乎两年的时间里,他师从教育改良家古斯塔夫·魏因肯(Gustav Wyneken),后者

---

[1] *SW*, 2:2, p. 602.

提倡的是一种青年文化学说。青年文化认为，年轻人在道德上比老年人优越。他们比老年人有灵性和知性，[1] 所以应该接触全部的艺术和科学文化。这里，智力是学校所关注的全部，因此与恺撒-弗雷德里希学校的经历完全不同。在对那所学校的不愉快的回忆中，本雅明只记得那些在楼梯上上下下走动的自私、满身臭气的中产阶级男孩，他们那些健壮的身体被挤压成一个坚硬狂暴的块体，本雅明就是被从那个块体中排除出来的。魏因肯鼓励男女孩子们实现自己的理想。有了自主性，年轻人就能找到自己的精神导师；反过来，精神导师也将在学生自治的体系内放弃权力，把学生视为精神地位相等的人，教师就是帮助学生寻求知识和绝对价值。本雅明在这样的环境下了解到年轻人是人类的未来，可以把他们教育成保护精神的"骑士"，对他们来说，最深切最重要的经验就是艺术的经验。本雅明的核心哲学是在学校里形成的。在1915年3月写的一封信中，本雅明承认魏因肯是把他带入知识生活的第一人；他与这位导师保持了长达10年的联系。[2]

1907年，本雅明又回到恺撒-弗雷德里希体操学校待了两年。期间，他努力提高这里的文化讨论的层次，组织了一个文学圈子，讨论莎士比亚、赫贝尔和易卜生的作品。柏林仍然是他性欲花蕾绽放的场所，后来在《柏林纪事》中，他回忆了柏林的往事。一天晚上，父亲带他去冰宫。父亲曾在冰宫的建造中投入一大笔股份。那可能是1908年庆祝冰宫竣工的纪念活动。[3] 本雅明记得的与其说是溜冰场，毋宁说是酒吧里"身穿紧身水手服的一个妓女"，他从远处看到了她，决定

---

[1] 在德文中一个词就表示着两个意思：geistig.
[2] GB, I, p. 263.
[3] 本雅明错把开始那年回忆成1910年。

柏林冰宫，本雅明的父亲占有一大笔股份："于是，我的注意力远没有放在溜冰场上那些扭曲的身体上，而是酒吧里的幽灵，我能在一个包厢里悠闲地端详着她。"

了他"多年来的色欲幻想"。[1]

兵役年龄已近，1909年他做了一次检查，把两年的兵役期减少为一年。1910年目睹了他第一批作品的发表。魏因肯的一个追随者于1908年创建了一本叫做《开端》(Der Anfang) 的杂志，副标题是"未来艺术和文学杂志"。其首版发行只150册，后又用胶版复制印刷。本雅明发表了诗歌和散文，讨论一种新宗教的可能和青年人的问题。他用的笔名是阿多尔（Ardor）。1911年3月，由于杂志副标题现已改为

---

[1] *SW*, 2:2, p. 620.

"青年人的统一杂志",本雅明发表了《睡美人》。[1] 该文承认这个时代是社会主义、妇女解放、通讯和个人主义的时代。它问道:青年人的时代能否浮出地表?青年就是睡美人,还没有意识到来唤醒她的王子正向她走来。青年拥有与哈姆雷特一样的对世界的反面的意识。歌德的浮士德代表了青年的雄心和愿望。卡尔·施皮特勒(Carl Spittler)的史诗《普罗米修斯和厄庇米修斯》、《奥林匹亚之春》和著作《意象》,是"青年人写的最美的书",描写了"普通人的迟钝和胆怯",并以"人类的普遍理想"为青年人树立了超越悲观主义的榜样。本雅明的文章讨论了青年人像"最伟大的文学作品"所描绘的那样成就伟大事业的各种可能性。他和他的同志们将为那些理想形式注入活的血液和能量。

1911年,本雅明写了两则旅游日记。以前他曾经写过一则:1906年写了一篇豪宾达圣神降临周游记,发现自己并不是一个合格的行人。[2] 1911年4月,他写了一篇短的圣神降临节游记,记下了日常发生的事件,主要是他在图林根爬山的情景。游记中也见出他的诗歌才能:

> 在升腾闪耀的云中骤然出现
> 一个年轻的世界;
> 紫环缠绕着烟雾弥漫的山巅,
> 痛苦地承载着巨人的躯干[3]

---

[1] *GS*, II:1, pp. 9—12.
[2] *GS*, VI, p. 230.
[3] *GS*, VI, p. 234.

瑞士文根，1911年本雅明全家度假的地方

那年的第二则日记涉及记忆的问题，打破了日常记事的格式。写日记是他首次尝试的文学写作。《文根日记》开宗明义，在开始回顾全家人到瑞士旅行的经历之前，阐明了回顾的综合力。[1] 1912年，本雅明开始了诚心诚意的旅行。圣神降临节和两个朋友到意大利的一次旅行是"游学"（Bildungsreise），一个优秀的中产阶级儿子在开始学习之前进行的一次"感伤的"旅行。[2] 朋友们结伴去了卢塞恩、圣哥达、米兰、维罗纳、维琴察和威尼斯。本雅明给朋友赫伯特·布鲁门塔尔（Herbert Blumenthal）说，只有回到弗莱堡，只有把这篇游记写完，假期才真正开始。[3] 作为旅行结果的日记写于1912年6月或7月。

---

[1]　*GS*, VI, p. 235.
[2]　*GS*, VI, p. 252.
[3]　*GB*, I, p.51.

回顾中的旅行，经验的撰写。

1912年夏回来后，他开始在阿尔布莱希特-路德维希-弗莱堡大学学习，他的专业是语文学，但他却听了弗里德里希·梅尼克（Friedrich Meinecke）的通史讲座，并在海因利希·里克特（Heinrich Rickert）门下学习哲学。这是一次令人失望的经历。他向布鲁门塔尔诉说了在大学的挫折，把老师比作哞哞叫的母牛，而学生们却要被迫去讲演厅听他们讲课。[1] 8月，他去波罗的海海岸的斯托普蒙德旅行，重拾其"G.N.I."，即"普遍正常的智力"，尽管"愚蠢的蛇"依然缠绕着他的头，同时，嘴唇上也"翘起了成熟的淡定的微笑"。[2]

在同一封信中，本雅明对布鲁门塔尔谈起一种正在觉醒的犹太复国主义和对犹太复国主义运动的参与，他第一次感到这是一种可能的职责。然而，他不打算放弃为学校改良而进行的政治活动。[3] 思考犹太性的重要意义这一新的义务产生于一次个人邂逅——在霍尔兹蒙德度假时，他与库尔特·图赫勒（Kurt Tuchler）共度一段时光。图赫勒是第一次在布劳-维斯举行的犹太复国主义青年运动的发起人，这场运动也组织其他青年团体在整个德国农村远足和旅游。图赫勒谈到了犹太复国主义，而本雅明则试图说服他纠正他的自由学校学说。知识界就德国性和犹太性的问题曾发生过多次激烈的争论。1912年3月，莫里茨·戈尔德斯坦（Moritz Goldstein）在《艺术看守和文化看守》（*Der Kunstwart und Kulturwart*）杂志上发表了一篇文章，标题是《德国的犹太帕那塞斯》，呼吁犹太人要意识到自己的传统，从日耳曼文化中退

---

[1] *GB*, I, p. 48.
[2] *GB*, I, p. 57.
[3] *GB*, I, p. 59.

隐出来，尽管他们已经成为那种文化的主流，但他们并不受欢迎。日耳曼文化的存在多亏了犹太人，但犹太人对德国的热爱却没有得到回报。戈尔德斯坦敦促犹太人通过发展自己的文化和知识生活来做出回应。《艺术看守和文化看守》还记录了对这一论战的90个肯定和否定的回应，当时这份杂志的销量超过2万册。要拥护戈尔德斯坦肯定的犹太"性格"吗？不能实现同化吗？这篇文章在德国犹太人中造成了不可调和的犹太复国主义和反犹太复国主义的分化。

本雅明在给路德维希·施特劳斯（Ludwig Strauss）的一系列信中谈到了这些争论。施特劳斯支持——并想要创办——戈尔德斯坦要创办德语的犹太文化杂志的想法。他请本雅明帮忙。本雅明同意刊登关于犹太人精神生活的报道，涉及犹太人和奢侈、犹太人和他们对德国的热爱、犹太人和友谊等主题。在1912年9月11日的一封信中，他的确和其他人分成了"两大阵营"，犹太人阵营和德国人阵营，而在此前，他们都趋向于德国阵营："犹太人阵营或许往往是陌生的，是我们的生产和生活中一股南方的（而更糟的是，伤感的）味道。"[1] 他也认为，同化会彻底失去犹太人在德国的力量，尽管他也提到俄国犹太人的到来会推迟那个日子的到来。但他不赞同犹太复国主义要建立犹太人飞地、实际上是建立犹太国家的计划。与民族主义和政治的犹太复国主义相对立，他提倡一种文化的犹太复国主义，一个文化的而不是疆域的犹太国家。这样一个犹太国家可能会为逃离迫害的东部犹太人提供一个出路，但是，他承认对西部犹太人来说还有另一条出路。德国犹太人可能会获得一种必要的"自我意识"（Selbstbewusstsein），

---

[1] *GB*, I, pp. 61—62.

这是面对同化、通过组织德国犹太人的知识生活而拯救犹太性的一个方法。

10月，在给施特劳斯的一封信中，他重提现代西欧犹太人的话题，这意味着他已经反思了自身所处的环境。犹太复国主义是一条进路，但他早已经走上了由他所受的自由教育所代表的另一条道路，这意味着他"决定性的知识经验"——魏因肯的教导——在他认识到犹太教的重要性或问题之前就已经发生了。[1] 本雅明说自己是"一丝不苟地痴迷于G. 魏因肯的学生"，他对施特劳斯讲了继续推广魏因肯的教育理想和青年文化的思想，发行了一个小册子，批判当下教育，包括教学和评估，教师与学生的关系，学校和理想主义等话题。[2] 他会发表学生的信件，以便记录真实的校园生活，以前这只是小说和故事中虚构的东西。魏因肯的教育概念源自康德、黑格尔、歌德和尼采。这个政治学说压倒了其他一切学说。

本雅明不赞成建立犹太国的主张，因为他和那些已经被同化的犹太同仁都与欧洲和非犹太的欧洲文化遗产有着密切的关联。那是他们的职责，也是他们生来注定要履行的职责。犹太人是精英，因为犹太民族是"知识精神最崇高的承载者和代表"。[3] 犹太人的文化力量是欧洲所需要的。[4] "文化犹太复国主义"应该在犹太人所在之地实现犹太人的价值；犹太人是国际人。但他还说，这些价值的性质是不确定的。本雅明对大多数犹太复国主义者的知识能力表示沮丧，他们"宣

---

[1]　*GB*, I, p. 69.
[2]　*GB*, I, pp. 64—65.
[3]　*GB*, I, p. 75.
[4]　*GB*, I, p. 71.

传巴勒斯坦,却在德国痛饮",这些"半人类"从来没有从犹太人的角度考虑过"教育、文学、精神生活和国家"这些重要问题。他对施特劳斯透露说,正是与魏因肯在一起的时候,他发现了自己的犹太性,"不是基于思辨或纯粹的情感,而是来自外部和内部的经验。我发现就观念和个体来说,我认为最重要的是犹太人"。魏因肯离开赫曼·利兹(Hermann Lietz)的学校,去建立他自己的威克斯多夫自由校区:

> 在威克斯多夫,我看到从内部影响了我和其他犹太人的东西。这有两个结论:这个观点本质上就是犹太人的(尽管日耳曼人曾数十次构想过!),要么我和其他犹太人就已不再是真正的犹太人了,因为我们最富有个性的核心已经被非犹太因素占据了。[1]

1913年1月,本雅明给施特劳斯的一封信表达了这样一种两难选择:他在政治上是归属左派自由主义还是社会民主党?无论在哪种情况下,当犹太性在他"信念"的"整个情结"中起到重要作用的时候,他就重申他的犹太性不是犹太复国主义宣传的那种民族犹太性,而是犹太复国主义与之斗争的当代犹太知识文人的那种犹太性。他承认,他的政治倾向最终是在左派一边,而对他来说,当时最重要的政治目标是争取左派的大多数,以便在全德国采纳魏因肯的教育模式。犹太复国主义和犹太知识分子在这项任务中可能会发挥作用,但对本雅明来说,最最重要的是把左派的各党派组织起来。[2]

---

[1] *GB*, I, p. 71.
[2] *GB*, I, p. 83.

如果在信件和其他方面与朋友们的争论令人激动，那么大学就相对乏味。本雅明报名参加了1912—1913年柏林冬季大学研讨班，但在1913年4月到7月他又回到弗莱堡学习哲学。他读了康德和克尔恺郭尔。1913年6月，本雅明把乔纳·科恩（Jonas Cohn）的康德和席勒美学研讨班描写为"化学般的思想自由"，而亨利希·里克特的柏格森研讨班则不令人满意。[1] 此外，他被孤立起来。他只有一个可依靠的朋友，诗人克里斯托弗·弗里德里希·海因勒（Christoph Friedrich Heinle），他的座右铭是"痛饮、暴食、制造诗歌"。但大学里没有真正的同仁团体；与柏林相反，这里的自由学生协会毫无生气，在气质上完全不同于贵族和上层社会的兄弟会。[2] 在给朋友卡拉·塞利格森（Carla Seligson）的信中，他谈到了哲学学习，参加了专业哲学家的阅读团体。他告诉卡拉他在他们中间感到怪异，这个"荒诞的盛会"，因为他的哲学源自他的第一个导师魏因肯，也常常回归这条根。[3] 他竭尽全力说服"学生教学小组"接受魏因肯提出的关于青年文化的观点。在后续的几个月里，这些观点确实传到了一些大学的教学小组的耳中。

假期是在旅行中度过的。1913年，本雅明去了黑森林、蒂罗尔、布雷斯劳和魏玛，在圣神降临节期间第一次造访巴黎。6月他给卡拉·塞利格森写信汇报了旅游经历。两周的紧张生活"只有一个孩子才会这样度过"。他整天在外，深夜两点之前几乎不睡觉。上午都是在卢浮宫、凡尔赛宫、枫丹白露和布涝涅森林度过的。下午，街道、教堂和咖啡馆始终向他招手。晚上都是和朋友们在一起，或在剧院或在林荫大道。

* *

---

[1] *GB*, I, p. 112.
[2] *GB*, I, p. 93.
[3] *GB*, I, p. 108.

巴黎给他第一次造访的印象在他一生之中都没有改变:"在卢浮宫和林荫大道,比在恺撒-弗雷德里希博物馆或柏林的街道更感到舒适。"[1]

巴黎重新激发了本雅明的生活感,生活含有令人兴奋的各种可能性。6月,他为《开端》写一篇题为《论经验》的散文。《论经验》发起了对成年人的抨击,成年人是对精神、理想和同情嗤之以鼻的市侩。他指出,成年人戴着人称"经验"的面罩。这张面罩"毫无表情,不可渗透,永不变化"。成年人声称已经经历了一切——青年、理想、希望、女人——结果只发现一切都是幻觉,而且,他们蔑视青年人因为这让他们想到了他们曾经有过的梦想,他们在这些梦想中丧失了信仰。这些成年人没有找到世界的意义,"除了普通的和已经过时的东西外没有任何内在关系"。他们没有精神。但本雅明及其同仁熟悉"一种不同的经验","最美丽、最不可触及、最直观的经验,因为我们年轻的时候绝不会没有精神"。[2]

那一年他也目睹了更多的论学校改革的文章的发表。在《开端》同期回应批评的第二部分之后不久他又发表了《浪漫主义》一文。[3]文中,本雅明再次责备青年人爱睡觉,不调动自身的潜力。学校破坏了内在理想,把浪漫主义理想当作无法实现的、古代虚构英雄人物的卓越品质。艺术是抑制痛苦意志的"鸦片"。青年人热衷于廉价俗气的电影和夜总会,而这些电影和夜总会都是为唤起年逾50之人业已枯竭的性欲而设计的,但青年人又没有其他地方去发泄其特殊的爱欲。本雅明所说的浪漫主义扎根于当下生活和有效的人类活动,重构了

---

[1] *GB*, I, p. 105.
[2] *SW*, 1, pp. 3—5.
[3] *GS*, II:1, pp. 42—47和*GS*, II:;1, p. 47.

"酒、女人、歌"的"致幻冲动":酒暗示"节制",女人暗示一种"新的爱欲",而歌不是饮酒作乐,而是一种新的校歌。

1913年7月,本雅明在瑞士的尤拉散步,阅读哲学,海因里希·曼(Heinrich Mann)、赫曼·黑斯(Hermann Hesse)和居伊·德·莫泊桑(Guy de Maupassant)的文学,在巴塞尔研究了丢勒(Dürer)的版画。意大利的短暂逗留以他的南方之旅结束,然后与海因勒一起回到柏林,参加1913—1914年的冬季研讨班。他在柏林的家里住了两年,尽管那里的大学教育实在不敢恭维,本雅明发现很难容忍"那些讲座的抨击"。[1] 柏林的学习再次使本雅明接近了魏因肯和《开端》周围的学生们,包括格莱特·拉德(Grete Radt),青年运动的一位活动家,后来成为本雅明的女友。

1914年2月19日,为了更好地宣传魏因肯的教育思想,本雅明参加了自由学生协会会长的竞选。他竞选成功,1914年5月出任会长。他的就职演说引起了争议,其中部分以《学生生活》为题发表。他对那些只把学术当作职业训练的学生发起了攻击。但本雅明还提到,"学术决不是必然导向某一职业,实际上会妨碍职业。"[2] 真正的学习不会引导学生热衷于由医生、律师或大学教授等官方职业所代表的片面生活。各门学问都以这些职业为目标,这说明了现代学科已经不得不"抛弃其知识观念中的原始统一,在他们眼里这种统一即便不是虚构,也成了一个秘密"。大学都以适应中产阶级状况为目标,学生们也没有抵制。学生们摆出了批判社会的姿态,但这只是一种业余活动。在本雅

---

[1] *GB*, I, p.257.
[2] *SW*, 1, p. 38.

明看来,学生们没有成功,因为他们没有表现出托尔斯泰的完全奉献精神。不管专业是什么,学生应该直面"柏拉图和斯宾诺莎、浪漫派和尼采提出的重大的形而上学问题",深化生活的概念,防止"学习堕入信息的堆积"。[1]

《学生生活》于1915年年末发表。此时,本雅明已经不是自由学生协会会长了,形势也发生了戏剧性变化:第一次世界大战爆发后,为表示抗议,19岁的海因勒自杀了,在柏林青年运动据点的厨房里燃气中毒身亡,同行的还有他的女友瑞卡·塞利格森。两人的死更使本雅明坚定了他的看法,即城市敌视青年人的理想,现代城市及其社会制度限制社会和政治交际,监视其所有空间,不留有任何可以采取行动的余地。他们试图为这对儿情人找到合葬的场所,但没有成功,这使本雅明更加强烈地意识到许多道德、政治和社会的界限是不可逾越的,如后来他在《柏林纪事》中所说:

> 最后,1914年8月8日之后,在不埋葬他们就不想告别的那些日子里,我们这些与这对儿已故情人最亲近的人感到了种种限制,我们只能在斯图加特广场廉价的铁路旅馆里找到安身之所。甚至墓地也被城市划定了界限,把充斥我们心灵的所有人拒于咫尺之外:我们不能为这对儿共死的情人合葬在同一个墓地里。但是,那些日子却使一种意识逐渐成熟起来,使我坚定了一种信念,即柏林城也会为更好的秩序而蒙受斗争的创伤。[2]

---

[1] SW, 1, p. 43.
[2] SW, 2:2, p. 606.

当时的斗争不仅有民族间的战争。1915年3月本雅明感到他必须打破与魏因肯的联系了。魏因肯于1914年11月25日在慕尼黑做了题为《战争与青年》的公开演讲,几个月后演讲发表了。魏因肯估计德国会赢得战争,战后,民族的各个派别——无产阶级政党除外——将会统一起来。未来的和平将导向"观念,绝对的观念"[1]。读了魏因肯论述的战争提供给青年人的"伦理"经验后,本雅明写了一封信,详细阐述了他的不同意见,并"毫无保留地"切断了与他的一切联系。本雅明谴责魏因肯为了国家而牺牲青年人,而这是从魏因肯手里夺走了一切的一个国家,当他以黑格尔的方式教授宗教时,国家竟然撤掉了他的主任职务。本雅明提醒他曾教导那些男女孩子们是"最神圣的人类工作"中的"同志"。魏因肯支持把德国青年人送往战场,因而背叛了爱他的学生们的那些妇女,也背叛了被迫离开这些妇女和离开人类的那些男人们。[2] 魏因肯已经背叛了他自己的理想。就他自己而言,在他所在的年龄组该应征入伍的时候,本雅明假装麻痹,获得了一年的暂缓期。

1914年下半年本雅明几乎没写什么。战争震动了本雅明,令他感到极为不快,因此也使他沉默了一阵子。随着1914年转入1915年,本雅明完成了对荷尔德林的两首诗的研究,表明了他对诗歌内在形式的兴趣,德语中已知的密度极大的词是"创造物"(das Gedichtete),即"韵律的",但也有"密封的"或"加固的"意思。诗歌是质料和形式、生活和艺术、任务与成果综合的结果,每一种因素都流畅地转化

---

[1] Uwe Steiner, *Walter Benjamin* (Stuttgart, 2004), p. 28.
[2] *GB*, I, p. 263.

为另一种。阐释诗歌意味着陈述真理。这篇文章没有发表，但在朋友的小圈子内流传开来。他们都是本雅明青年运动的同仁。

1915年7月，本雅明与盖尔肖姆·肖勒姆邂逅。两个年轻人一起去听社会主义者库尔特·希勒（Kurt Hiller）的演讲。在大学图书馆检索室偶遇几天以后，他们同意相聚并深入讨论希勒对历史的激烈排斥。在去本雅明家的一次拜访中，肖勒姆认为本雅明的房间看起来像是装满了书籍的"哲学家的巢穴"[1]，他送给本雅明一本罗莎·卢森堡（Rosa Luxemburg）和弗兰茨·梅林（Franz Mehring）合编的、1915年4月发行的第一期《国际：马克思主义理论和实践精神》，本雅明认为这本杂志"极好"[2]。当时德国社会民主党内以卢森堡和卡尔·李卜克内西（Karl Liebknecht）为核心组织一个国际团体，他们是未来德国共产党的核心，与这个团体志同道合的一些人经常组织召开秘密反战会议，肖勒姆一直参加他们的会议。本雅明急于参与，而阅读这本杂志则是第一步。[3]然而，之后就没有联系了，正如也没有杂志的第二期一样，因为政府禁止发行了。

战争再次给本雅明留下了深刻印象。当他第二次被召入伍时，肖勒姆帮助他逃避了兵役。10月20/21日两人彻夜未眠，喝着黑咖啡直到清晨六点。要讨论的事太多了：哲学、犹太教、卡巴拉、政治——第二天，本雅明以不合格的士兵的样子来到当局，结果又被推迟了一年。[4]

---

[1] Gerhard Scholem, *Story of a Friendship*（New York, 2003），p. 10.
[2] *GB*, I, p. 271.
[3] Scholem, *Story of a Friendship*, p. 12.
[4] *GB*, I, p. 262.

1915/16年冬季学期，本雅明转到慕尼黑学习。1915年11月和12月，在给朋友弗里兹·拉德（Fritz Radt）的信中，他对艺术史学家海因利希·沃尔夫林（Heinrich Wölfflin）表示失望。[1]文学史学家和批评家也不令人满意。唯一优秀的系列讲座是旧教会修行的历史，听讲的只有本雅明和三四个修士。令他印象深刻的还有论古墨西哥文化和语言的系列讲座，讲座是在一个优雅的私人公寓里进行的，听讲的人坐在漂亮的黑白丝绸椅子上，中间的大桌子上盖着一块波斯布料。希腊文手抄本依次传到听讲的人手中，其中有诗人莱纳·玛利亚·里尔克（Rainer Maria Rilke）。[2]本雅明当时的未婚妻格莱特·拉德在慕尼黑大学学习，是青年运动活动家，这是本雅明来此学习的理由，尽管他正在移情年龄较大些的朵拉·凯尔纳（Dora Kellner，当时已经与马克斯·波拉克结婚）。到1916年夏，本雅明和凯尔纳已经出双入对，凯尔纳开始办理离婚手续。无论如何，慕尼黑为本雅明提供了他继续工作所需要的宁静，而所谓的工作就是写作。

1916年，写作的速度再度恢复。战争的惊恐使本雅明有了新的关怀，而没有重拾自1905/6年在豪宾达上学以来一直占据他生活的对青年政治和伦理的思考。他开始思考古代、幸福和苏格拉底，但主要的注意力却在文学形式和语言上。本雅明从德国浪漫主义和神秘主义那里汲取力量。他对浪漫主义的兴趣由来已久，而与肖勒姆的交流也激起了他对神秘主义的兴致。1916年发表了三篇文章：《"悲苦剧"和悲剧》、《悲苦剧和悲剧中语言的作用》和《论本质语言与人的语言》。

---

[1]　*GB*, I, pp. 289, 296.
[2]　*GB*, I, pp. 290—291, 300.

最后这篇文章在广义上是论经验、翻译和语言的专题论文（包括自然、物和神性的语言），致力于找到语言的本质。文章追问语言交流的内容。语言中有原罪吗？世界上的精神存在能用语言表达吗？战争宣传把词语作为工具如此滥用，这在本雅明看来是非工具性的、神圣的容器，而非纯粹交流。在1916年写给马丁·布勃（Martin Buber）的一封信中，他说他试图在语言中找到一个"无词语的领域"，希望能唤醒人们对词语所不能表达的东西的兴趣。[1]

这封信还拒绝了布勃让他为《犹太人》(Der Jude) 写作的邀请，因为这本杂志发表的文章散发着战争经验的味道，而且，本雅明也与布勃的犹太复国主义态度相左。本雅明坚持认为，不应该为政治目的写作。因为词与有效的行动之间的真实关系只能通过表达不可言说的东西才可建立起来。语言的意义不在于内容的交流，而在于魔幻效果的揭示，在于其神秘性。本雅明带有神秘主义色彩的语言研究作为一种非常特别的语言学——费尔迪南·德·索绪尔的《普通语言学教程》——在欧洲盛行。本雅明的思想经过了反启蒙运动的语言学家J. G. 哈曼（J. G. Hamann）著作的过滤，后者认为语言是神对独一无二的、非任意性的专有名词的原始表达的残余。

根据新的语言概念，本雅明思考了写作和批判的作用。1916年年末，他告诉布鲁门塔尔，真正的批评就像化学元素，只能通过分解而揭示内在本质的时候才能发生影响。以相同方式影响知性活动的超化学元素是光。在战争期间，本雅明和朋友们深陷于最黑的夜。他曾试图用词语战胜黑夜。他认识到要征服黑夜，就有必要引进汹涌的光。

---

[1] *GB*, I, p. 326.

但光并未在语言中出现。语言不能照明。语言批评照明。本雅明把批评定义为对真与非真的区别,而这仍然不是语言的使命,或许除非幽默的语言。在幽默中,批评的魔力用光照亮客体,因此使客体分解:"对发出过多的光的人来说,光线将从事神圣的暴露,我们称之为批评。"[1] 批评就是对语言的分解,而不是肯定断言它的有效性。

年末,本雅明再次应召进行服役体检,结果被分为适合地面战斗的一类。朵拉用催眠术引发了本雅明的坐骨神经痛,他第三次躲过了兵役。两人开始准备婚礼,1917年4月16日完婚。

---

[1] *GB*, I, p. 349.

第三章

出人头地:1917—1924年

1917年，本雅明对未来仍然没什么打算。他认为可以继续学习，有望谋个学术职业，但学什么专业还不清楚。他与新婚妻子搬到达豪（Dachau）的一家诊所医治坐骨神经痛。他们拜访了苏黎世的朋友们，在圣莫里茨度过了假期。出于消遣，本雅明于暑期写了几篇文章。一篇讨论了陀思妥耶夫斯基的《白痴》，另一篇评价了巴尔扎克。1917年8月，一页篇幅的文章《绘画和图画艺术》讨论了不同种类空间形象的排列。[1] 这些想法都是本雅明有意"从根源上区别绘画与图画之间的不同"[2]而提出的。垂直立在观者面前的一幅画；平面排在观者脚下的马赛克。本雅明指出，人们往往把图画看作绘画，也就是垂直平面中的绘画。这在伦勃朗的画中是可能的，但却破坏了儿童图画的平面，儿童图画的内在意义取决于水平面。这些水平面具有世界意义。它有一个本质，可以切割成两半。绘画呈现世界的纵向形象，是再现性的，包含着世界上的物体。图画表明世界的交叉部分，

---

[1] *SW*, 1, p. 82.
[2] *GS*, II:3, p. 1412.

一个扁平面，因此是象征性的——它包括符号，与文字相同。但文字能直立吗？他问道。文字的原始位置是直立的吗？是墓碑上的刻字采取的位置吗？这篇短文提出的主题将始终伴随着本雅明：符号和形象随着它们的躺倒和站立而发生的角色变换，人类与文化艺术品之间的转换关系，艺术的神话根源，经验的感性和文化接受的语境。

继此之后是较长一些的《论绘画或符号和记号》。[1] 其题目利用符号的含混性，因为用作符号的词（zeichen）是图画（Zeichnung）一词的词根，而记号（mal）则是绘画（Malerei）一词的词根。对本雅明来说，符号总是一种刻印，以线条为特征。本雅明区别了几何线条、字母线条和另两种更为有趣的线条。图画线条与"背景"和纸的平面形成对比，它为了存在而从二者中分离出来。魔幻线条是"绝对符号"的线条，是在神话世界里运作的神秘信号。他举了很多例子，包括该隐的符号，埃及第十次瘟疫时以色列人门上的符号，阿里巴巴和四十大盗故事中门上的粉笔符号。所有这些都与浮于表面的绝对符号形成对比。这种记号常常与有罪或无罪相关，出现在有生命的人身上——基督的伤痕、红记、胎记、麻风病。适合于记号的，也适合于绘画的媒介。绘画避开背景和图画线条。它并不分层次构想图像。染料融合而不分层。但是，由于加了题目，绘画自身指向外部。作为合成物，它指向某种超验的东西，"记号媒介中的较高级的力量"：它指向词。

图像与词语之间的转换为本雅明提供了当代艺术的范式。在本雅明看来，保罗·克利（Paul Klee）是现代少数几位称职的艺术家之一，他的艺术位于绘画和图画之间的某处，是"线性结构"主导图

---

[1] *SW*, 1, pp. 83—86.

像的一种艺术。[1] 克利的乱涂是时刻等待着破译的象形文字，文字和图像并举。有时，媒介之间明显达到了这种过渡，如《一旦从夜色黑暗中潜逃……》(Einst dem Grau der Nacht enttaucht ……, 1918)，其中，诗的每一个字母都占据格子里的一个色彩方框，由一条银色纸在中间隔开。图像就是文字，文字是词语，而整体就是一幅画。克利的线条——同时既是词语又是图像——是能动的。它在词与像、绘画与图画、色彩与线条之间自由运动而暗示了自我生成的能力。层次、言表、线条和符号之间的这种过渡是一种乌托邦愿望：世界可以再次变成整体；名与物、词与其再现可以再次统一起来。或许通过这一点，本雅明能够实现他所渴望的物的亚当式语言和人的判断性语言。物为自身命名。自然不再是哑言的了。语言是上帝一切造物的交流容器。

这些思想产生于本雅明对语言的不断思考，但他对图像的迷恋曾使他萌生当一位艺术批评家的想法。尽管当时最迫切的是在哪里获得博士学位的问题。由于兵役始终是一种威胁，所以他急于回到德国。中立国瑞士提供了避难所，而伯尔尼也是学习的好地方。1917年10月，本雅明夫妇迁居伯尔尼。"毫无色彩"但却令人愉快的理查德·赫伯兹（Richard Herbertz）接受本雅明作为哲学博士研究生，但对这位学生的思想没有产生任何影响。第一学期，本雅明写了论柏格森和黑格尔现象学的文章，但这仅仅是为自己的工作所做的准备。他告诉肖勒姆希望能在与他的思想接近的领域里从事研究，但他不得不在大学里"叫卖"[2]。

---

[1] *GB*, I, p. 394.
[2] *GB*, I, p.422.

最初的博士论文计划是研究康德和历史哲学,但本雅明对必读的资料毫无兴趣。[1]实际上,他草拟了一个"未来哲学大纲",质疑了康德苍白的、范畴式的、"毫无生气的"经验定义。康德的经验论根植于牛顿的机械和数学的启蒙物理学,把经验"减小到最低点"[2]。它局限于强加给有限和无限之上的时空坐标。本雅明反对经验描述;他提出的"新的知识概念"敏感于空间和时间中显示的"绝对"因素,是(新)康德主义保持原形的责难所未曾梦想过的,也不局限于个别主体的时空。语言不是"公式或数字",语言将起到重要的作用,因为语言正是哲学有"其独特表达"的地方。然而,依然是超越哲学的哲学论述的起点,需加扩展以便适应绝对经验的扭曲变形。

1918年3月,本雅明注册了一个新的论文题目——论德国浪漫主义的艺术批评概念。论文是他研究的结果,他将其描述为"对诗歌写作和艺术形式中哲学内容的兴趣"[3]。他感兴趣的是浪漫派认为批判具有生产力和创造性的观念。他在闲暇时读了属于一个相当不同的传统的作品:波德莱尔的《艺术天堂》和《巴黎的忧郁》。他对朋友厄恩斯特·肖恩(Ernst Schoen)说,波德莱尔描写药物的作品是要努力证明吸食大麻和鸦片的心理现象所教给我们的哲学道理。但它的美和价值却在于作者的幼稚和纯洁。[4]对儿童的表达方式和经验的兴趣开始萌芽,也许是由于本雅明的儿子斯蒂凡·拉斐尔于1918年4月11日的出生所致。

---

[1] *GB*, I, p. 390.
[2] *SW*, 1, p. 101.
[3] *GS*, VI, p. 216.
[4] *GB*, II, p. 49.

瑞士穆里，本雅明和索勒姆在此地住过一段时间，并开办愉悦大学

1918年5月，肖勒姆服役期满，迁居伯尔尼。本雅明一家于夏天搬到了穆里镇，肖勒姆也随之前往。在两位朋友眼里，穆里大学是个玩笑，其滑稽可笑的课程和教师多年以后仍然是他们两人之间的笑柄。肖勒姆的家庭关系对爱收藏书的本雅明非常有用。通过肖勒姆的当印刷工的父亲，本雅明以折扣价订购了许多书，他的研究大大提前了。在给朋友们的信中，他讨论了阅读和研究的进度。在1918年7月31日给肖恩的信中，他毫不留情地评价了路易斯·祖尔林登（Luise Zurlinden）的《德国浪漫主义中的柏拉图思想》，当妇女想要"参加关于这些事物的终结性讨论"时，他被那种"无法描述的"恐怖吓呆了。"那真是卑鄙。"[1]这有损于魏因肯的男女合校教育。

---

[1] *GB*, I, p. 468.

他的信件几乎没有反映出欧洲的动荡。他提到了弟弟于1918年受了伤，这是他提供的罕见的与战争有关的消息。俄国和德国动荡的政治局势几乎没有提及过。但他提到了1918年11月巴伐利亚苏维埃共和国的宣言，以及作为宣言结果的瑞士24小时大罢工，这次罢工主要是抗议国家为抵制革命行动而征兵的决策。但本雅明担心的是罢工会影响图书拍卖，因为他已经订了格林童话、施莱格尔和莎士比亚的一些书。[1] 他担心战争的结束会打断在德国的父母如期寄给他的款项，那是用来支付租金的。实际上，战争的结束并没有减缓本雅明的财经困难。1919年1月29日他对肖恩说，他和朵拉由于"德国局势的变化"而处于不利环境。[2]

1919年6月27日，他以优等成绩通过了博士论文答辩。但本雅明不适合在大学工作。他散布说他不愿意满足大学的学术要求。给肖恩的一封信中提到了他的博士论文是关于"浪漫主义的真实性质的"——对于现存文学仍然是陌生的，但只能以中介的形式论述，因为他不能不采取那种"复杂的传统的科学态度"来讨论想要讨论的问题，本雅明认为这种态度并不是"真正的态度"。[3] 他还附加了一个深奥的论歌德的跋，那才是真实货色。[4]

除了取得的学术成就，1919年对于他是个坏年头。他依然依靠父母——而当他们不能及时提供资助时，他就依靠朵拉。他没有告诉父母和朵拉他已经成功地获得了博士学位，这样他就有可能延长他们的

---

[1]　*GB*, I, p. 487.
[2]　*GB*, II, p. 10.
[3]　*GB*, II, p. 23.
[4]　*GB*, II, p. 26.

经济资助。接着，他又制造了秘密度假和经济紧张的借口。那个没有从未哭叫或尖叫过的婴儿5月份就生病了，一连三个月患链球菌——马勒（Mahler）就死于这种疾病，本雅明恐惧地提到了这一点。[1]两次手术给孩子脸上留下了伤疤。

新朋友给本雅明带来了一些快乐。本雅明结识了达达主义者雨果·巴尔（Hugo Ball）与其妻子表现派诗人艾米·韩宁思（Emmy Hennings）。7月，他告诉肖恩他买了安娜玛丽·韩宁思（Annemarie Hennings）的几幅画。安娜玛丽是艾米的女儿，1917年首次在达达艺术展展出作品。她13岁，画的都是她的梦和鬼怪。这些画使本雅明想起了他认为的那种唯一有趣的艺术，即夏加尔（Chagall）、克利和康定斯基（Kandinsky）的表现主义。韩宁思具有绘制鬼怪的"一种新的和合理的技巧"，但本雅明担心这种技巧不会持续到她的青春期。他热心于促进儿童艺术，敦促肖恩说服策展人弗里德里希·莫勒（Friedrich Möller）在柏林安排一次展出，并提议取名"表现派儿童画展"。[2]

1919年7月，朵拉打算撰写或翻译一部侦探小说，本雅明则翻译波德莱尔，于是，他们迁居安静的伊斯特瓦尔德，远离了打扰本雅明工作的家里的吵闹。婴儿斯蒂凡住进了医院。平静中，本雅明写出了评论安德烈·纪德的《窄门》和肖恩刚刚介绍给他的乌托邦作家保罗·谢尔巴特（Paul Scheerbart）的《来莎本帝奥》（Lesabéndio）的文章。

在卢加诺度假时，他写了一篇短文《命运和性格》，讲的都是解读未来的事，从星宿排列、算命签、面目特征和手纹等看一个人的

---

[1] *GB*, I, p. 484.
[2] *GB*, II, pp. 34—35.

性格。这一深沉的反思涉及伦理语境下与性格相关的预言符号,相面术,以及神圣语境下的命运等主题。本雅明寻求的是与命运及其暗示的罪孽和道德问题相脱离的性格观念。他赞成"古代和中世纪相面先生"的立场,他们认识到了"性格只能通过少数几个道德上淡漠的基本概念"来理解。[1] 这方面的例子是喜剧英雄:他的行为不是悲剧般地产生于他的道德失败,而不过是性格所使然,既如此,他就呈现了抵制宿命论和罪孽情结的自由行动的可能性。本雅明的论文引用了赫曼·科恩(Hermann Cohen)的观点,这种观点把新康德主义与犹太教混合起来,为这些年来的本雅明提供了一个参照点。

另一个刺激源是厄恩斯特·布洛赫(Ernst Bloch)。是雨果·巴尔把本雅明介绍给布洛赫的,后者就住在因特拉肯附近。布洛赫后来回忆起本雅明的"隐居生活"是在"高筑的书台"中度过的。[2] 这些书中有一本是布洛赫的《乌托邦的精神》。1919年9月19日,本雅明告诉肖恩他一直在思考与布洛赫有关的政治问题,这是他在瑞士遇到的唯一一位重要人物。布洛赫挑战本雅明对一切当代政治倾向的拒斥。[3]

11月,本雅明一家迁至朵拉姑妈在奥地利的布莱顿斯坦开的一家疗养院。那里温暖,有上好的食物,但每天晚上九点半电灯就关了。赫伯兹请本雅明回到伯恩申请第二个博士学位,即"特许任教资格学位",想要从事学术生涯的人都必须获得这个资格——而他拥有教职的可能性一直悬着。本雅明要求父母给他财经资助,但德国飞速的物

---

[1] *SW*, 1, p. 206.
[2] Ernst Bloch, "Recollections of Walter Benjamin", in *On Walter Benjamin: Critical Essays and Recollections*, ed. Gary Smith (Cambridge, MA, 1988), p. 339.
[3] *GB*, II, p. 47.

价膨胀使父亲拒绝为他那可想而知的未来提供任何资金。12月，他从维也纳写信给肖勒姆抱怨没有煤，在岳父家里没有自己的房间。[1]在这种困难的局势下，他曾想到秘密前往巴勒斯坦。正要动身的朋友修恩·卡罗（Hüne Caro）提起过那"所有体面的——不安的——犹太人不谈论任何别的事情"[2]。而他的选择却是痛苦的：是在瑞士吃着苦涩的面包，还是在德国大街上寻找面包屑。

但他们没有离开奥地利，在疗养院与维也纳的朵拉父母家之间穿梭往返，此期间本雅明在写一篇论布洛赫的《乌托邦的精神》的评论。1920年1月，他告诉肖勒姆在准备这篇评论的过程中，他发现这部著作的背景是表现主义，因此他读了康定斯基"绝妙的"绘画理论《论艺术精神》（1912）。[3]3月，本雅明举家回迁柏林，与本雅明的父母一起住在德尔布鲁克街。前几个星期本雅明是在恐惧中度过的，因为他要耐着性子与父母要钱，而这几乎没有给他带来任何快乐。本雅明拒绝永久住在父母家里，父母的回应就是撤回每月给他们的救济金，而提前给了他遗产，但必须满足这样一个条件，即本雅明夫妇必须工作以贴补这笔遗产。[4]此外，令本雅明心痛的是，他在柏林没有那么多书向人们炫耀，因为他的书都装在集装箱里，分三处存放。[5]

5月26日，他告诉肖勒姆他在忍受一生中最艰难的时期。父亲由于经济损失、担心更大的损失会到来而抑郁沮丧。母亲嫉妒朵拉，

---

[1] *GB*, II, p. 66.
[2] *GB*, II, p. 52.
[3] *GB*, II, p. 68.
[4] *GB*, II, p. 48.
[5] *GB*, II, pp. 85, 88.

认为她替代了另一个朵拉,即本雅明的妹妹。[1]父母虐待朵拉、拒绝给他们充足的财经资助,最终他们彻底分裂了。本雅明接受了3万马克的一笔遗产的预付,外加1万马克,但未从家里分得一件家具。他最后说,这是中产阶级全部文明公理的没落。他们把斯蒂凡留在德尔布鲁克街,搬进了朋友埃里希和露西·古特金德(Erich and Lucie Gutkind)在格鲁诺–法尔肯伯格街的家。朵拉开始了翻译工作,埃里希则开始给本雅明上初级希伯来文课。他们的主要物质来源是朵拉的父母,这对儿老夫妇除了给这对年轻夫妇的奉献外,再没什么可给的了。他们坚持让本雅明当书商或出版商,为此,本雅明需要父亲提供资本,而这是不可能的。令人痛苦的是,本雅明透露说他不得不秘密地或在夜里进行研究,还有尚未确定的某种"资产阶级活动"。然而,他那个月确实由于写了三篇分析人民书法的文章挣了110马克。[2]一件令人高兴的事是朵拉给他的生日礼物,克利的一件原作,他所见的克利作品中他最喜欢的1916年的一幅蛋彩笔墨画《奇迹入门》,最初由表现主义者赫沃斯·瓦尔登(Herwarth Walden)所拥有。他需要有自己的墙壁挂上这幅画——希望是四个房间。但在9月,他们再次迫不得已回到父母家里。那年夏天他没写出什么东西来。秋天时,他去柏林大学听课——初级希伯来语法,为了进入图书馆,他注册了托洛尔施(Troeltsch)讲授西美尔历史哲学的研讨班。[3]

到12月,慢性抑郁症开始出现,同时一个勤奋的时期开始了。[4]

---

[1] *GB*, II, p. 93.
[2] *GB*, II, p. 89. 1922年,私下教授笔迹学会给他提供一小笔收入,一个小时30马克。
[3] *GB*, II, p. 104.
[4] *GB*, II, p. 108.

评论布洛赫著作的文章已经完成。布洛赫记得曾去看望过本雅明，他当时"在家庭别墅里过着郁闷和不舒适的生活"。为了让本雅明忘记心中的焦虑，布洛赫接着说，"我们的见面越来越频繁，而且越来越快活。"[1] 本雅明在写给肖勒姆的一封信中提到了写一部论"真正的政治"的书的计划。该书将包括对谢尔巴特在《来莎本帝奥》中提出的技术观念的哲学批判，一篇论"剥掉暴力的外衣"的一篇文章，和另一篇以《没有最终目标的技术》为题的文章。[2] 论暴力的文章最终成了《暴力批判》，1921年1月完成，是对乔治·索莱尔（Georges Sorel）关于暴力的反思的回应。文中，本雅明认为无产阶级的大罢工是"革命暴力"之举，或是"采取纯洁手段的神圣暴力"，是捣毁国家支持的"神话"暴力的无休止的、致命的循环的一个手段，开辟了"一个全新的不再由国家执行的改造工作，与其说是由这种罢工所引起的、毋宁说是这种罢工所完成的一种起义"[3]。

本雅明继续关注语言学和语言。他反思了翻译的过程，开始为他翻译的波德莱尔诗歌选集写序。这篇序言便是翌年完成的《译者的任务》。[4] 文章说明了一篇译文所传达的内容：不是信息的传播，而是由原作发展出来的——作为反响的——在其"来世生命"中出现的东西，通过在另一种语言、另一个时代的生存而更新的东西。文章要求在时间中持存下来的一切事物都应该被赋予一种生命，一切生命都不应该被解作自然进程，而是历史进程。本雅明在波德莱尔的《巴黎风

---

[1] Ernst Bloch, "Recollections of Walter Benjamin", p. 339.
[2] *GB*, II, p. 109.
[3] *SW*, 1, pp. 236—352.
[4] *SW*, 1, pp. 253—363.

光》中更新——或"实现"了——施特凡·格奥尔格（Stefan George）的语言，因为"正如文学杰作的重要意义在数百年的时间里经历了彻底的改造，译者的母语也得到了同样的改造"。翻译不是努力取得文学效果，而是用当代语言传达一首诗的纯语言本质或意义。

本雅明自己要学习一种语言以备去巴勒斯坦之用的计划搁浅了。他放弃了希伯来文，集中精力完成"特许任教资格"论文，仍然抱有从事学术生涯的希望。他或许从阅读海德格尔的文章中汲取了反面经验，在给肖勒姆的一封信中他表示惊讶，说海德格尔实际上只"翻译"了邓斯·司各特（Duns Scotus）就通过了学位论文。此外，对"李凯尔特和胡塞尔摇尾乞怜"的作者也没有给"阅读这篇论文带来任何快感"。[1]

朵拉也为未来做了打算——她希望从事演艺事业。[2] 到1921年春，曾经轰轰烈烈的婚姻陷入了危机；一篇论歌德的《亲和力》的文章中可以窥见婚姻即将解体的迹象，这是本雅明那年夏天动笔的文章。该文打算集中讨论一部著作，即本雅明视为典范的批评著作，进而从内部讨论批评，而不是解读某人的生活或环境。本雅明说这篇文章是对"弗里德里希·甘道夫（Friedrich Gundolf）行刑"[3]，他是施特凡·格奥尔格圈子里一位著名的德裔犹太文学批评家，1921年曾把约瑟夫·戈培尔（Joseph Goebbels）看作他最仰慕的学生之一。甘道夫把歌德的这部作品打入倒退的神话领域，其解释如果不是由于"措辞上的血腥神秘主义"的话，那就与"签语饼的神秘主义"没什么不

---

[1] *GB*, II, p. 108.
[2] *GB*, II, p. 146.
[3] *GB*, II, p. 212.

同。[1]在本雅明看来，这部小说展示了神话如何从反面打消了人物决定自身命运、从事自由活动的愿望。本雅明从这部1809年的小说中挖掘出了现代性。[2]

但是，这篇文章也研究了两种关系的破裂及其在新的组合中的重新结合。1921年春，朵拉与厄恩斯特·肖恩相爱，而本雅明也移情别恋，爱上了肖恩的女朋友尤拉·科恩（Jula Cohn），他从1912年就认识的一位朋友的妹妹。本雅明把论《亲和力》的文章题献给了尤拉。朵拉向肖勒姆表达了自己的看法，认为尤拉太天真，还不懂什么是爱情。[3]当朵拉患严重肺功能紊乱的时候，本雅明正和尤拉·科恩在海德堡度假。

1921年夏末，要求本雅明构思和编辑一本杂志的惊喜消息从出版商理查德·维斯巴赫（Richard Weissbach）那里传来，后者已经决定出版本雅明翻译的波德莱尔诗集。本雅明选择了他喜欢的克利的另一幅水彩画的标题《新天使》（Angelus Novus），这是他那年春天花1000马克在慕尼黑汉斯·格尔兹艺术馆买来的。在本雅明眼里，克利和麦克（Macke），也许还有康定斯基，始终是唯一可靠的当代艺术家。哪怕是有缺陷的作品，本雅明也能从缺陷中看到美感，因而从美感的角度看待他们。[4]本雅明在以后一年半的时间里准备杂志的内容。与维斯巴赫的交涉是复杂的。本雅明想要让更多的人接触这份杂志，计划用一些"校对本"送给那些不想买、但本雅明认为又必须读它的人。

---

[1] *SW*, 1, p. 326.
[2] 他希望激怒一些知名的批评家，最终，这篇文章于1924—1925年发表于《新德国文集》，但没有人发表评论。
[3] Gerhard Scholem, *Story of a Friendship*（New York: 2003），p. 120.
[4] *GB*, II, p. 147.

富裕的读者将通过高价订购来资助这份杂志。[1]本雅明将由于编辑这份120页的杂志每年获得2000马克，每三个月付一次酬薪。他设计了封面：斜体粗古体大写字母，标题深蓝色，出版社名称比标题小，呈黑色。[2]给作者弗里茨·封·赫兹曼诺夫斯基-奥兰多（Fritz von Herzmanovsky-Orlando）的信说明了本雅明希望刊登的那种文学作品。他谴责模仿名作和古典主义的态度，推崇激进怪异的散文作品。[3]他拒绝"庸俗的文学表现主义"，而有意展现他认识的但毫无名气的作家，也就是C. F. 海因勒（C. F. Heinle）和他弟弟沃尔夫（Wolf）。本雅明对朋友矢志不渝。

友谊对本雅明至关重要，他在一生的不同时期里写了许多信，与有选择的小圈子谈论私事，讨论思想问题。他无法忍耐与冒犯他的人或行为不轨的人保持联系。他童年的朋友布鲁门塔尔曾有一段时间不在他的交往范围之内。另一个朋友沃纳·克拉夫特（Werner Kraft）也于1921年初被断绝了关系。一封断绝友谊的信这样写道："对我来说，与朋友交往和谈话属于最严肃、最需要保护的事。"[4] 4月，他和肖勒姆开始非正式交往，用"你"代替了"您"。[5]

那年夏末，本雅明回到了仍在柏林生活在贫穷之中的朵拉身边。他们再次尝试作为夫妻和父母一起生活。本雅明喜欢和斯蒂凡在一起，因为他记下了他们最初为斯蒂凡起的那些煽情的昵称。

---

[1] *GB*, II, pp. 182—183.
[2] *GB*, II, p. 220.
[3] *GB*, II, p. 222.
[4] *GB*, II, p. 142.
[5] *GB*, II, p. 153.

> Stefanze Stefanserich（在伯尔尼时，当儿子洗完澡在他肚子上躺着时，他这样叫儿子）；傻瓜先生，宝藏先生（他用一个木头娃娃的名字叫儿子）

> Wauzi wauzi

> Schnauzi schnauzi

> 一只脚叫Felefoot（菲利普脚），另一只脚是弗兰茨脚。
> 当儿子穿着襁褓被抱到房间里时他叫他小香肠（Babysausage）
> Snüll, Snüllen, Zeppel（？）, Soul, Gob, Sweetielamb. 儿子小时候以及在瑞士的时候，他叫他Buschi, Buschonnili[1]

本雅明还记下了斯蒂凡从出生到1921年11月27日说的一些含混的字眼儿。其中有用"Bildschwein"——猪的画——表示Wildschein——野猪，是他在一幅画中看到的。用kiss表示碰到脸上的任何潮湿的物；用letter表示任何一张纸；用oulish表示丑或邪恶，即派生于ghoulish但又与猫头鹰相像；用bagschool表示书包。[2]本雅明整整记了一页。1921年12月后的一些生造词，他又记了一页。其中用Rice eagle表示Reich eagle, 用Gratophoph表示照片。[3]他记下了斯蒂凡习得语言的情况——比如，他说的第一个有意义的词是"静"的一种说法，还把一个手指抬起来，就像朵拉让他静下来时所做的动作。他记下了

---

[1] *Walter Benjamins Archive*, pp. 82—83.
[2] *Walter Benjamins Archive*, p. 85.
[3] *Walter Benjamins Archive*, p. 86.

朵拉和斯蒂凡·本雅明

儿子第一次说出的话,这既表明父亲的温柔,同时也表明这位学者对儿童思维过程和主体性的关注:"斯蒂凡被脱下衣服后,就一个人待在房间里,他哭了起来。一会儿,朵拉来看他,他说:自己擦鼻子,擦眼泪。"[1]

又有一次,朵拉让他看了弗里德里希·贾斯丁·贝图斯(Friedrich

---

[1] *Walter Benjamins Archive*, p. 89.

Justin Bertuch）12卷本的《儿童画书》中的一页。上面画着各种浆果。斯蒂凡像往常一样问道："我可以吃吗？"朵拉回答说："是的。"对此斯蒂凡回答说："小斯蒂夫可以吃那个啦。"

>朵拉：可你就是小斯蒂夫啊。
>
>斯蒂凡：不。书上的小斯蒂夫（指着书页上一个空白处）该来吃它。[1]

有一篇小文描写了1921年家里的住房状况。家里总是要有几天大家都默不作声的时候，以便于本雅明工作。本雅明不在家的时候，斯蒂凡也去厨房告诉女佣人格雷特不要做声，因为"他现在可能在工作"。然后，他爬上台阶，打开两扇门，进了自己的房间。他一动不动地在黑暗中站了许久，格雷特来了，他恳求说："格雷特，求你不要打扰他。他真的需要工作。"[2]他已经把不在家的父亲完全内化了。

1921年11月，斯蒂凡有几天连续模仿无生命的物体，比如地上滚动的梨，或打点的钟。[3]本雅明还注意到斯蒂凡半睡半醒时表现出来的心灵感应能力。[4]1932年3月之前，本雅明间或把对儿子说话、造句和行为的这些观察都记录下来，用在了1933年的《雷同论》和论模仿能力的理论中。[5]他发现词语具有不稳定性。词语通过儿童式推理和堆积而增添了额外的意义。比如，马铃薯（Kartoffel），斯蒂

---

[1] *Walter Benjamins Archive*, p. 90.
[2] *Walter Benjamins Archive*, pp. 89—90.
[3] *Walter Benjamins Archive*, p. 92.
[4] *Walter Benjamins Archive*, p. 83.
[5] *SW*, 2:2, pp. 694—698, 720—722.

凡就称之为他自己的小骨头（knöchel）。1922年春，本雅明记下了下面一则日记：

> 布尔夏小姐说："兔子（hare）尽了最大的力量。"他对此的回答是一连串的大笑，并不断重复说："尽了最大的努力（hard）——尽了最大的努力。那不是努力，那是蔬菜。"[1]

另一则描写了本雅明的朋友福罗伦斯·克里斯蒂安·朗格（Florens Christian Rang）给斯蒂凡的一张画，上面画的是位圣人。斯蒂凡说这个人像是船头。[2]朗格是1920年通过厄恩斯特·古特金德介绍的一位很好奇的熟人，年龄较大，研究新教神学，原打算当教堂牧师，后来却成了保守民族主义者。本雅明想要在《新天使》上发表他的文章。但是，1922年10月他告诉朗格杂志不可能出版了，因为出版商遇到了财经困难。他还告诉朗格，他岳父已经来与他父母调解，因为父亲决定，如果本雅明不在银行谋一个职位就要剥夺他的继承权。本雅明仍然渴望从事学术研究——因此仍然在写任教资格论文。他说只要不妨碍追求这个目标，他愿意保持现状。[3]

为了缓和财务的燃眉之急，本雅明利用他对旧书及其市场的广博了解，在柏林北部的市场和旧书店买书，再到西部将其卖掉，赚得利润。[4]本雅明曾希望凭关系借到一笔资金，自己开一家古书店，但希

---

[1] *Walter Benjamins Archive*, p. 98.
[2] *Walter Benjamins Archive*, p. 89.
[3] *GB*, II, p. 277.
[4] *GB*, II, p. 274.

望落空,尽管岳父母答应尽最大努力帮助他。实际上,岳父母的干预使父亲愈加顽固。本雅明被迫断绝了与父母的关系,拒绝了每月8000马克的"施舍",因为没有"无法忍耐的纠缠和监督",他就得不到这笔捐助。[1]

更倒霉的事儿还在后头。本雅明希望回到海德堡拿到任教资格,但接受资格的幸运儿却是卡尔·曼海姆(Karl Mannheim)。[2]本雅明原打算呈交一篇纯哲学研究的论文,但他猜想如果写中世纪后的德国文学,会很容易找到资助者。12月,本雅明考虑在法兰克福汉斯·柯内留斯(Hans Cornelius)门下获得美学的任教资格,并参观了法兰克福城,认识了神学哲学家弗兰茨·罗森茨威格(Franz Rosenzweig)。法兰克福也是一位熟人的家乡,这位熟人就是《法兰克福报》的文学编辑西格弗里德·克拉考尔(Siegfried Kracauer)。1923年夏,他通过克拉考尔认识了年轻的博士生西奥多·威森格伦德·阿多诺(Theodor Wiesengrund Adorno)。

外面的世界和"德国的严峻形势"使本雅明感到压力越来越大。[3]在1923年1月的信件中,他提到了法国和比利时对鲁尔的占领,以及伴随而来的"可怕的精神感染"。[4]几个月来,人们谈论的都是家人的患病,以及朋友的死亡,如英年早逝的沃尔夫·海因勒。本雅明一家从纷扰的尘世退却出来,回到了布莱顿斯坦的疗养院,这样一家三口就都会康复。本雅明很高兴离开德国,但感到孤单,在1月27日给

---

[1]　*GB*, II, p. 281.
[2]　*GB*, II, p. 299.
[3]　*GB*, II, p. 307.
[4]　*GB*, II, pp. 303—305.

朗格的信中，他鼓励朗格给海因勒家捐款，他自己也捐了。

> 似乎从德国的任何一个角落都不会传来好消息。与我有联系的人大多完全消失了。在某种意义上，我们为在此的孤独感到欣慰，尽管麻烦不断，近些天来斯蒂凡总是患有一些奇怪痛苦的小病，我们深感烦恼。今天上午，一切开始好转。朵拉胖了许多，但她的身体状况仍需要改善，如她的神经一样。[1]

德国已经没有希望了。《新天使》的梦也破灭了。他再次萌生学习希伯来文的想法，做好移民的准备。[2] 2月的德国之行，即再次回父母家的旅行，使他对德国几近绝望，并清楚地看到了深渊景观。[3] 在法兰克福做任教资格论文提供了即便不是逃离德国、但也是逃离父母家的一条可行的路径。新的兴趣——悲苦剧，巴洛克悲悼剧——正在形成。本雅明再次来访这座可怕的"昂贵之城"，在一个叔叔家住了几个星期。[4] 1923年3月12日，他来到附近的吉森，第一次见到了法兰克福圈，即以朗格和布伯为核心的一些人，还有几位教友派教徒和一位天主教教徒，他们出于宗教信仰极力提倡政治和社会改革。"德国未被怀疑的一面出现在我眼前"，后来在给朗格的信中本雅明如是说。[5]

秋天回到柏林，形势更加恶化。城里一片饥饿声，电车网也垮了。朵拉找了份工作，做卡尔·封·维甘德（Karl von Wiegand）的私

---

[1] *GB*, II, pp. 309—310.
[2] *GB*, II, p. 312.
[3] *GB*, II, p. 317.
[4] *GB*, II, p. 334.
[5] *GB*, II, p. 322.

人秘书,他是赫斯特报业的德国通讯员。[1] 法兰克福传来了好消息。柯内留斯拒绝了本雅明研究美学的任教资格论文,但文学史家弗兰茨·舒尔茨(Franz Schultz)接纳了。本雅明只想提交一篇论歌德的《亲和力》的希望还是破灭了。[2] 关于巴洛克悲悼剧的思绪需要进一步扩展才会具有提交给大学的论文价值。然而,9月,本雅明谈到如何处理那些"顽固的资料",把他的思维过程描述为"细腻",而这更容易走偏。[3] 但他决心完成手稿,"即便带着羞辱和耻辱被赶走也不会退步"。[4] 如果失败,他计划出国,或许追随肖勒姆,后者已经去了巴勒斯坦。

9月,本雅明描写了通货膨胀的德国的生存参数。这份小册子中还含有对金钱的抗议:

> 所有亲密的个人关系都遭到了一个近乎超人的打击,刺透了人们难以于中生存的廉洁。一方面,钱破坏性地位于每一种知名利益的中心,而另一方面,这恰恰是致使几乎所有关系无法正常运转的障碍。因此,在生存领域如在道德领域一样,义无反顾的信任、镇定和健康都在逐渐消失。[5]

他对当时局势的苛刻评价——《德国衰落的描述性分析》——是

---

[1] *GB*, II, p. 350.
[2] *GB*, II, p. 347.
[3] *GB*, II, p. 351.
[4] *GB*, II, p. 351.
[5] *GS*, IV: 2, pp. 917—918. 这份合同的一个版本在叫《单向街》的警句和沉思录选集中以"德国通货膨胀的旅行"为题发表。

写在一个名册上送给肖勒姆的离别礼。德国有价值的东西已经所剩无几,而剩下的——他的精力和一些值钱的物品——也在急遽消耗。[1]养家糊口的朵拉又病了,她的工作太消耗体力。本雅明担心报纸报道的柏林市中心的反犹太骚乱。[2]1923年11月6日,《法兰克福报》报道了反犹太分子如何利用抗议粮食价格上涨的游行鞭挞群众,抢劫商店,痛打犹太人。报纸说极少数非犹太人进行了抵抗。[3]当柏林人为面包而受苦无助时,本雅明则通过交换书籍获得知识给养,获得了司汤达和巴尔扎克的新书以及最早的但丁德文译本。[4]对巴洛克的研究每天都给他带来新奇的文献目录。通过翻查柏林国家图书馆的无名收藏,他搜集了关于几乎无人顾及的悲悼剧、神学小册子和哲学反思的数百个摘要。衰落中的德国与朗格开启的另一个德国碰撞了。本雅明告诉非犹太教徒朗格,朗格代表着"真正的德国性",而他本人则受到自己的德国性的束缚,没有比拯救旧文学更深刻、更宝贵的事业了。[5]

但是,当解释他为什么没有代表"我们德国人"在朗格论修复款项的论文《德国住房》上签名时,本雅明吐露说,他的犹太性令他放弃了他的立场。犹太人在危急时刻不能代表德国人民说话,因为他并不属于他们。当右翼暗杀了无政府主义者古斯塔夫·兰道尔(Gustav Landauer)和外交大臣瓦尔特·拉特诺(Walther Rathenau)之后,犹太性和德国性的问题再次明朗化。这两人都是犹太人。拉特诺曾经参加复兴德国民族协议的讨论,而本雅明发现他的被谋杀是"必然的"。

---

[1] *GB*, II, p. 352.
[2] *GB*, II, p. 364.
[3] *GB*, II, p. 365.
[4] *GB*, II, p. 362.
[5] *GB*, II, p. 368.

1919年慕尼黑苏维埃共和国的发起人兰道尔曾"尖叫着"反对新建立的国家而不是替它说话;他是军队和自愿军团血腥镇压共和国之后在狱中被暗杀的。本雅明论证说,这些犹太人明晃晃的身份在目前形势下破坏了犹太人和德国人的关系。就当下而言,只能建立秘密的个人关系:"今天,两个民族的崇高本性都有义务在其关系上保持沉默。"然而,还有一个需要执行的秘密任务:更新德国文化的遗产和历史。德国正在孤立中衰落,因此,如果仍然不顾当下的给养,其文化也将枯萎。[1]

本雅明已经快到了他所能容忍的极限。飞速的通货膨胀令人头晕:1923年5月1日,一美元价值31700马克。到7月1日,就飙升到160400马克,8月1日,再升到1103000马克。从那时起,每隔几个小时价格就翻番儿。工人们赶着抢购,赶在用同样的钱买一半的物品之前花掉全部积蓄。百万面值的钞票被用作糊墙纸。1913年的1德国马克在1923年12月等于1261亿马克。本雅明不得不算计着在哪里能以最少的钱活最长的时间。他希望价格崩塌。朵拉失去了工作,但不久又找到了。这的确是好运气,因为能够买到东西的只有硬货。

波德莱尔诗歌译本《巴黎风光》于1923年10月出版,只印刷了500册。他感到极大失败的是,他没有收到任何稿费和样书。[2] 给评论者的书也没有及时寄出,而寄出之后,也只有两篇评论而已,其中有一篇署名斯蒂凡·茨威格(Stefan Zweig),还是持否定态度的。本雅明的现代和城市化的译文受到了批判,被认为韵律太幼稚,硬译。[3] 这

---

[1] *GB*, II, p. 369.
[2] *GB*, II, p. 387.
[3] *GB*, II, p. 410.

有损他的声誉，同时也释放出本雅明内心里幼稚的粗暴，私下里责备《法兰克福报》的文学编辑"大鼻头儿"西格弗里德·克拉考尔没有找到合适的评论者。[1] 但另一个作者却准备把本雅明视为天才了。1923年年末，雨果·封·霍夫曼斯塔尔（Hugo von Hofmannsthal）选了论《亲和力》的论文，连续两年在他的杂志《德国新贡献》（*Neue deutsche Beiträge*）上分两次发表。

1924年，美元的涌入稳定了马克。本雅明于春天动身去卡普里，那里，他还可以付得起几个月的生活费用。在那里，他翻译了巴尔扎克的《古玩陈列室》。他希望完成任教资格论文，但困难一个接着一个。噪音不离他左右，白天又热得难以工作。[2] 学界仍然不理睬他。在那不勒斯大学为纪念建校700周年召开的国际哲学大会上，他嘲讽地说："哲学家们是国际资产阶级工薪最低的走狗，因为他们是最不相关的。"本雅明惊讶地发现哲学家们是那么急切地炫耀他们的底层地位。[3]

本雅明使用左派的语言——在卡普里时他读了那代人中最具叛逆精神、具有共产主义倾向的知识分子的最重要著作，格奥尔格·卢卡奇（Georg Lukács）的《历史与阶级意识》。但他给右翼保皇党杂志《法国行动》投稿，声称它传播了德国政治发展的细节，尽管其立场不坚定。[4] 但他所处的知识环境却大为不同。他在与后达达的先锋派建立关系，他们都倡导艺术和文学的"新结构"、集体主义、

---

[1] *GB*, II, p. 474.
[2] *GB*, II, pp. 455—456.
[3] *GB*, II, p. 448.
[4] *GB*, II, p. 466.

工业化、构成主义和对传统的破坏。6月,他翻译的《由里向外的摄影》,即特里斯坦·查拉(Tristan Tzara)给曼·雷伊(Man Ray)的《快乐的乡村》所写的前言,在汉斯·李希特(Hans Richter)的《基本形式杂志》上发表,同期还刊发了密斯·凡·德罗(Mies van der Rohe)、路德维希·希尔伯塞默(Ludwig Hilberseimer)、拉乌尔·豪斯曼(Raoul Hausmann)、乔治·格罗茨(George Grosz)、汉斯·阿尔普(Hans Arp)、库特·施威特(Kurt Schwitters)和厄恩斯特·肖恩的作品。

也是在6月,他见到了阿斯加·拉西斯(Asja Lacis)。在给肖勒姆的一封信中他提到了这位"最了不起的熟人",他是在著名的"黑蒂盖盖"(Hiddigeigei)咖啡馆里与她邂逅的,把她描写成拉脱维亚布尔什维克,一个基督徒。她既表演又导演。他们曾长谈至深夜。[1] 给肖勒姆的下一封信再次报告了这个消息——与来自里加的俄罗斯革命者的邂逅,他见过的"最杰出的女性"[2]。他还提到,通过她,他"洞察到一种激进的共产主义的实际情况",一种"生命的释放",即便这搅扰了他的工作和他的"资产阶级生活节奏"。拉西斯正与女儿达加在意大利,而她的情人是德国剧作家和戏剧批评家伯纳德·赖希(Bernhard Reich)。由于达加身体欠佳,医生建议他们来卡普里疗养的。

与此相比不太重要的一件事是与意大利未来主义领袖马里奈蒂(Marinetti)的会面,后者是来卡普里拜访弗兰茨·沃菲尔(Franz Werfel)的。马里奈蒂真是个"人物"。他以马嘶、雷鸣、车碾和机关

---

[1] *GB*, II, p. 466.
[2] *GB*, II, p. 473.

枪开火的声音表演了"噪音诗"[1]。7月，本雅明发现自己已经离不开这个小岛了。居里夫人曾解释过卡普里由于其越来越强的辐射而具有奇异的吸引力，但本雅明离不开的直接理由是被昆虫咬了一口引起的血液中毒。他急需钱，希望维斯巴赫能用现金支付波德莱尔的书或预付稿费。[2]维斯巴赫没有寄钱。10月，本雅明再次催款。[3]

9月，墨索里尼来访卡普里。令人惊讶的是，这位领袖曾访问过意大利南部，本雅明注意到他并不受欢迎，但人们必须把自己的冷淡装扮成面面彩旗和欢迎的景象。传言说在那不勒斯有六千名便衣特务保护着他。本雅明觉察到了真人的墨索里尼与明信片上的震撼人心者之间的差距。现实中他呆滞高傲。本雅明大显身手描绘了这个法西斯主义者。墨索里尼似乎浑身抹遍了臭油。他身材矮胖，少言寡语，活像肥胖的杂货店老板的一只拳头。[4]如果那不勒斯厌恶墨索里尼，那它就向本雅明和他的情妇拉西斯全面开放。两人访问了这座城市。他写了一篇速写，翌年在《法兰克福报》上发表了。《那不勒斯》是对空间和时间之多孔性的思考，公共和私人的经验领域由于这种多孔性而相互融合起来。那不勒斯的拱廊就是一例——不久就会成为对本雅明至关重要的一种建筑形式，以及与空荡荡的柏林形成鲜明对比的繁忙的街道。那不勒斯城道路纵横交错，事物和地点出人意料地出现或消失，如从一幢楼上突然凸出来的一段台阶。旧街改造成新街，试图把改造过的生存模式和秩序注入历史的积淀。

[1]　*GB*, II, p. 493.
[2]　*GB*, II, p. 476.
[3]　*GB*, II, pp. 496—497.
[4]　*GB*, II, p. 480.

肖勒姆警觉地发现本雅明越来越对共产主义政治感兴趣——肖勒姆和本雅明都是布尔什维克活动家，这在某种程度上说明了两人的友谊。在一封信中，本雅明感到必须为自己的立场辩护。他与共产主义的关系是通过阅读卢卡奇建立起来的。卢卡奇哲学熟练的理论与实践的结合给他留下了深刻的印象，因此把"共产主义的政治实践"作为"约束性立场"，尽管他明白，在卢卡奇的黑格尔辩证法与他构想的自己的虚无主义之间必定发生某些张力。在实践上。拉西斯为他发展中的思想提供了环境。通过拉西斯，在莫斯科发表作品的前景已经敞开，因此也能与苏维埃知识分子对话。[1]

罗马和佛罗伦萨之行过后，本雅明于12月回到柏林，大家异口同声地说本雅明发生了变化，在卡普里他走上了"共产主义指引"的道路。他向肖勒姆承认了这一切，它们"唤醒了我内心的意志，不去掩盖那些在此之前一直以旧的法国方式思考的政治和实践，而是发展它们，以极端的方式进行实验。"[2] 这意味着从努力保存杰作、恢复德国传统中真正文学的文学诠释中隐退出来。但在他能够找到完全不同的总体意义之前，他迫不得已从自身"抽取政治"。他还承认他非常惊奇地发现，他非常接近"一种极端布尔什维克理论的许多方面"。[3]

这些新的关怀并未妨碍他思考文学这个次要的项目，如卡尔·霍布莱克尔（Karl Hobrecker）的《被遗忘的旧小人书》。仅就所搜集的大量儿童文学而言，这是本雅明应该写的一本书。本雅明即席写了两篇书评，一篇为图书市场的促销，另一篇发表在莱比锡的一份插图报

---

[1] *GB*, II, p. 483.
[2] *GB*, II, p. 511.
[3] *GB*, II, p. 511.

纸上。这种为次要刊物撰写的小规模的感想仍然是提出重大思想立场的机会。他下定论说,有些书是语言世界发出的邀请——不是通过词句,而通过图像,或干脆通过线条图像,比如木刻坚韧的边缘。儿童在这些图像的引导下走出自身(色彩斑斓的插图唤醒他们走出自我沉溺的梦幻世界),进入真正的世界,通过"强烈的要描写"鲜明轮廓的欲望进入语言。无论在哪种情况下,美学都找到了新的立足点——脱离了幻想主义者的模仿论。世界不是被动的思辨展示,而是在儿童想象活动中得以重塑的一个物体——即本雅明所说的"他们自己的诗歌",作用于儿童对图像表面的专注,使他们"准备好填补"这个表面。[1] 想象超越平坦的纸页而进入深层。想象与逗点结合,把逗点播撒开来,在编织的碎片之间加入花体。

本雅明断言,儿童想象作用于最低级的物体。他声称,儿童喜欢于正在建造的场所冒险,建筑、园艺、家务、裁缝或木工等活计留下的碎屑对儿童有着不可抗拒的吸引力:"在废料中,他们识别出世界直接而且单独呈现给他们的面貌。"通过玩耍破碎的和被遗弃的物品,儿童在"各种不同的物品"之间建立起"一种新的直观关系",因此"在较大的世界内创造了自己小的物质世界"。童话本身就是一种废产品,在传奇的发展和没落中产生:

> 儿童能够以玩碎布和积木的那种随意性和无拘无束操控童话。他们使用源自童话的次主题,将其各种因素综合起来,建构自己的世界。[2]

---

[1]　*SW*, I, p. 411.
[2]　*SW*, I, p. 408.

F. J. 伯图施的《儿童画册》中的犰狳,这是本雅明家中最受欢迎的一本书

正如儿童对碎片有着强烈兴趣,他们也在阅读的书籍中航行,将其变成废物,再利用它们。书在儿童滚圆的小手上留下印记,而藏书的市侩们对此丝毫不感兴趣。[1] 有些书将遭受更大的破坏。单色的木刻——简单、明了的插图——把儿童引入醒着的文字世界。图像吸引着儿童,迫使他们完成某个图像,比如在图像上乱画。此外,本雅明还谈到伯图施(Bertuch)的《儿童画册》是个奇迹,那是1792年到1830年间魏玛出版的一本书,收入了一千幅高质量的铜版插图和无数

---

[1] *SW*, I, p. 406.

其他图像,从维苏威火山的爆发到英国洗衣机的专利,所有图像都调动起来"在儿童面前传播时代的知识"。本雅明和朵拉常常让斯蒂凡看这本书。难以令人相信的是,伯图施让儿童从书中剪图。挪用知识意味着用乱画的手和跟着轮廓剪下图像的剪子积极地掌握知识。

童话世界就好比破碎地板上被遗弃的木屑,使得儿童想象地建造新的世界。木屑和童话以碎片、废物的形式出现,随时都可以挪用。本雅明即将进行的自己的实践的核心在此可以窥见一斑。从这时起,本雅明思想的基础是蒙太奇、并置和主题的拼贴。在本雅明看来,蒙太奇与拯救行为不可分割,即回收看起来毫无价值的垃圾、碎屑和残片。他出于批评启蒙的目的利用他所说的"破布和垃圾",后来他在《拱廊计划》中描写了这个过程。[1] 他计划发表一系列自己写的和别人(如布洛赫)写的插图书,探讨被贬值的物质形式。从这个时期起的笔记含有一个目录,其中包括明信片、蜡制品、庸俗作品、夜总会歌舞表演和广告的美学研究。[2] 本雅明的研究计划与其说要拯救传统,毋宁说要拯救未得到承认的经验,在恐惧、废物和濒于消失的物质中的经验。

---

[1] *AP*, p. 460; 又见p. 860.
[2] *GS*, VI, p. 694.

第四章

撰文立著：1925—1929年

1925年，本雅明的任教资格论文仍然没有完成。结论和大多数最棘手的资料，也就是前三分之一都没有写完。此外还有大量繁琐的索引要做。本雅明想要找一个打字员，能够完成这项"无法描述的繁琐"工作的人，愿意拿出一周时间做这件事的一个"受过高等教育的夫人"。[1] 他的研究对象是残酷的悲悼剧，这种剧展示了对毁灭和阴谋的嗜好，把语言用作致命的诅咒或控制，并把"世界的悲惨"和对永恒时间的厌烦浸透于忧郁的情节。他还研究图册，即出于道德教育的目的把词与图像相并置的断片式的、谜一般的象形综合。通过这些研究，他思考了审美形式的等级，尤其是寓言和象征主义。他检验了古典悲剧何以从神话脱颖而出，而那些悲悼剧却从历史自身获得生命力。其特殊的历史时期是黑暗、破坏和无尽的战争时期，以注定的永恒性自行表现出来，但也提出了——与神话的命定论相悖的——历史动力的确存在的理论，即便主人公不能挽救这种完全堕落到神话和瘫痪之中的现实政治。古典世界的英雄主义和超越在这些小政治的世界

---

[1] *GB*, III, p. 9.

里被彻底否定了。

本雅明对肖勒姆讲了序言的写法，即认识论序言，他说那是"毫不掩饰的厚颜无耻"。[1]它是玄妙的和自省的。它是离题的。它用引语作为观点的导引，而这些观点又抵制分析，产生一种碎片式的和警句式的蒙太奇，这就是研究的主体。它把文本打碎，使其变成众多意思或无意思，拒不指出确定的意义，断言这种无结论性恰恰就是意义之所在。它使阅读举步维艰，同时诉诸于卡巴拉的语言理论和柏拉图的唯心主义、克罗齐的"宇宙独特论"和莱布尼茨的单子论。它把阐释的时间与文本的时间关联起来。

本雅明有理由想象他的任教资格论文有可能通过——他的指导教授是系主任。但是，他同样担心成功会带来的麻烦，因为那意味着要永远定居法兰克福，与学生打交道，写讲稿：学术生涯的这些方面"谋杀式地占用时间"，完成久已渴望的计划所需要的时间，这个计划就是评论歌德的《新美露西娜》（"New Melusine"），编写自己的政治文集。他告诉肖勒姆，那还会蚕食他需要认真学习希伯来文的时间。[2]

在法兰克福，当他正为任教资格论文的命运忧心忡忡的时候，一种新的思想媒介正向他招手。他注意到肖恩已经成为法兰克福广播电台的节目助理，非常可能会给他提供参与节目的机会，因为"所有大学讲师都在广播上胡言乱语"[3]。在魏玛时代，法兰克福广播尤其重要。那里有汉斯·弗雷西（Hans Flesch）这样的发明家，即作曲家保罗·辛德米特（Paul Hindemith）的姐夫。辛德米特1924年第一次播

---

[1] *GB*, III, p. 14.
[2] *GB*, III, p. 15.
[3] *GB*, III, p. 15.

出节目时就做了活报声音实验,让听众意识到了物质的媒介作用。弗雷西也转播了法庭审判、布莱希特和魏尔的广播剧,使用了活动广播室。1931年,他建立了德国第一家电子广播站。肖恩鼓励本雅明为与广播电台有联系的杂志工作,作为进入有望成为新型职业的广播的一项措施。

新闻向本雅明招手,他也急于寻找在《法兰克福报》和文学杂志上发表作品的机会。他告诉肖勒姆,他在阅读最新的法国文学——超现实主义和瓦雷里(Valéry)——以便熟悉批评的技巧。[1]他应邀定期为德国文化杂志《文学世界》撰写论法国艺术理论的文章。一个计划在他心里萌生,即与弗兰茨·黑塞尔(Franz Hessel)合译普鲁斯特《追忆似水年华》的《在少女们身旁》。论巴洛克悲剧的著作有望出版——但在6月,出版社关门了。[2]他也为自1923年就开始搜集的文章寻找出版机会,即《单向街》。起初,这是一些非常隐私的典故,用朋友们的名字作为篇名,后来这本书成了一部"警句手稿"[3],是走进本雅明成年岁月的柏林的一部导游手册,记录了这个城市的现代性发展,它的街道、沥青柏油路、地下工程、建设场地和加油站。

1925年5月末,本雅明写信给肖勒姆描述他痛苦的财经状况,以及"令人深切悲叹的文学与经济计划的冲突"。他提到如果他在新闻领域付出的努力泡汤的话,他"也许会加速参与马克思主义政治——至少可以在可预见的未来临时去一趟莫斯科——并加入共产党"[4]。

---

[1] *GB*, III, p. 61.
[2] *GB*, III, p. 31.
[3] *GB*, III, p. 50.
[4] *GB*, III, p. 39.

本雅明在寻求其他出路，因为任教资格论文成功的可能性越来越小。这部论巴洛克悲悼剧的著作非常接近学术格式：它有大量的注释；追溯了许多模糊不清和被忽视的资料源出；它依据崭露头角的理论家的著作，如卢卡奇的《灵魂和形式》、潘诺夫斯基（Panovsky）和萨克斯尔（Saxl）论丢勒的《忧郁》。但它也是独具特性的。对16和17世纪文化形式的研究挖掘出的神秘资料对本雅明有着"令人头晕目眩的吸引力"[1]。这样巨大的吸引力几乎不可能是通常的学术格式所能容纳的，也不能根据以往的学术方法来撰写。本雅明透露说，这篇论文就是要打破学科之间壁垒森严的界限。他向舒尔茨（Schultz）展示了这一点，却发现这位教授还没有做好将其作为文学史而接受的准备。本雅明被告知将其作为美学著作转给柯内留斯。

5月，他以沉重的心情上交了论文，并告诉肖勒姆，他似乎有上千个理由离他想要从事的大学教职越来越远了。柯内留斯觉得这是无法卒读的一部书，并将其转给了两位同事。一个是马克斯·霍克海默（Max Horkheimer），他认为其主题无法深入。他们给本雅明的建议是撤回论文，以避免官方的正式拒绝。这部作品已经在别处赢得了喝彩，即作家霍夫曼斯塔尔以及维也纳的一位德国文学教授。但大学的任命似乎毫无希望了。本雅明感到舒尔茨背叛了他，但他深沉地说他总而言之是高兴的。在外省大学任职的漫长道路对于他并不合适，而自1924年10月他的朋友朗格逝世以来，法兰克福也似乎是一片"最苦涩的沙漠"[2]。

---

[1] *GB*, II, p. 482.
[2] *GB*, III, pp. 59—60.

本雅明的思想现在从旧德国文学转向了法国现代主义——超现实主义，普鲁斯特作品的翻译以及《远征》的翻译，后者是圣约翰·波斯（Saint-John Perse）在中国写的一首长诗。他追溯了卢卡奇的《历史与阶级意识》与敌对的共产党人之间的争议，如拉兹洛·鲁达（Laszlo Rudas）和阿布拉姆·莫伊塞维奇·德布林（Abram Moiseyevich Deborin）。[1] 他弟弟给了他第一本列宁著作的德文译本，本雅明焦急地等待着列宁的下一部著作，哲学著作。[2] 同时他在计划秋季旅行。

1925年8月19日，《法兰克福报》刊印了本雅明和拉西斯合写的那不勒斯城市速写，此时本雅明已经登上了汉堡的船。途经巴塞罗那、塞尔维亚、热那亚、比萨、卢卡和里窝那，最后于9月末到达那不勒斯。在船上时，他与船长结为好友，船长是一位渴望学问的人。本雅明答应寄给他自己翻译的巴尔扎克作品。[3] 路过热那亚时，他瞥见非洲，决定不久便去那里走走，同时获取利比亚的签证。但他最终没有去非洲。在那不勒斯和卡普里，他写了一篇"野蛮的檄文"，抨击弗里茨·封·昂鲁（Fritz von Unruh）的"和平主义"游记《耐克之翼》，认为作品吞噬了作者的"皮骨"。[4] 他告诉肖勒姆，这次抨击一定是"有力的"，因为他将以此在《文学世界》占有政治批评家的一席之地。[5]

---

[1] 见 Georg Lukács, *A Defence of History and Class Consciousness: Tailism and the Dialectic* (London, 2000)。
[2] *GB*, III, p. 64.
[3] *GB*, III, p. 84.
[4] *GB*, III, p.90.
[5] *GB*, III, p. 86.

和平福音传布者中最伟大的散文谈到了战争。强调对和平的热爱始终是发动战争之人的最密切关注。可想要和平的人却谈论战争。他谈到已经过去的战争（难道他不是叫弗里茨·封·昂鲁吗？[1]这恰恰是他应该保持沉默的一件事儿），而最重要的，他谈到即将到来的战争。他谈到危险的战争策划者，战争的有力理由，战争的可怕工具。然而，难道这就是允许封·昂鲁先生进入的那些沙龙完全不予解释的唯一话语吗？已经摆在眼前的百般呼吁的和平，一旦拿到日光下来，证明就是我们所知的那个唯一"永久的"和平，就是那些指挥战争、希望在和平协议上有名分之人所喜欢的和平。封·昂鲁先生就是其中之一。[2]

11月，他北上里加与拉西斯会面，后者正在为左翼工会筹建政治剧院。

《单向街》有一节题目叫"立体镜"，描写了里加的日常生活。这番描写浸透着本雅明对他着迷的事物的渲染——商业、公共活动、现代城市里随处可见的童年经验。本雅明描写了市场，小摊和摊贩，家庭妇女和店主，和在"漆黑的港镇"停泊的德维纳河上的小蒸汽船。[3]本雅明迷上了镇里的小店，它们出售内衣和帽子、皮制品、煤、糖、船具和五金。全城就是一个错综复杂的视觉结构。本雅明观察到每一家店都在招牌和墙壁上画着自己的商品，但画的商品都比实际商品要大许多：

---

[1] 他的名字的意思是"不安"。
[2] *GB*, III, p. 25.
[3] *SW*, 1, p. 474.

> 镇上的一家店出售箱子和皮带，画在砖墙上的商品比实际的大许多。街下角的一家店卖女式紧身衣和女帽，这些衣帽都饰有美貌的女人脸庞，严肃的紧身上衣也衬有黄赭色的背景。[1]

巨型商品和微型商品相并置。大多数商品的排列就好像玩具，没有视角，要不太大，要不太小。商品成为玩物，或膨胀成童话和神话中的比例。这个镇子使本雅明想起了他收藏的一个儿童画册。

> 某处，鞋从丰饶角中骤雨般落下。五金器具都有细致的图画，锤子、齿轮、钳子和最小的螺钉摆在一个柜台上，就像过时的儿童画册上的一页。这样的图画充满全城：仿佛从抽屉里拉出来一样。[2]

色彩要么平淡无味，要么具有戏剧性。从"小资产阶级女人"那里可以买到玩具，污秽的柜台上摆着闪光的纸质钓竿。闪耀的各种色彩立体镜似地映入他的眼帘，如一堆堆红苹果和白苹果，微不足道的物品把污秽单调的场地分成条条块块。附近，糖跺和煤堆跳动着黑色和灰色的脉搏。在所有这些当中，深红色教堂似乎把永恒的时间和价值高高地凌驾于商业瞬息万变的价值和人类繁忙的经历过的时间之上。在这些图画之间，那些"记忆形象"在本雅明的想象中形成了，某种别的东西开始隐现，不能简约到这种图画的东西，不可携带的或可以利用的东西。本雅明不祥地警告人们，"那些荒芜的堡垒一样的建

---

[1] *SW*, 1, p. 474.
[2] *SW*, 1, p. 474.（译文有所改动。）

筑使人想到了沙皇的所有恐怖"——新近独立的里加脆弱的现在仍然深陷被压迫的过去,而过去的力量也许会在将来重现。

城市形象的这种蒙太奇,以其耀眼的鲜红色彩,在写作中生发出一种效果,与萨沙·斯通(Sasha Stone)的灰夹克对1928年刚刚面世的《单向街》产生的效果不无二致:城市符号、建筑、交通统统混杂在一起。城市的现代主义蒙太奇与城市生活的能量相抵触,包括其荒唐的并置,超现实主义的联系,及其看似任意的逻辑。现代主义的蒙太奇城市是建筑在市中心拥挤的堆积,由街道、电车有时也由人群分割开来。世界被做成了影像,每个突触的视角关联都以其刺激性、嬉戏性和多价性跌入梦幻或记忆之中。

本雅明满怀希望地奔赴里加。《单向街》的另一则题为"军械",解释他如何不声不响地来到里加,在陌生的街道上走了两个小时,试图发现他所关心的东西。火花从每一个街角里溅出,火苗从每一幢大门射出,因为爱人可能会从任何地方出现。他必须在拉西斯看到他之前捕捉到她的身影,因为"如果她眼睛里的火柴碰到了我,那我就会像火药桶一样爆炸"[1]。他来到了排练室,拉西斯惊讶地看到他来了,但不怎么快活。她完全沉浸在拍戏中,并为惊诧的干扰而恼火。他住了几个星期,继续翻译普鲁斯特。1925年12月,他回到柏林。

1926年1月14日,他告诉肖勒姆,自斯蒂凡出生以来他一直编纂儿子的"见解和思想"的小册子。他承认他的多次出游使其显得零碎,但有几十个奇怪的词、生造词和小插图,他已经有目的地打印出来,

---

[1] *SW*, 1, p. 461.

送给了几个他选中的人。那不是拙劣的模仿。那是一个孩子思想过程的证据,应该放在本雅明著作的档案中。[1] 大约在那个时候记下的笔记都充满了快乐的儿童"逻辑":

> 饭桌上,斯蒂凡说每一本书里都有被爱的人死去。我说:"在你的书里也总是这种情况——长大后,书就不是这样了"。他大笑着回答说:"是呀,一个情人被杀了!"(他说的"情人"碰巧是(读者)喜欢的人,而"一个情人被杀了"也是他几天前在《侧影》的封面上很高兴地看到的。[2]

> 斯蒂凡手拿闪光的彩纸挡着光,还一遍一遍地叫着:"德国幻觉。"[3]

> 妈咪,猫在笑。它真的在笑。但我不知道它为什么笑。我没说任何逗乐的事,可它还在笑。也许,猫的笑话和我们的不一样。[4]

> 他躺在床上,拉起睡衣。我问:"怎么啦?""这是现代的,你知道的……你必须得看看肚子、肚脐,随时都得看,因为那样你就知道是什么把你聚在一起了。"("这是现代的,你知道的",很长一段时间里成了他的口头禅。)[5]

---

[1] *Walter Benjamins Archive*, p. 77. 这份打字稿没有找到。
[2] *Walter Benjamins Archive*, p. 111. 《侧影》(*Der Querschnitt*) 是一份"艺术和文化"杂志,于1921年到1936年间于柏林面世,由阿尔弗雷德·弗雷彻海姆和H. 封·韦德科普任编辑。
[3] *Walter Benjamins Archive*, p. 111.
[4] *Walter Benjamins Archive*, p. 112.
[5] *Walter Benjamins Archive*, p.112.

论巴洛克的书，研究歌德的《亲和力》的文章，以及《单向街》这部警句集都被厄恩斯特·罗沃尔特（Ernst Rowohlt）排上了印刷日程。期间，本雅明写短篇评论和反思性文章，在《法兰克福报》和文学杂志上发表。他时刻注意欧洲的政治局势，阅读法国报纸和托洛茨基的《英国向何处去？》。他读母权制理论家约翰·雅各布·巴霍芬（Johann Jakob Bachofen）和现象学家路德维希·克拉格斯（Ludwig Klages）的书。他关注法国的文化发展，写《梦的庸俗之作》来解释超现实主义和梦的历史本性，这是能捕捉被机械变化投入到过去的一切的媒介。普通物品一旦被废弃不用就会堕入梦的星群。19世纪后半叶急遽的工业发展使技术滞销过程更加恶化。出于这个原因，梦的世界就出现了更多庸俗和伤感的东西——超现实主义者正是为此而展开了对话，破译"作为画谜的平庸之物的轮廓"。他声称，超现实主义者非常正确地不是对自我、而是对物进行精神分析，因为绝迹之物的能量依旧布满我们的核心。本雅明注意到以前被当作艺术的东西离人体相距两米远，但通过通俗作品，物的世界开始趋近于人。庸俗作品成了挣扎着从19世纪脱颖而出的"新人"探索的目标，在他体内建树图像以构成一种存在，可以称作"有家具的人"或"房客"的人。[1]

1926年3月，本雅明应弗兰茨·黑塞尔的邀请奔赴巴黎，二人正在合译普鲁斯特。在给尤拉·科恩的一封信中他描述了巴黎之行的第一天。尤拉现已是朋友弗里茨·拉德的妻子和女雕塑家——那年早些时候，她给本雅明塑了一个头像。3月22日，他在巴黎米蒂旅馆写了

---

[1] *SW*, 2:1, pp.3—5.

这封信，描述了他如何在清晨5点乘火车离开哈根，在火车上与西班牙人、埃及人和柏林人玩扑克。到巴黎后就去了蒙巴纳斯的穹窿咖啡馆，这是聚集着俄国人的一个新的波西米亚区。然后是和朋友们共进晚餐，还参加了一个音乐会。4点钟，他去了一家夜总会。第二天早上，他很早就醒来，准备翻译普鲁斯特，巴黎没有给他的日常工作带来任何干扰，因为这里的一切都太熟悉了。[1] 他在巴黎的小书斋"主要是共产主义的书籍"。[2] 他继续关注《工人文学》（Arbeiter-Literatur）刊登的卢卡奇的争论，以及日丹诺夫和布哈林掀起的关于"普遍技术"的争论，或普世的组织科学，这些都被认为是人文、生物和物理科学的共性。本雅明最感兴趣的是他对"马克思主义普世理论最初的片段式尝试"。[3] 他也将在这个论坛上露面，因为他设法拿到了一笔佣金，要"从马克思主义观点出发"为《大俄罗斯百科全书》写300行论歌德的文字。[4]

巴黎街道继续散发出迷人的魅力，弥补了他偶然在一个小私人剧院里看到的超现实主义协会的那些"无聊的"事件。黑塞尔一家喜欢巴黎粗野的夜生活——而本雅明则抱怨难以忍受黑塞尔的妻子、记者海伦·格伦特（Helen Grund）撩拨他的那些轻浮之举。[5] 他半年来每天都能见到布洛赫，"尤其是晚上"，布洛赫认为那才是"真正的共栖"：

---

[1] *GB*, III, p. 126.
[2] *GB*, III, p. 133.
[3] *GB*, III, p. 134.
[4] *GB*, III, p. 133.
[5] *GB*, III, p. 137.

瓦尔特·本雅明头像。
尤拉·拉德塑

事实上，如此紧密，通常在大城市里都是过分的亲近和相互强迫的依赖（甚至在巴黎，当时的知识分子和名人也对本雅明不屑一顾），我们的关系导致了一股战壕热，至少是这种亲密的战斗友谊。我是说：由于这种强迫的亲近性我们有些太相互依赖了。[1]

---

[1] Bloch, "Recollections of Walter Benjamin", p. 339.

本雅明也喜欢散步，乘电车逛街，他和朋友唐克马·弗雷海尔·封·蒙什豪森（Thankmar Freiherr von Münchhausen）去逛像炸弹一样投到一个地区的市场，看到了市场上的帐篷、威化饼摊、射击棚、肉铺、古玩店和画商。在一个市场上他发现了三个非常漂亮的玻璃雪搅拌器。[1] 就是这些微不足道的日常用品和空间吸引了本雅明。4月，他写信给克拉考尔谈到未来的写作计划，提到了玩具的历史，并准备以"船和小摊"为题的文章的笔记，以揭示集市与港口之间隐秘的亲和性。[2] 1926年6月给克拉考尔的另一封信说：

> 如果你深入挖掘小资产阶级扭曲的梦和欲望，那么我认为你将获得美妙的发现，或许我们将在某一点上相遇，这也是我一年来倾尽全力而未能击中要害的地方：图画明信片。你也许有一天会写集邮的救赎，对此我已经等待许久而不想冒险去做。[3]

本雅明于1926年7月18日由于父亲去世而离开了巴黎。他在柏林住了一个月，然后又回到巴黎待了三个星期，期间遇到了改良派拉比和后犹太复国主义者犹大·列昂·马格尼斯（Judah Leon Magnes），耶路撒冷大学的创始人和校长。本雅明向他倾诉了他在德国如何不被承认而受到的伤害。然后，他和尤拉·拉德南下。快乐来自对《特里斯坦·项迪传》的阅读以及与克拉考尔在马赛的漫

---

[1] *GB*, III, p. 139.

[2] *GB*, III, p. 148. 这些想法在1926年7月《法兰克福报》上发表过，后来集入了《单向街》。

[3] *GB*, III, p. 177.

步。克拉考尔的观察在一篇题为《两个平面》的文章中出现,他的思想在马赛海湾和他们偶然来到的一个广场上明朗化。[1] 后街对于漫步者来说是几乎看不到的,狭窄的胡同蜿蜒迂回,穿插着弯曲的台阶,从局外人的角度看,它们都是同样不透明的阿拉伯符号。这是不可靠的地段,陌生的漫步者梦游般地横跨这个地区,就仿佛那"即兴挂起的幕布"被扯掉后又挂到别的地方去了。就在这些地方中间,他们发现了一个广场。从这些弯曲胡同的当口,一个广场突然出现在漫步者眼前。背着杂乱的后街,这个广场的线条仿佛用尺量过一般。游客不得不走进广场的中央,进入一个被暴露的位置,受到窗后和墙外之人的注视。这个广场并不是有意建成这个样子的,而一旦建起来,"它就向四面八方扩展开去,压倒了梦的可怜的、柔软的、隐私的部分"。

本雅明寻找的是平和与静谧。他来到阿盖。他计划和黑塞尔再翻译一些普鲁斯特的记忆旅程,但在翻译过程中他病了。他与这个作家太接近了,也在他身上花费了太多的时间。他感到自己中毒了。但他希望作为普鲁斯特的译者能够在法国赢得某种声望。[2] 10月,他回到柏林,病还未好,为出版受到耽搁而沮丧。《单向街》9月就完成了,但罗沃尔特还没有发表论巴洛克戏剧的书或论歌德的《亲和力》的文章。他读了勒内·弗洛普-米勒(René Fülöp-Miller)的《布尔什维克的精神和面孔》,把布尔什维克说成是一种宗教。他承认书中有错

---

[1] Siegfried Kracauer, "Two Planes", in *The Mass Ornament: Weimar Essays* (Cambridge, MA, 1995), pp. 37—39.
[2] *GB*, III, p. 195.

误和偏见,但还是推荐克拉考尔读这本书,因为作者对"极端和怪异的声明有着敏感的嗅觉"[1]。

各种书评和诠释——关于坡、游记、巴霍芬的自然象征主义、作家瓦雷里、黑塞尔和 J. P. 黑贝尔（J. P. Hebel）、俄国军人的思想、列宁给高尔基的信、儿童书的色彩等等——刊登在《文学世界》(*Die literarische Welt*)、《横断面》(*Der Querschnitt*) 和《法兰克福报》的文学副刊上。本雅明评论各种书,但书本身也是被评论的形式。《儿童图书界概览》承认儿童在玩耍中学习是一种转变的冲动。本雅明珍惜的、也非常易损的戏法书有变换的页码,折页里还藏着隐蔽的图像,人物走过画上的场面,用丝带或标签一拉就能展开或折合。这些都说明观看和认识是与触摸紧密相关的。实际上好书加强了这样一种感觉,即对世界的认识是实用的、介入的。在更新物质的这种想象作品中,本雅明看到了儿童进行革命性检查的创造冲动。色彩书把儿童带入了幻境,黑白插图促使他们乱画,想象地完成插图未完成的部分。画谜把儿童引入写作的领域,但却是通过象形文字完成的。[2] 这些书为尚未成为读者的人重新发明了书。

在这个光谱的另一端——在高级诗歌实践的领域里,文字成了图像。斯蒂芬·马拉美（Stéphane Mallarmé）预见到了未来,第一个认识到文字的图像性质,在1897年的诗《骰子的一掷》中融入了"广告的全部图像张力"。曾发表于《文学世界》上的一篇评论、后来改写成"着迷的图书审计员"而收入《单向街》,在这篇评论中本雅明

---

[1]　*GB*, III, p. 214.
[2]　*SW*, I, pp. 435—443.

谈到了马拉美：

  一天，他请瓦雷里第一个读《骰子》的手稿。"看看吧，告诉我我是不是疯了！"（这本书是1914年马拉美死后的版本。只有几页的一个四开本。字以不同字体分布在页面上，之间的距离相当大，而且没有规律。）马拉美——热衷于传统文字的晶体结构——看到了真正的未来影像，在这本书中对广告的图像张力进行了加工，第一次（作为纯诗人）用文字构成了实际的影像。[1]

在20世纪的第二个十年中，阿波利奈尔（Apollinaire）在《图案诗》中将这种图像文字进一步发展成空间的而非叙事格局的表意逻辑。未来派也参与进来：马里奈蒂坚持印刷革新，以打破句法、格律和标点符号，追求瞬间的电报式的"抒情陶醉"，以达到突如其来的交流。当词和诗行经历了这些诗歌改造之后，图像文字越来越全面地侵入了城市空间。书是文字可以独立生存的避难所。[2] 刚刚从被单一的书中驱逐出来的文字摇曳着划破夜空，在商店上方闪烁着霓虹信息，或笔直地站立在广告画、报纸和电影屏幕上。这种视觉刺激妨碍当代人进入书的世界：他们的眼睛完全暴露给"文字变幻的、鲜艳的、冲突的暴风雪"，因此，"进入书的古代寂静的世界"的机会已经微乎其微。[3] "蝗虫一样拥挤的印刷"一年比一年密集。城市居民需要接受城市风景方面的教育。

---

[1] *GS*, IV:1, p. 480.

[2] *SW*, I, p. 456.

[3] *SW*, I, p. 456.

知识分子的工作在这个"国际活版印刷"的新世界上也不是不变的。[1]卡片索引成了文字多维度和活动性的新版本。这也证明了书的多余，因为书中重要的东西都可以在"研究者所写的卡片"和学者的卡片箱中找到。商业和官僚政治的种种方法也对文字施加了影响，但本雅明希望诗人把文字的发展"深入到图像领域以求新奇的比喻意义"[2]。打字机的广泛使用也使形势发生变化。然而，只要字形的选择很灵活的话，打字机或其他未来的机器的机械装置将取代手写。书写中手的灵活性使得意义的记录留下了踪迹，具有形状、大小和下笔的力量。打字机的标准字体几乎无法模仿这一点。本雅明想象一种未来的机器，它基于现在的打字机，但在能力上要远远超过打字机。只有那种机器才能满足各种表达的目的。有了那种奇异的机器，受神经支配的"行使指挥权的"手指将有力地跳动着，触动着由各种字体组成的键盘，这些字体也可以随意改变颜色、格调和字的隐含意义。这种机器打字速度极快，又不丢弃手写文字所具有的文字外的亲密性。这些文字外的方面聚集起来，成为一种文字无意识，使笔迹学成为可能。如果作家能够直接在一个可变的机器上创作，那么"字体"的准确性就会直接进入书的概念之中。书就将根据机器的能力撰写，就好比摄影最终建立了自己的美学，而不模仿绘画的美学一样。[3]

　　随着文字从旧的形式中解放出来，书注定要革新。作者不得不致力于一种机器美学。这种解构和重构的过程具有革命的性质，要完

---

[1]　*SW*, I, p. 457.
[2]　*SW*, I, pp. 456—457.
[3]　*SW*, I, p. 457.

全追求或许要求相当不同的社会条件,即以实验为正常秩序的一个地方。本雅明希望的是思想、生产和生存都激进变革的一个地方,那里,变化以激增的形式发生,"每一个思想,每一天,每一个生命"都被放在"实验台上"。[1] 本雅明1926年匆忙地赶到莫斯科,是由马丁·布伯(Martin Buber)合编的一个杂志《造物》(Die Kreatur)资助的,他在这个后革命时代的首都的经历将发表在这家杂志上。他原打算和拉西斯在一起,但此时拉西斯正在首都的一家疗养院里,接受神经疾病的治疗。最终,本雅明有一半的时间与拉西斯在一起,另一半时间则与告诉他拉西斯病重的人一起度过,即伯恩哈特·赖希(Bernhard Reich)。

莫斯科之行是对党的一次考察,也是在关键时刻在党的控制下的一次生活经历。20世纪20年代末目睹了争夺经济、社会、政治和文化地位的你死我活的斗争。反对派正经历着最后但却有力的挣扎,本雅明清楚地看到"复辟"已经开始,"军事共产主义"正在中止。[2] 一切都在建设和重建之中,几乎每一个时刻可以提出批评问题,他写道。[3] 本雅明努力学习一种新语言,而且不止如此,他似乎还在重温和重新学习已经成为习惯的事物和思想。多年来他第一次写日记。离开柏林的柏油路,那在他眼里就像"清扫过的空旷的赛马道,连续六天比赛的自行车骑手在那上面舒适地疾驰",而冬日里莫斯科繁忙的覆盖着冰雪的街道却迫使他去学习如何走路。[4]

---

[1] SW, 2:I, p. 28.
[2] Walter Benjamin, Moscow Diary (Cambridge, MA, 1986), p. 53.
[3] GB, III, p. 221.
[4] SW, 2:1, p. 23.

在莫斯科,眼睛总是比耳朵无限地繁忙。在白色的衬托下各种色彩都发挥到了极致。[1]

> 晚上,他们打开灯,完全超过了其他大城市里所能允许的亮度。投射出的锥形光柱如此耀眼,以至于被灯光照着的人简直无法迈步。在刺眼的灯光下,克里姆林官的门卫身穿黄赭色的毛皮大衣站立着。在他们上方,红色信号灯一闪一闪地指挥着门前的交通。莫斯科的全部色彩折光般地在这里聚敛,照耀着俄罗斯权力的中心。[2]

经验也被渲染了色彩——莫斯科生活的色彩也许最为浓重。在皑皑白雪的大地上生活在进行;权力刺眼的光芒侵入每一个空间,容不得半点隐私生活。指挥交通的红灯就是东方之光,就是共产主义。它选择了火红的有色破布的颜色,中国的纸扇,纸质风筝,彩釉纸鸟,以及彩色的木制玩具,这些都是大街上出售的东西。

经验在增加。被视为经验的东西也在扩充。随着先锋利用日常的回收物品制造重要的物质经验——以拒绝崇高的谄媚,本雅明也要求打开偶然性,寻找在经验的星群里已经成为皱褶的意义。在莫斯科,康德的时间基础得到了重构,因为它的衡量单位是"同时",每天听过上百次,直到许诺最终实现。[3] 每个小时"都是过多的,每一天都是筋疲力尽的,每一个生命都是一瞬间"。如果时间被太多的充实性、太多的活动所打碎,那么,空间也被打乱了——本雅明在冰冷

---

[1] *SW*, 2:1, p. 24.
[2] *SW*, 2:1, p. 24.
[3] *SW*, 2:1, p. 32.

的北部惊讶地看到棕榈树、大理石台阶和南部海域统统出现在马路上光秃秃的树下的广告版上。[1]这表明新的苏联生活唤起人们对南方生活的幻想，那是一片不太招人喜欢的天空，但却同样是公共多孔的。

与拉西斯的暧昧关系并不顺利：她对本雅明的感觉不断变化，后来拉西斯病了。有时候还抱有"敌意"、"冷漠"和"毫无爱意"，这让本雅明害怕。12月，他宣称他想要和她生个孩子。他没有注意到她对此的反应——尽管在数天之前，她曾经抱怨说他们现在并不是带着两个孩子在沙漠上生活。在卡普里，他没有带着她"私奔"。他没有和她一起去拉脱维亚或阿西西。1925年冬他没有住在柏林等待她的到来。此外，他看到她那些自发的姿态表明她至少还"喜欢"他。她的吻和注视是他经历过的最长的。她"常"说他的名字，有时还有手指梳理他的头发。[2]但赖希总是不离左右，而且令本雅明担心的是，他们总有一天会重温旧梦的。

在莫斯科，各种文化机会也向本雅明敞开。他与官员和文化人物会见，遇见了托洛茨基的妹妹奥尔加·卡美妮瓦（Olga Kameneva），她曾与戏剧导演梅耶霍尔德（Meyerhold）一起工作过。一家莫斯科报纸曾就艺术和文化问题采访了他。在日记中，本雅明记下了与知识分子相遇的情景，以及他对革命社会的未来的耽忧。在一封非常私密的信中，他告诉尤拉·拉德俄国的未来尚不清楚：也许是一个真正的社会主义社会，也许是非常不同的一个社会。"将决定其未来的这场斗

---

[1] *SW*, 2:1, p. 23.
[2] Benjamin, *Moscow Diary*, p. 35.

争正在毫无干扰地进行。"[1] 他希望他将来可以为俄国杂志写文章，但当有人说他的歌德文章"太激进"时，他受到了打击。[2] 卡尔·拉戴克（Karl Radek），《大苏维埃百科全书》的德语编辑，对关于阶级斗争的全部说法不感兴趣。苏联的文化政治正在清除可能被认为是人们所期待的马克思主义研究路线的东西。本雅明宣称戏剧中唯一重要的就是梅耶霍尔德。[3] 1927年2月1日，在离开莫斯科之前，他就俄国电影艺术、俄国作家中的政治团体、俄国新诗和梅耶霍尔德等话题收集了许多新闻资料。日记中记下的印象最后写成一篇长文发表在 *Die Kreatur* 上。他描写的莫斯科缺乏理论、演绎的抽象概念和预测学。[4] 它把日常生活的细节呈现为画谜，等待着读者去破译。

  本雅明回到了父母的别墅，那是为他、朵拉和斯蒂凡准备的生活空间。普鲁斯特的《在少女们身旁》的翻译发表在德国的《锻造厂》（*Die Schmiede*）上，受到了好评。本雅明写评论，并为报纸文章的佣金而催促克拉考尔。他想要知道是否有可能在新闻论坛上展开政治分析，写信给克拉考尔说他惊喜地发现克拉考尔竟然能在资产阶级报纸上发表电影的政治评论——他在回应克拉考尔的《小女店员看电影》这篇既是"社会侦查"又是"政治暴露"的文章。[5] 他自己则参与了与作家奥斯卡·A. H. 施密茨（Oscar A. H. Schmitz）的论战，论证的焦点是爱森斯坦的《波特金号战舰》的优点以及电

---

[1] *GB*, III, p. 222.
[2] *GB*, III, p. 237.
[3] *GB*, III, p. 223.
[4] *GB*, III, p. 232.
[5] *GB*, III, p. 248. 克拉考尔的文章集于Kracauer, *The Mass Ornament*, pp. 291—304.

影的各种可能性,及艺术构造中的一个"戏剧性"剖面。他提出,电影开辟了一个新的意识领域,人民通过这个领域有理智地、有思想地、有激情地捕捉到了丑的、无法理解的和无望的悲惨世界。最佳影片的对象——苏联的最佳影片和美国的肥皂剧——是无与伦比的,因为它们使用了现代技术,前者暴露了致命的权力,后者引发出"在恐惧的深渊上方翱翔"的笑声。[1]

3月23日,本雅明在德国西南广播电台(Südwestdeutscher Rundfunk)即法兰克福广播电台首次登场,讲了俄国的新文学。4月1日,他离开柏林,去往巴黎,时刻准备沉浸在法国的文化发展之中。6月,他对霍夫曼斯塔尔说,他感到与德国的同代人越来越远,而与法国的超现实主义者却越来越近。[2] 他斗胆要在《邮票店》中"拯救"集邮,该文1927年8月9日发表在《法兰克福报》上。

> 邮票上密布微小的数字、细小的字母、极小的树叶和眼睛。它们是图像的细胞组织。所有这些充斥于我们的周围,像低级动物一样即使断肢也坚强地活下去。这就是为什么这些有力的图画可以制成连在一起的张张邮票的原因。但在它们那里,生命始终含有一种堕落的暗示,昭示人们它们是由死的物质构成的。它们的肖像和污秽的团体与遗骨散落在一起,充满了蠕虫。[3]

夏天来了,随之而来的还有朵拉和斯蒂凡。他们一起去法国南

---

[1] *SW*, 2:1, p. 259.
[2] *GB*, III, p. 259.
[3] *SW*, 1, p. 478. 1928年也收入了《单向街》。

部旅游。他们去科西嘉游玩了几天,本雅明在卡罗山的赌场赢了很多钱,从那里飞回昂蒂布,为使用最新的交通工具而激动不已。回到巴黎后,他于8月开始沿着卢瓦尔河旅行。他爱上了一个法国女人,可那个女人没有反应。他为此而沉思,大地风景由于没有得到回报的爱而显得空洞乏义。

秋天来了。刚回到巴黎,一个新的研究领域就向他招手。他曾经有意专门研究当代法国文学,但阅读福楼拜的《伤感的教育》把他带入巴黎的过去,因此把全部时间都花在国家图书馆里,收集关于巴黎的报纸文章。他希望在离开这座城市之前把所有文献都拼贴起来。这就是《拱廊计划》的开端。《拱廊计划》是本雅明的卡片索引,一本从未成书的书,是从数百本旧书、主要是无名的书中抄来的引语,穿插着一些富有洞见和探讨的段落。它将是一本笨重的引语和笔记的堆积,涉及街道、百货商店、全景画、世界博览会、各种照明、时尚、广告、娼妓、收藏家、漫步者、波德莱尔、赌徒和厌烦。它开始时是稍有些润色的备忘录,反映的是巴黎的主餐和开胃酒,巴士底庆祝日令人失望的活动,街道和建筑,丝绸,开司米羊毛,煤气和电,镜子和光学仪器。所有这些反映了拱廊的历史和残垣。

拱廊是穿过街区的通道,两边是商店和做生意的地方。这些蒙太奇般的铁和玻璃建筑容纳了商店招牌、橱窗展示、人体模型和各种照明的无序并置。拱廊是现代性的元形式,也即原创的形式,因为它孕育了各种行为方式——由商品景观导致的迷失和诱惑,消闲的购买,自我展示,这些行为方式将随着一个世纪进入另一个世纪而越来越重要。巴黎拱廊是第一个现代消费主义的居所。它们主要是在1822年之后的15年中建造的。1852年的一份导游图把每一个有玻璃天窗、大理石墙壁的通道描述为"一个城市,一个微型世界"。[1]这种描写吸引了本雅明。他长期以来一直迷恋于小的物体,儿童的仿真品,雪搅拌器或邮票上的微型世界。巴黎拱廊是一个更野蛮的世界的微型戏剧,也就是资本主义矛盾的微型写照。这些有顶的通道由皇宫的走廊演化而来。拱廊是一种国际建筑形式,充斥着殖民掠夺和相互矛盾的物品堆积:纪念品、伞、整形外科的绷带、领扣、秃头裸体的木偶、"仿佛水族馆里的"青蛙绿和珊瑚红的木梳、海螺般的喇叭、像伞把一样的陶笛,而"摄影师的暗室里躺在固定盘子里的则是鸟食"。那里,"女奴就躺在墨水池边上等候;身穿针织上衣的女神甫高高举起烟灰缸就像举起圣水容器一样","一家书店把彩色宗教版画与做爱指南并排放在一起"。[2]

把来自帝国的各种各样的商品统统混杂起来,拱廊把购买变成了一种审美活动。这是闲逛的好去处,是学习如何浏览橱窗、如何为商品的荒诞所迷惑的好去处,与超现实主义者为混乱芜杂的过时物品所迷一样。本雅明找到了腐朽的、被遗忘的物品和冲动。他一字不差地遵循超现实主义的方法,把各种工业废品、垃圾和仿造自然形状的物品堆积起来。破布和垃圾也被利用起来——废物利用。理发店的橱窗显然给人这样一种新奇感,那里"你看到最后一批留长发的女人;她们以各种方式展示了波浪起伏的块体和僵化的发型。对比之下,她们身旁的石头墙壁和上方的石垒显得多么脆弱啊!"[3]

这些永久波浪,来自过去某个时代的时尚残余,颠倒了价值,因

---

[1] *AP*, p. 31.
[2] *AP*, p. 872.
[3] *AP*, p. 872.

为它们似乎比容纳它们的建筑的结构更加持久。理发在技术上进行的种种努力——在20世纪20年代当本雅明撰写巴黎研究的时候正在长足发展——直接产生了有机的、贝壳一样的人工发型，自然通过人为的方法得到了模仿。永久波浪是新的现代神话的原型，现代神话是作为矛盾设计的。现代应该确切无疑是非神话的，因为神话是古代的、不可改变的东西。现代神话的核心是这样一个事实：时尚绝没有死亡。因为总是变化的东西也正是总是消亡的东西。颇具讽刺意味的是，旧的人体模特紧紧依附于过去转瞬即逝的美的形象。

本雅明计划图绘拱廊以及拱廊得以广泛存在的世界，这包括了在拱廊里居住的各种被边缘化的人物的视角，如妓女和漫步者。我们看到早期的笔记把漫步者、巴黎街道和咖啡馆里那些鹰眼的居民比作吸大麻者："在大麻的陶醉中，空间开始向我们眨眼：'你认为这里发生了什么？'空间也向漫步者提出了同一个问题。"[1]

本雅明也记录了他自己经验的扩展。1927年12月18日他进行了第一次吸大麻的实验，这是在朋友厄恩斯特·乔埃尔（Ernst Joël）和弗里茨·弗兰克尔（Fritz Fränkel）的医学监督下进行的。凌晨3点30分，他把结果记录下来，成为"草案"。一则笔记报告了下列情况：

> 你非常惊奇地发现你的句子有多长。这也与水平延伸（或许）与大笑相关。拱廊也是漫长的水平延伸的一个现象，或许与退隐到远处、转瞬即逝的微小视角结合了起来。这种极小因素将把拱廊的观念与大笑联

---

[1] *AP*, p. 841.

系起来。(比较论悲悼剧的书:反映的缩微力量。)[1]

拱廊是正在消失的19世纪的一种形式,当在模糊不清的迷醉状态透视时,便使人清楚地认识了17世纪一种含混的戏剧形式。大麻的冲击作用令人瞥见到他思想中的一种统一:"你遵循以前的思维路线。只不过这些路线上布满了玫瑰。"[2] 本雅明试图同时思考整个世界。他也记录了梦境,监测了在白天一般都被放弃的认知模式。

年末,他的著述终于要发表了。论悲悼剧的书已经落伍了,是他已经放弃的为获得学术生涯而付出的努力的结果。甚至《单向街》也成了过去,标志着一个"生产循环"的终结。[3]《单向街》的评论褒贬不一。《马德堡日报》(*Magdeburgische Zeitung*)认为"这是一部不确定的书,其细密的观察远远高于而非介乎于巴黎和莫斯科的椅子之间"。但是共产主义者威利·蒙泽伯格(Willi Munzenberg)却把此书推荐给"无产者大众",认为它是"照亮前革命思想世界的指路明灯",其关于国家、教育、爱情、写作、诗歌和政治的真知灼见闪耀着耀眼的光芒。[4] 布洛赫把该书比作"新开张的哲学店铺,完全没有先例的一本书,橱窗里展示的是形而上学的最新的起跳模板"。[5] 在他们晚上常常相聚的柏林选帝侯大街的一家大咖啡店里,布洛赫把他的一本评论交给本雅明。后来在回忆这次相聚时,布洛赫谈到这本书所提供的东西:

---

[1] *On Hashish*(Cambridge, MA, 2006), p. 20.
[2] *On Hashish*, p. 22.
[3] *GB*, III, p. 322.
[4] Momme Brodersen, *Walter Benjamin: A Biography*(London, 1995), pp. 99—100.
[5] Bloch, "Recollections of Walter Benjamin", p. 344.

对已经失去的最亲密的事物的超现实主义呈现;也恰恰由于这个原因,也是藏在后面的或其他事物之中的最好的东西,搅动人心的和令人不快的、迷人的、具有挑战性的、有魅力的、被规避但又被寻求的事物,在不可能的事物中重新发现的最佳事物,但还有这一点:"别忘了最好的东西"——天堂般的耶路撒冷发出的一缕遥远沉默的微光。我提到这一点是因为本雅明,因为当时看到的他的快乐,对这样一种出乎意料的比较所感到的一点点快乐,与深嵌于各处的"最后状况"的一种比较,如本雅明在别处尖锐地提出的,因为对这一非凡的、崇高的比较的这一点点快乐同时也表明本雅明低调陈述的优雅。[1]

本雅明除了写一些新颖的评论之外没有什么重要项目,也没有什么收入。2月,他再次遇到阿多诺,并与阿多诺的朋友格莱泰尔·卡普鲁斯(Gretel Karplus)一见如故。4月,他接到了《大苏维埃百科全书》再次请他写歌德词条的邀请,稿费相当可观。他接受了,但没有及时动笔,反而把每一分钟都花在图书馆里查找资料,誊写《拱廊计划》的引语,并誉之为"辩证的童话景观"[2]。有几个月的时间他搬出了格吕内瓦尔德的家。住在葱绿的蒂尔花园的一个房间里,望着乡下人坐在冰灰色的出租车里滚滚而过。他每天用四五个小时在附近的国家图书馆里思考旧巴黎,惊奇地感到如此沉浸于过去竟然使他忘记了筹集去现代巴黎避暑的款项。[3] 罗沃尔特预付给他的论卡夫卡和普鲁斯特的一本书的稿费已经用于《拱廊计划》的研究;巴黎研究的纲

---

[1] Bloch, "Recollections of Walter Benjamin", pp. 344—345.
[2] *GB*, III, p. 322.
[3] *GB*, III, p.375.

要还不清晰，但规模却早已超过了一篇文章的篇幅。

5月，本雅明告诉肖勒姆他决定于秋天访问巴勒斯坦，这一兴致来自拉比马格尼斯给他提供的在希伯来大学的一份教职。肖勒姆与马格尼斯交涉，要求给本雅明一笔奖学金，这样他就能学习必要的希伯来文。当在法兰克福参加一位叔叔的葬礼的时候，本雅明告诉布伯他需要每月300马克的奖学金。从法兰克福，他来到陶努斯的克尼格斯坦，阿多诺正在那里度暑假。然后他去了魏玛，实地考察了歌德的一些作品。回到柏林，他去见了马格尼斯，讨论了经费问题，然后等待着论歌德文章的截止期能给他施加压力，给他动笔的动机，因为他发现很难用几句话就"从唯物主义观点"讲清楚"一个受欢迎的歌德"。[1] 他宁愿读一些奥秘之书，如安佳（Anja）和格奥尔格·门德尔松（Georg Mendelssohn）论笔迹学的《手写的人》。这使他产生了为《文学世界》写一篇论语言的文章的大胆想法。

对作为笔迹学家的本雅明来说，表述平面即文字平面上的潦草笔迹可以直接揭示更深层的意义。本雅明声称，任何点滴的写作，哪怕几个手写的字词，都可能是他所说的进入"世界这个大剧场"的门票，因为那是"整个自然和人类生存"的微观宇宙。[2] 随便乱画的毫无意义的一片纸都是进入无意识的门口，里面的世界比个人的世界大得多。本雅明拒绝把手写体只看做表面现象：

> 从纸在印刷过程中给我们的印象可以看到，作家写作平面的背后有

---

[1] *GB*, III, p.392.
[2] *SW*, 2:1, p. 134.

一种文化深度，一个空间；另一方面，对写作流动的干扰表明有那么几个点，正是它们使笔再次回到写作平面前的空间中来的，为的是描写它的"非物质曲线"。那么写作的立体图画空间是否是一个透视空间在微观宇宙中的拷贝呢？这是否是像拉斐尔·舍曼（Rafael Scherman）这样的心灵传感笔迹学家产生卓见的来源呢？不管回答是什么，写作的立体论打开了一个前景：总有一天人们可能会利用笔迹学来探讨心灵传感事件。[1]

手写体呈现的不仅是分析作家性格的一种方法，也是接近只被思考或许甚至未被思考之物的可能性。手稿的特征就体现在无意识的、未言表的因素，语言之前就存在的物，也许是外在于表达的东西。

本雅明的微观书写，有时字母只有一毫米那么高，《拱廊计划》的每一张纸上都塞满了他自己的思想和他从无数文本中发现的思想。本雅明坚持认为，要理解文本，你就必须把它们写出来。手写的字表现你所生活的世界。词语必须经过你的心灵，你的身体，你的手，才能完成从身体进入语言、再从语言回到身体的一个循环。在《单向街》中，他表明只有拷贝的文本

> 要求他全身心地专注，而读者绝不会发现他内在自我的新的方面，这些新的方面只能由文本来打开，穿越内在丛林的路；它总是随后关闭：因为读者在自由飞翔的白日梦中追随他心灵的运动，而拷贝者则让心灵服从。中国拷贝书的实践是对文学文化的一项无与伦比的保证，

---

[1] *SW*, 2:1, pp. 133—134.

而誊写则是解开中国之谜的钥匙。[1]

把更多的其他语言翻译成德文的计划搁浅了。普鲁斯特的译文由于换了出版商而陷入困境——慕尼黑的皮帕尔出版社从《铁匠》手里接过了手稿。在哪里出版的问题再次提了出来。1928年秋,他告诉肖勒姆,他计划至少在耶路撒冷呆四个月,并再次催促肖勒姆向马格尼斯要钱。他梦想旅行,为独自一人到冰冻的北方旅行的想法而陶醉。[2] 相反,他9月去了卢加诺、热那亚和马赛,并设法完成了论歌德的文章。在马赛,他再次进行了大麻实验,这是由赫曼·黑斯(Hermann Hesse)的《郊狼》激发的。大麻"能说服自然重复我们自己生存的巨大浪费,我们恋爱时喜欢的那种浪费"。他摆脱自己受过的严格教育,而用脚拨动一首爵士乐的"匆忙的开关"。[3]

在马赛时,他读了约翰尼斯·V. 詹森(Johannes V. Jensen)的《奇异中篇小说集》,并看到了这句话:"理查是个年轻人,能感觉到世界上所有与他有血缘关系的人。"本雅明深有同感。他用这句话解释大麻的聚敛效果——在吸大麻的经历中,所有的联系和类比统统出现了。他还用这句话解释批量再生产和大众经验,一切都彻底地机械化和合理化,以至于特殊性被淹没了。书中的另一句话激发他给拉西斯写信:

然而,有一个短暂的时刻他们犹豫了,命运的那些无声停顿之

---

[1] *SW*, 1, p. 448.
[2] *GB*, III, p.399.
[3] *On Hashish*, p. 58.

一，你只能事后注意到这些沉默的时刻包含的核心与分配给我们的生命进程完全不一样。[1]

10月，马格尼斯寄钱来了。3642马克是赞助他学习希伯来文和启动去巴勒斯坦接受一年的考验的。但本雅明并未开始履行这两项义务。在后续的几个星期里，当等待拉西斯到来时，他"疯狂地写评论"，[2]话题各相迥异，包括柏林食品博览会，毕贝斯科公主（Princess Bibesco）的小说，法国的哲学倾向，和卡尔·布罗斯菲尔德（Karl Blossfeldt）的植物照片。此外，他写了13篇关于"通往成功之路"的论文："在成功的语法中，机会起到的作用和不规则动词在普通语法中起到的作用相同。那是原始能量幸存的标记。"[3]

在撰写这些专栏文章的同时，他更加贯注于巴黎的拱廊。本雅明终于与对他产生了"致命"影响的超现实主义产生了分歧。[4]这要求扩展他的主题，把项目的"微小框架"尽可能普遍应用，使其"与某一哲学规则的权威一起"成为"超现实主义的后裔"。[5]换言之，项目的截止期并不在可预见的未来。

他写了对超现实主义者的评价，1929年2月发表在《文学世界》上。他看到超现实主义陶醉的、入神的、玄奥的视角强调神秘的事物。比如，1925年春由安东尼·阿尔托（Antonin Artaud）主编的《超现实主义革命》第三期主要是"赞美东方及其价值"。阿尔托、罗贝

---

[1] *GS*, VI, p. 416.
[2] *GB*, III, p. 418.
[3] *SW*, 2:1, p. 146.
[4] *GB*, III, p. 420.
[5] *GB*, III, p. 420.

尔·德斯诺（Robert Desnos）等人宣传一种"新的神秘主义"，并"相信他们发现了佛陀和达赖喇嘛的神秘东方"。[1] 对比之下，本雅明提供了"一个辩证视角"，同样紧紧抓住诸如超感觉认知或读心术等神秘现象，但却是在普通活动中发现这些现象。而事实上，他断言，没有什么能比思维过程本身更非凡的了，思维过程是一种精神扭曲的麻醉，或阅读活动，"一个突出的感应过程"。神秘就在生活自身，而非在灵异世界："日常生活是不可渗透的，不可渗透的就是日常生活。"[2] 该文对超现实主义予以政治批评，超现实主义者把激进的自由概念当做反叛，但没有把这个概念融入"革命的构成性的、独裁的一面"。[3] 而这种革命的力量是本质的，如果本雅明对欧洲发展的黯淡诊断是正确的话：

> 超现实主义越来越接近共产主义的答案，而这意味着全程的悲观主义，绝对如此。不相信文学的命运，不相信自由的命运，不相信欧洲博爱的命运，但三倍的不相信一切调和：阶级之间、民族之间、个人之间的调和。只对I.G.法本（I.G.Farben）以及空军和平的完美充满无限的信任。[4]

11月，拉西斯来到柏林，参与了苏联贸易表演的电影部分。她和本雅明同居了两个月，住在杜塞尔多夫街42号，她走后本雅明才

---

[1] Maurice Nadeau, *The History of Surrealism* (Harmondsworth, 1978), p.115.
[2] *SW*, 2:1, p. 216.
[3] *SW*, 2:1, p. 215.
[4] *SW*, 2:1, p. 216.

搬回父母的别墅，朵拉和斯蒂凡都住在那里。这个时期本雅明写了很多关于卓别林的小品文，论马赛的文章，关于无产阶级儿童剧院的广播节目，讨论精神分裂症和诗歌，达尔文主义和其他各种话题的文章。

在1925年的《十三条论纲中批评家的技术》中，他说："批评家是文学斗争中的战略家。"[1] 他以前就曾把批评家视为论战家、采取某一立场的人和党派成员。在为报纸写的文章中，他已经开始了小的思想战斗。比如：《再来：众士兵》挑战了另一个批评家对战争的无力分析，他的讨论从"政治领域"转向了"伦理学的深渊"。本雅明提倡武装起义，反对和平的理想主义。[2] 在重建各种关系的时候，本雅明故意疏远厄恩斯特·布洛赫，他怀疑布洛赫偷窃了他的思想和术语。他开玩笑说他需要两个警官的警戒，以防说出任何"未发表的文字"。[3] 他建立了新的联盟——1929年2月，当触电般地读完《法国的钢筋水泥建筑》后，他当即兴高采烈地写信给西格弗里德·吉迪盎（Siegfried Giedion）。[4] 5月，他通过拉西斯开始了与伯托尔特·布莱希特（Bertolt Brecht）的一段轰轰烈烈的交往。

在布莱希特的家里，大多数时间都用来讨论艺术和政治。6月，本雅明在一篇题为《日常生活中的抒情诗？但不是这样的！》的文章中提到了布莱希特，批判了瓦尔特·梅林（Walter Mehring）的诗歌。布莱希特下流的性描写和经济唯物主义把诗歌形式提高到一个新的层

---

[1] *SW*, 1, p. 216.
[2] *GS*, IV:1, pp. 460—463.
[3] *GB*, III, p. 439.
[4] *GB*, III, pp. 443—444.

次。在布莱希特的作品中,歌曲从布来托(Brettl)或卡巴莱(cabaret)中解放出来,使颓废成为了历史:"他描写的流氓行为是空洞的土堆,总有一天,无阶级人的形象将会被填充更好的、更充实的内容。"[1]对本雅明来说,布莱希特代表了一种新的文学样式——本雅明最为激动的是他的说教"学习剧"。[2]新的关系在扩展:通过布莱希特,本雅明结识了马克思主义者卡尔·克尔什(Karl Korsch)。然而,逃离欧洲、到耶路撒冷谋职的前景仍吸引着本雅明。夏天,他开始向正统犹太教拉比马克斯·迈耶(Max Mayer)学习希伯来文。6月,他向马格尼斯报告说他还要再学习一个月,秋天就有望到巴勒斯坦了。[3] 6月,在波罗的海的班辛与作家威廉姆·斯帕耶(Wilhelm Speyer)一起过了一个充满活力的假期。斯帕耶是魏因肯的维克多夫自由学校时期的老熟人,本雅明对肖勒姆说他感到不满意。他没能把所有的时间都用在学习希伯来文上:他的新闻生涯进展顺利(尽管他苛刻地抱怨布洛赫的新书《踪迹》和一本文集是"我的不朽之作的一个小部分,片面地相当不完整地留给了后代")。[4] 7月,他和斯帕耶乘汽车离开意大利,从此结束了希伯来文的学习。

在圣吉米纳诺,他继续开展思想内战,对施特凡·格奥尔格学校的右翼作家马克斯·科莫莱尔(Max Kommerell)发动了攻势。但他依然思考感知与文字的关系。一篇题为《圣吉米纳诺》的游记是题献给封·霍夫曼斯塔尔的,文中说:"要找到表达眼前事物的词——那该有

---

[1] *GB*, III, p. 183.
[2] *GB*, III, p. 469.
[3] *GB*, III, pp. 463—464.
[4] *GB*, III, p.469.

托斯卡纳圣吉米纳诺的一些高层建筑。本雅明有这张明信片。"晚上,女人们聚集在城门边的喷水池旁,用大罐子盛水——只有一次,当这个形象以清晰的凹处和黑黑的影子从眼花缭乱的经历中出现时,我才找到了这些词语。"(GS, IV. 1, 364—366)

多难呀!但一旦找到了,它们就用小锤子击打着现实,直到从现实中打印出一幅图景来,就仿佛打印铜版一样。"[1] 该是去南方寻求不同经历的时候了。那是一份"夸张的礼品"。[2] 那里的环境——拱廊、雉堞、阴影、鸽子和乌鸦的飞翔——使人忘记了自己的苦恼。旅游使本雅明接触到了宇宙的力量,远离了城市的喧嚣:

---

[1]　GS, IV:1, p. 364.
[2]　GS, IV:1, p. 365.

这张明信片展示了锡耶纳大教堂地板上八块马赛克当中的一块。本雅明还收藏了锡耶纳和她同胞兄妹的类似的明信片。1929年7月本雅明短期访问了锡耶纳。但他为什么珍藏这些明信片仍然是个谜

  以前我从未在这样的窗口见过日出和月出。夜里或下午我躺在床上看到的只是天空。我开始习惯于日出前醒来。然后我等着太阳从山后升起。在最初的短暂时刻,太阳还没有一块石头大,山脊上的一块闪光的小石头。歌德谈到月亮时说:"你的边缘像一颗星在闪亮"——他没有想到太阳。但太阳不是一颗星,而是一块石头。初人一定有把这块石头作为法宝、并依此计算时光的能力。[1]

---

[1] *GS*, IV:1, p. 365.

德国广播听众的五年：1929年德国《广播手册》广告画

回到德国后，本雅明去见了现已是德国西南广播电台项目部主任的厄恩斯特·肖恩，就出版和把广播作为民众、教育和政治工具的可能性进行了一次谈话。[1] 定期的广播演讲开始了，1929年共有12次，题目包括于连·格林的小说，儿童文学，J. P. 黑贝尔和纪德。他还以比较通俗的口气为一本插图杂志写了一篇小文，题目是《我们的祖父母绞尽脑汁想出来的东西》，配上了来自上个世纪的画谜。

  我们也许还不能识别出我们的祖父母如何看待这些画谜——但他们如何想办法偷取了这些器具和文字的芭蕾干尸的秘密，却仍然不为人

---

[1] *GS*, IV:1, pp. 548—551.

"我们的祖父母绞尽脑汁想出来的东西"。1929 年 7 月的《插图报》(*Das illustrierte Blatt*)(第 28 期),第 795 页:"画谜并不像含混和崇高的民间谜语那样古老,最著名的谜语是斯芬克斯之谜。人在敢于放松声音和意义——似乎非常坚固——的关联,并让声音和意义相互作用之前,应该大大减少面对文字时产生的恐惧。"

1929年左右的本雅明

知。我们只能从自己的永恒世界出发,与纵横填字谜保持很好的联系,包括其标准的建筑,统计计划,清晰的霓虹灯广告和交通信号。[1]

尽管有这些任务,本雅明的生活仍然是不稳定的。与朵拉过了几个月的紧张生活之后,本雅明于8月离开了父母的房子,来柏林与弗兰茨·黑赛尔同住,并开始了离婚程序,以便和拉西斯结婚。9月中旬,他告诉肖勒姆他11月的巴勒斯坦之行将要耽搁。斯帕耶提供了一件不可推卸的有偿工作。此外,拉西斯在德国待了一年后,回到莫斯科患了脑炎——就在从赖希和达加回来之后。本雅明把她送到法兰克

---

[1] *GS*, IV:2, pp.622—623.

福的神经科专家库尔特·戈尔德斯坦那里。

深陷德国，本雅明心里想着柏林。10月，他发表了一篇论室友的《柏林漫步》的文章，题为《漫步者归来》。[1]本雅明追溯了柏林漫步者黑赛尔的足迹，他漫步走入被当成现在的过去，把这座城市改造成了一种记忆工具。他结论说，本地人和游客对环境的经验是不同的。由本地人撰写的城市之书总是带有关于这座城市的记忆——因为作者并没有白白在那里度过童年。游客寻求的是表面的、异国情调的和风景的东西；本地人进入过去，不仅通过空间，在街角胡同里找到了童年时那些覆盖着灰尘和被遗忘的时刻，它们就像被放错了地方的珠宝镶嵌在人行道的石头中间。空间成了进入时间的入口。

11月，本雅明开始为柏林广播电台的青年节目做系列讲座。他涉足柏林的过去和现在，写出他自己童年时已经定型的柏林记忆。他的第一次讲座讲的是柏林方言，并以惊人的直白开始："好吧，今天我想和你们谈谈柏林的大嘴：这张所谓的大嘴是任何人想要谈柏林人时都必定先谈的话题。"[2]

也是在11月，本雅明告诉肖勒姆离婚已经进入"残酷"阶段。他断言法官是个邪恶的家伙。[3]朵拉奋力回击，反驳本雅明关于她不忠的申诉，本雅明想尽办法要把斯蒂凡从她身边夺走，这更令她愤怒。她把申诉转向本雅明，披露说本雅明没有为儿子的成长做出任何贡献，尽管本雅明表示反抗，她坚持说本雅明和拉西斯同居过。

本雅明在柏林感到孤独了。黑赛尔去巴黎和妻子团聚了。本雅明

---

[1] *SW*, 2:1, pp. 262—266.
[2] *GS*, VII:1, p. 68.
[3] *GB*, III, p. 489.

精神崩溃了，也就是说他有10天的时间无法做任何事情。[1] 比较快乐的时光是在法兰克福度过的，在两次拜访拉西斯之间，他在格尼斯坦见到了阿多诺和霍克海默，给他们读了《拱廊计划》的一些草稿，这是使所有参与者都深受影响的一次"令人难忘的谈话"。12月，《文学世界》出资派他去巴黎，写与著名文人相遇的文章。安居于巴黎，本雅明放弃了去巴勒斯坦的计划。1930年1月他用法文写信给肖勒姆，告诉他新的雄心——考虑当德国文学的首席批评家。而且还不止如此：他希望"开创一种批评样式"，而实际上，他已经为这一发明过程作出了贡献。[2]

---

[1] *GB*, III, p. 491.
[2] *GB*, III, p. 502.

第五章

文人学者：1930—1932年

1930年,那位胸怀大志的"首席批评家"忙于写评论和专栏文章。巴黎日记于春天面世,记录了他与许多人物的相遇,包括安德烈·纪德(André Gide);超现实主义者路易·阿拉贡(Louis Aragon)和罗贝尔·德斯诺;书商阿德里安·莫尼埃(Adrienne Monnier);象征派诗人里昂–保尔·法格(Léon-Paul Fargue)为本雅明提供了有关普鲁斯特、詹姆斯·乔伊斯和M. 阿尔伯特(M. Albert)的一些轶事:阿尔伯特把普鲁斯特带进了巴黎的同性恋世界。他和本雅明是在一家公共浴池里见面的。《拱廊计划》仍然吸引着本雅明,他所要做的是根据黑格尔和马克思建造一个"坚固的脚手架"。讨论历史认识论已是不可避免:他想象与海德格尔有一次闪光的对质,后者在相同领域里采用的方法却相当不同。[1]

　　但是,对巴黎拱廊的研究中止了一段时间。2月,他回到德国,住在弗兰茨·黑塞尔的家里。拉西斯不再影响他的工作了:她在离婚程序完成之前就回苏联了,两人从此再未见面。他的注意力大多放在

---

[1] *GB*, III, p. 503.

第五章　文人学者：1930—1932年　111

俄国玩具。关于正中央的稻草娃娃，本雅明说它使人想到古代丰收庆典上的物神

柏林和法兰克福提供的有报酬的广播讲话上：仅那年就有37次。1月初，他在柏林广播电台的青年节目上发表演讲。1月23日他在法兰克福电台讨论"巴黎的头"，取自日记中记载的与安德烈·纪德和伊曼努尔·波尔（Emanuel Berl）的相遇。第二天，他讨论了弗里德里希·西伯格（Friedrich Sieburg）论法国的新书。2月和3月，他为柏林电台的青年系列节目做了7次德国专题演讲。然后是更多的法兰克福广播演讲——一次论巴洛克作家克里斯蒂安·鲁特（Christian Reuter），另一次论E. T. A.霍夫曼（E.T.A. Hoffmann）。3月，他告诉帕珀出版社除了校对外，他不再参与普鲁斯特作品的翻译了。[1]

---

[1]　*GB*, III, p. 512.

他把精力全部用在了广播讲话上：4月又有4次柏林青年系列讲座，之后再次去法兰克福讨论喜剧，以及西格弗里德·克拉考尔关于白领工人的幻想和焦虑的最新研究。[1]整个一年就是在这样的格局中度过的。4月4日，本雅明写信给肖恩，谈了他的广播演讲，并根据习惯的数字想出13条论纲为《法兰克福报》撰写一篇论广播政治的文章。[2]这篇未写的文章将要讨论广播的制度结构；广播对诗歌的轻视；新闻与广播之间相互关系的堕落；新闻的教育作用（推崇愚蠢）；法兰克福、柏林和柯尼斯堡广播事业的模仿方面和审查制度；电台的"监督委员会"和肖恩进步计划的破坏性。

4月16日，本雅明签署了写一本文集的合同，所论对象包括戈特弗里德·凯勒、J. P. 黑贝尔、弗兰茨·黑塞尔、卡尔·克劳斯、普鲁斯特和超现实主义者们。文集将有一篇反思性的前言"批评家的任务"。几天后，这条好消息由于接到了离婚案文献而被抵消。法官决定站在另一边，因此他被迫放弃继承权，出售他收藏的儿童书，以偿还朵拉从继承的财产中借给他的4万马克。儿童书的丧失深深刺伤了他。在关于加布里埃尔·埃克哈特（Gabriele Eckehard）的《巴洛克时代的德国书》的评论中（6月发表于《文学世界》），本雅明赞扬了收藏者，因为这些收藏者养成了深情地依附于物的习惯，代表了"模仿表达中偶然命运的改造"。

> 最好把真正收藏者的群体描写为信命者，机遇的膜拜者。不仅因为

---

[1] Siegfried Kracauer, *Die Angestellten* (Frankfurt, 1930), translated as *The Salaried Masses: Duty and Distraction in Weima* (London, 1998).

[2] *GB*, III, pp. 515—517.

他们每个人都知道他们靠机遇拥有最后的物品,而且因为他们本身就靠机遇富裕起来,因为他们是面相术士,他们相信如此不合逻辑、任意或未被注意的事发生在物品身上,而不在物品中留下踪迹。这些就是他们追溯的踪迹:过去事件的表现一千倍地补偿事件的非理性。[1]

通过机遇和命运收藏起来的书现在分散了,随之而去的是他在别处所说的"实际记忆的一种形式"[2]和一种"原始的研究现象"[3]。

同情朵拉的肖勒姆逼着本雅明做另一些事。本雅明未能学习希伯来文、未能如期奔赴巴勒斯坦、未能还钱给马格尼斯,这些事使肖勒姆感到难为情和不满,要求本雅明对他与犹太教的关系这一难题做出说明。本雅明回答说,他只同肖勒姆这个人与犹太教发生了关系,他只有在解决了生存这个"非常缠结的难题"后才能解决与希伯来人的关系。他仍然没有封死去巴勒斯坦的可能性。[4]在文学问题上,他告诉肖勒姆说,他已经就与布莱希特的"有趣接触"构思了一些想法,并计划组织一个阅读小组"推翻海德格尔",但由于布莱希特的缺席而搁浅了。[5]他声称海德格尔提倡的哲学与他们以实践为指向的思想格格不入。

住在梅尼克街的凉亭里,已年近四十的本雅明"没有财产和职位,没有住房和收入"。[6]夏天来了,以往离开柏林外出旅游的冲动

---

[1] *GS*, III, 237.
[2] *AP*, p. 205.
[3] *AP*, p. 210.
[4] *GB*, III, pp. 520—521.
[5] *GB*, III, p. 522.
[6] *GB*, III, p. 530.

像磁力一样不可抗拒。在《柏林纪事》中，他写道，旅游的欲望是由外祖母远处旅游时寄回的明信片激发起来的。[1]这次，他实现了两年前就产生的独自到冰冷的北部旅游的愿望。1930年7月，他在汉堡上了船，用几个星期的时间跨过北海到了北极圈和芬兰北部，经过波罗的海回到了德国。从特隆赫姆寄给格莱泰尔·卡普鲁斯的一张明信片上风趣地谈到了他在沿着歇尔姆夫斯基的脚步走，这是1696年克里斯蒂安·鲁特发表的同名小说中的人物，本雅明在去年三月的广播演讲中谈到了这个人物。[2]在某种意义上，这次旅行不仅仅是穿越空间，而且是穿越时间的旅行——回溯的旅行。对于被陆地包围的柏林人来说，北海岸在本雅明眼里早就是一个万里无垠的地方。在《柏林纪事》中，他说自童年起，当住在城市中心的时候，

> 波罗的海地区的沙丘对我来说就像乔斯街这里的海市蜃楼（fata morgana），周围的支撑只有黄沙般的车站大楼，以及大墙后令我的想象无尽翱翔的地方。[3]

越是北上，他的想象越是膨胀。他在明信片上写道："一走出柏林，世界就变得美丽和广阔了。"[4]空间，房间，这恰恰是本雅明在1930年7月所没有的，至少是一个无家可归之人所寻求的。旅行速写《北海》基于日记写成，9月发表在《法兰克福报》上。该文开篇就

---

[1]　*SW*, 2:2, p. 621.
[2]　*Marbacher Magazin*, 55（1990）, p. 215.
[3]　*SW*, 2:2, p. 598.
[4]　*Marbacher Magazin*, 55（1990）, p. 214.

提出这样一个思想，甚至无家可归的人也活在时间里，时间因此成了毫无挂念的旅行者的宫殿。[1] 无家可归的这层意思比不拥有房间的事实更加重要，接近于卢卡奇在1916年的《小说理论》中所说的现代"超验的无家可归"。在德国，1918年、1919年、1920年和1923年革命失败、由布鲁宁（Brüning）改造的"极权民主"和紧急法令统治的魏玛民主衰落的后果每一天都在明朗化，在这样一个国家里，本雅明感到越来越不适应。该占据哪个空间？自己的位置在哪里？旅行是休息，本雅明能够利用旅行与时间玩耍。

他在《北海》中描写了这次旅行："一长串的大厅向北延伸，耳边都是海浪声"，墙上是海鸥、城镇、花朵、家具、雕像，而无论日夜，窗口总是灯光闪烁。[2] 这种家具装饰为这篇游记的每一部分提供了标题，例示了他文章的典型形式：意象（Denkbild）。这是施特凡·格奥尔格在讨论马拉美时引用德文的一个词；"意象"集中描写经过形象过滤的经验，其中，物的描写就是其自身的哲学评论。[3] 写《意象》就意味着坚持认为在平凡人看来是纯粹主观和任意的东西实际上是客观物体的显示。

在《北海》的日记中，他谈到他在旅行期间遇到的物体和事件都无法归入普通的范畴。他以人的身份观察，以半个小丑、半个知识分子的身份观察，活像一场奇异的卖艺表演，然后讨钱，不是向乘车的游客讨，而是向聚集观看的穷人讨。在勒尔维克码头反思这次事件

---

[1] *GS*, IV:1, p. 383.
[2] *GS*, IV:1, p. 383.
[3] 关于本雅明的*Denkbild*，见Adorno's "Benjamins Einbahnstraβe", in *Noten zur Liteatur* (Frankfurt, 1989), pp. 680—685.

时，本雅明写道："在那里发生的事既是不确定的，也是多种原因的，就像这里发生的所有事情一样，白色的黄昏覆盖了一切。"[1] 本雅明的《意象》——作为理论的描写——是记忆的白板，在此通过北方白色的夜晚反映出来。要抵制消解，就要克服困难保护特殊的经验；或用他的另两个形象来说，就像读用盐在沙地上画的符号，或在纷扰的雪片中破译字母。

本雅明解释的是晦暗的和日常的东西。房子里的花盆是抵挡太亮的外面的一堵墙，而房子本身也在抵抗不友好的外面，修了太多的角落和楼梯，所有这些都加固了内部与外部之间的障碍。这些形式在懒散和艺术从未相容的一个地方发展起来，那里的男人曾经睡在抽屉里，那里的女人都蹲在家里的门槛上。而那些座位，比"我们的"更紧密、更接近地面，总是向前倾，仿佛座位上的人不得不脱离浪尖，突然扑向海岸，而那就是房间里的地板。个人和客观的历史都被压缩在这些观察之中。北方孤独的寂静和严惩不贷的工作伦理在日常生活所需中体现出来，与本雅明的个人境遇相一致。虽说他的北方速写也是对康德时空范畴的挑战，但这些速写与活泼混乱的南方城市速写形成了鲜明对比，在南方，公共与私下领域相互渗透——那是他与别人交往、结交新欢的快乐时光。

《北海》的一节标题为"雕像"，详细描写了一个木头人博物馆，收藏者跨洋过海收集这些木头雕像，因为他知道只有把它们收集在一起，放在他这里它们才得安宁。他不是美术爱好者，而是一个旅行

---

[1] *GS*, IV, p. 419. 关于overdetermined一词的评论，见Sigmund Freud and Josef Breuer, *Studies on Hysteria*, Pelican Freud Library, vol. 3（Harmondsworth, 1974），p. 289.

者，在异国他乡寻找幸福，与被距离和航海隔绝的人为伍，他们的脸饱经海上的风霜，眼睛向上翻白：他们是破浪的船头。他们的身体揭示了时间的流逝。

在挪威的博多，本雅明觉察到城市里死一般的寂静。钓鱼馆关门了。13世纪的石头教堂离他太远。他甚至没有买到他想要的纪念品——一套三件陶瓷烟具，在深褐色和深蓝色背景上画的沙漠里的黑色棕榈树。[1] 沙漠和海湾这两种相距甚远的地方在年轻的本雅明眼里都是壮观的全景画，19世纪末的一种视觉娱乐装置，放在一个圆盘之内的多个视窗，使人看到自动的、固定时间的、自调颜色的、明信片大小的3D影像。他对这一装置的自传性描写表明，当他们等待出发铃声的时候，他强烈地渴望看到海湾和椰子棕榈树的影像。[2] 这些景象，北欧最北部和未经限定的南部的景象，是他的世界边缘。因此，他最想要的旅行纪念品并未渲染他所去的地方，而是温暖但却荒芜的南方——重要的不是地点，而是欲望本身，不是经验，而是经验的匮乏。

在《北海》中，本雅明回忆了他观察的在船上方飞翔的海鸥。它们在空中盘旋，以天空为背景构成形状，本雅明视之为符号。突然间，两群海鸥同时出现，一群在东，一群在西，一群在左，一群在右，如此不同以至于他不知道是否还能称它们为海鸥。左面的鸟背对消亡的天空闪闪发光，每一只都上下翻腾着，构成了永不停止的一个符号链。但他不时地把视线移到另一群。它们并未表示什么。左面的

---

[1]　*GS*, IV, p. 421.
[2]　*SW*, 3, p. 347.

谜始终没有解开,但他的命运却与其每一次点头息息相关。右面的谜很久以前就解开了,不过是一种无声的召唤。本雅明自呈为一道门槛,跨过这道门槛,使者们就能在空中交换黑与白。[1]这个记忆可以读作政治寓言。左边,即东面,象征着活力和许多问题,包括与未来相关的问题。右边,即西面,没有问题,而只有一种徘徊不去的迷恋。上船后,他开始阅读路德维希·克拉格(Ludwig Klages)的《精神是灵魂的敌人》以及埃里希·安格尔(Erich Unger)的"神话"时,那迷恋仍然挥之不去。

1930年8月中旬,船停靠在索波特,本雅明很高兴与弗里茨和尤拉·拉德相聚,因为他不再孤独了,多年来的第一次恢复期似乎开始了。[2]他在船上工作得太累了,写《北海》的系列文章,翻译马塞尔·尤汉德(Marcel Jouhandeau)。回到柏林,他住在慕尼黑摄政王剧院街的一个分租公寓里,二房东是一位叫爱娃·博伊(Eva Boy)的艺术家。他写了关于右翼神话制造的批判,这是被法西斯现代派厄恩斯特·荣格(Ernst Jünger)所破坏的一种神话制造。该文的题目是《德国法西斯的理论》。他完成了抨击施特凡·格奥尔格的文章——《抵制杰作》。他还在《左翼的忧郁》中与具有左翼倾向的自由派展开论战,包括埃里希·卡斯特纳(Erich Kästner)和库尔特·图霍尔夫斯基(Kurt Tucholsky)。批评是一项政治任务。要认真展开思想内战,抵抗反动的或无能的批评家,就有必要出版一份杂志。

1930年秋,《危机与批评》杂志的计划出笼。罗沃尔特计划出月

---

[1] *GS*, IV:1, pp. 385—386.
[2] *GB*, III, p. 536.

刊,本雅明和布莱希特任编辑,可预见的投稿人有贝尔纳德·封·布伦塔诺(Bernard von Brentano)、赫伯特·伊林(Herbert Ihring)、阿尔弗烈德·库赖拉(Alfred Kurella)、保罗·亨德密斯、魏尔、布洛赫、科尔什、马尔库塞(Marcuse)、阿多诺、克拉考尔和卢卡奇等。其特点是政治,"站在阶级斗争的立场上",而"其批评活动是对当代社会的基本批评环境保持清醒的意识"。[1]这份杂志不是"无产阶级的喉舌",反倒要"占据迄今为止尚未出现喉舌的一片空地,让资产阶级知识分子发表要求和见解,只这一点就能使其在当前形势下产生介入效果,抵制以往任意和毫无结果的模式"。[2]

多种危机形式——社会的、经济的、政治的、文化的危机——从未如此明显。加剧的审查,学术职位的丧失,以及法西斯势力的激增。在文化阵线上,在1930年的图林根,啤酒厅起义者、国家教育和内政部部长威廉·弗里克(Wilhelm Frick)从魏玛施劳斯博物馆中清除了许多作品,包括保罗·克利、奥托·迪克斯(Otto Dix)、厄恩斯特·巴拉赫(Ernst Barlach)、瓦西里·康定斯基、埃里希·海克尔(Erich Heckel)、卡尔·施密德-洛特鲁夫(Karl Schmidt-Rottluff)、里昂耐尔·芬尼格尔(Lionel Feininger)、埃米尔·诺尔德(Emil Nolde)和弗兰茨·马克(Franz Marc)的作品。本雅明现场目睹了法西斯的行为。10月,他参加了斯特拉瑟团体的会议,亲历了一场"引人入胜的争论"。[3]格里高尔·斯特拉瑟(Gregor Strasser)和弟弟奥托在希特勒的民族社会主义德国工人党(NSDAP)内部工作,但他们代表的

---

[1] *GS*, VI, p. 619.
[2] *GS*, V, p. 619.
[3] *GB*, III, p. 546.

却是一种完全不同的思想倾向，在反马克思主义和反犹太复国主义的同时，也反对资本主义。1928年，格里高尔·斯特拉瑟参加了阿尔弗烈德·罗森堡（Alfred Rosenberg）和海因利希·希姆莱（Heinrich Himmler）的团体，建立了"德国文化战斗团"。这个组织的目的是让受过教育的知识分子加入NSDAP，在艺术和生活各个领域与"杂种化"和"黑鬼化"进行斗争，恢复"德国价值"。[1]

德国从未如此令人讨厌——11月2日，本雅明母亲逝世——但维尔莫斯多夫转租的公寓终于成了他那2000册书的藏身之地。他在那里曾经收了一个留声机礼品，并设法四处搜罗了一些唱片。[2] 他读了科尔什论马克思主义和哲学的著作，也结束了他对维也纳讽刺作家卡尔·克劳斯（Karl Kraus）的研究，后者曾经嘲讽过堕落的新闻语言。本雅明接受罗沃尔特的雇佣去读一些书。本雅明和黑塞尔翻译的普鲁斯特的《盖尔芒特家那边》那年冬天面世。在知识内战的小战斗中——比如《出版工业批判》——他思考了神秘话题。《新旧笔迹学》是为一份广播杂志写的文章，文中他为这样一个事实感到惋惜：学术界仍然没有接受这种科学方法，至今没有任命过阐释手写体的教授做系主任。[3] 他概括论述了德国笔迹学的三个主要流派：克拉格受施特凡·格奥尔格影响的存在主义阐释，把笔迹作为姿态、作为性格表现的阐释；罗贝尔特·索戴克（Robert Saudek）的生理学和心理物理学方法，以及普吕尔（Pulver）和门德尔松的弗洛伊德心理学，即根据无意识图像阐释手稿的方法。

---

[1] Alfred Rosenberg, "Aufruf!", *Der Weltkampf*, 5（May 1928），pp. 210—212.
[2] *GB*, III, p. 542.
[3] *SW*, 2:1, p. 398.

第五章　文人学者：1930—1932年　121

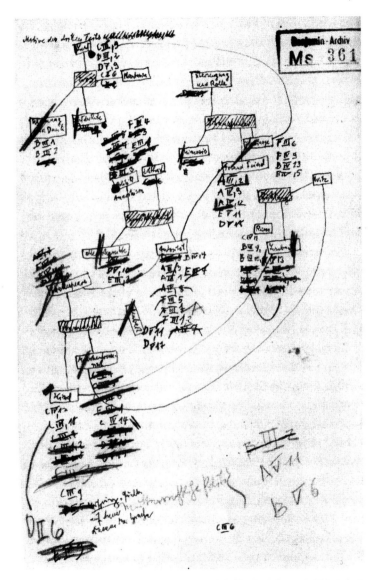

论《卡尔·克劳斯》一文的构思（1930）。该文第三部分的图示主要显示有五个重要主题："爱欲"，"演员"，"正义"，"诗歌"和"怪物"。主题和关键词之间有连线，表明本雅明写文章的方法

如果书写具有意识，那么，其质料即语言也会使有接受能力的人理解语言的外部意义。月末，本雅明的短篇故事《米斯洛维奇-布劳恩施维希-马赛》在柏林月刊《雕鸮》上发表。故事讲述本雅明的一次吸毒经历，在马赛吸大麻进入昏睡状态的情景，并由于语言固有的嬉戏性而导致空间和自我的无数次改造。[1]

本雅明继续缔结出乎意料的友谊。1930年12月，他给权威理论家卡尔·施密特（Carl Schmitt）寄了一封信和一本论巴洛克的书，因为他曾用施密特的《政治神学》解释17世纪的主权学说。与老朋友布莱希特的关系紧张起来了。1931年初，由于读了由布伦塔诺、库赖拉和普列查诺夫写的第一期《危机与批评》，本雅明从这个团体中撤了出来。他提醒布莱希特说，这份杂志是要成为"资产阶级阵营的喉舌，再现科学和艺术中的危机"。"向资产阶级知识分子表明辩证唯物主义的方法，这是由于他们自身的需要而传达给他们的——是思想生产和研究所必需的。"[2] 然而，他们所收到的却不是当今主要问题相关的专家评论——或即使是的话，如普列查诺夫，也落后了25年。

但与该杂志的决裂并不是与布莱希特的决裂。本雅明希望为该杂志写一篇短文，因此急需见布莱希特，与他讨论他为《法兰克福报》写的一篇文章，是论布莱希特的《人就是人》的。[3] 这就是《什么是史诗剧？》，1931年初完稿，但在报纸的戏剧批评家贝尔纳德·迪博尔德（Bernhard Diebold）介入之后，遭到了报纸编辑的

---

[1] *SW*, 2:1, pp. 386—393.
[2] *GB*, IV, p. 15.
[3] *GB*, IV, p. 16.

拒绝。布莱希特的史诗剧运用了许多间离技巧，对具有批判眼光和思维能力的观众非常有吸引力。对本雅明来说，布莱希特的戏剧是令人振奋的，因为他从技术角度处理舞台："史诗剧的形式与新的技术形式即广播和电影相一致。史诗剧已经达到技术的现代水平。"[1] 史诗剧、电影和广播能够使观众在任何一点进入——史诗剧包含自控的场面；电影也同样使用蒙太奇，能够连续不停地循环播映，观者的进出并不打断事先录制好的投影，而无线电则可以随意开关。蒙太奇的基础，可复制的本质，激发观众的吸引力，同时具备间离和亲密的性质——所有这些都是这些新媒体所具有的因素。但其无数可能性却极少有人探讨，或更遭，几乎被忽视了。

1931年，本雅明写了《关于广播的反思》，文中，他从理论上把广播当做一种大众文化形式，比任何其他方法都更具使用蒙太奇的潜力和实验性，能够成为真正的现代艺术形式。但是，重要的是，当前的广播文化没能保持"实践者与公众之间的基本分离，与其技术基础相左的一种分离"[2]。他提到在俄国，"人们正从不同的国家机器中得出不同的暗示意义"。在德国则只有"没头脑的人'提供'观念，在这个观念的庇护下，实践者把自身呈现给公众"。公众则无可奈何，没有批评能力，而对广播唯一积极的贡献就是破坏——关掉它。本雅明说，甚至孩子也知道"在每一种可能的情况下把尽可能多的听众吸引到麦克风前，这是广播的精神"。

---

[1] "What is Epic Theatre？(1)", in Walter Benjamin, *Understanding Brecht* (London, 1998), p. 6.
[2] *SW*, 2:2, p. 543.

广播是民主的论坛，应该让尽可能多的人通过广播说话。本雅明对当代广播的评价是严苛的："再没有另一个真正的文化机构像广播这样失败，没能利用自己的形式或技术把公众培养成新的专家。"[1]

其他形式产生了专业的公众，但是，本雅明写道，广播的"消费心理在歌剧迷、小说读者、旅游者和其他类似人群中毫无限制的发展"，已经生产了"愚钝的、没有表达能力的大众"。广播有机会创造由声音统一的、积极参与他们所听活动的，并为广播特有的可能性所激动的公众，而不是在这种媒介中看到现存兴趣——小说、古典音乐、游记——的反映的人们。问题的根源在于广播发出声音的种类，这些声音作为家里的不速之客将即刻得到听者的判断。

> 广播听者在听完讲话一分半分之后就把广播关掉，而任何读者都不会像他那样把刚刚打开的书合上。问题不在于无情的题材；在许多情况下，这可能是在下决心之前继续听下去的理由。是声音、措辞和语言——总之，是广播的形式和技术方面——常常使最受欢迎的节目令听者难以忍受。[2]

出于同样的理由，听者将继续——如家里的客人一样——欣赏朗读天气预报的声音，仅仅是为了声音的缘故。

同年，本雅明进行自己的广播实验，被誉为"听证模式"。这是

---

[1]　*SW*, 2:2, p. 543.
[2]　*SW*, 2:2, p. 544.

与厄恩斯特·肖恩一起发明的一种形式,后者着迷于探讨社会和日常环境的广播剧。本雅明把"听证模式"的目的设定为"说教",与布莱希特的"学习剧"目的相同。它们表演的是"日常生活的典型环境"。其格式是适合于一种模式的描述,最多允许四个参与者,而说话者则出现三次。首先,说话者提出话题,把前半场出现的参与者介绍给公众,即作为"反例"、也即如何使之无法进行而设计的模式。前半场过后,说话者再次出现,指出程序中的错误。然后,说话者介绍第三个人物在下半场出现,展示如何在相同环境下顺利进行下去。结束时,说话者总结出正确和错误的模式,指出寓意。[1] 每一次播出之后都有生动的讨论。

与沃尔夫·祖克尔(Wolf Zucker)合写的第一个听证模式于1931年3月26日播出,题目是《涨工资?你意下如何?》。[2] 所播出的是两个脚本,涉及一个幼稚的工人和一个技术过硬的工人,他们设法保住已经增长的工资。这个模式的寓意在于,为了成功,一个人需要有一种"精神态度",谦恭而不谄媚,包括"清晰、坚决、勇敢",能意识到自己的价值和尊严。成功的工人把他的"斗争"看做一种运动,一种游戏,"同志式地与生活中的困难作斗争",甚至在失败的时候也要保持清醒的头脑。说话者指出,对于生活中的不幸,最终获得成功的人从不气馁,随时准备迎接新的战斗。

1931年5月7日给瑞士批评家马克斯·雷希纳(Max Rychner)的一封信中,本雅明讨论了自己的分析实践,及其与共产主义者和马克思

---

[1] *GS*, IV:2, p. 628.
[2] *GS*, IV:2, pp. 629—640.

主义者的分析实践的关系。雷希纳赞扬他对瑞士作家戈特弗里德·凯勒（Gottfried Keller）的读解，将其与正宗共产主义者的阅读加以比较，后者视这位作家的作品为资产阶级的、过时的东西。然而，本雅明强调说他自己的立场也依赖唯物主义的深刻认识。他同意雷希纳的看法，但他的唯物主义观点并非来自共产党的宣传，而来自过去20年中资产阶级优秀的文学史研究和文学批评。但这些都不是学术著作。实际上，下面的事实验证了学术研究的荒芜不毛：学术界没有注意到他那本论巴洛克的著作。他说那本书不是唯物主义的，尽管是辩证的。但他在写这本书时尚未了解、尽管之后不久就非常清楚的是，从他"那非常特殊的语言哲学的立场出发，存在着辩证唯物主义观点的传播——不管多么牵强和有问题"[1]。这是因为他总是集中思考最严谨地隐含真理的客体，"不是'永恒的思想'，不是'永久的价值'，而是历史研究迎来当代启示的地方"[2]。凯勒是重要的作家，因为他使人看清了当下状况，根本不过时。

本雅明再次把自己的思想区别于"海德格尔学派"，区别于他们"在思想领域深奥的拐弯抹角"，以便站在马克思主义者弗兰茨·梅林一边，接近他那"臭名昭著的、粗糙的分析"。梅林也和本雅明一样，在文学中寻找"当代生存的真实状况"。本雅明还承认，他的"研究和思想，如果可以这样说的话，从未超出神学的意义——也就是根据塔木德经所教导的每一段犹太教律的49层意思"[3]。然而，对"意义等级"的认识在共产党的陈词滥调中比在深奥的资产阶级的致歉中更为

---

[1] *GB*, IV, p. 18.
[2] *GB*, IV, p. 19.
[3] *GB*, IV, p. 20.

常见。[1]

然而，本雅明仍然继续积极追求一种较老的、现已过时的真正的资产阶级人文主义传统。从1931年4月到1932年5月，他在《法兰克福报》匿名公布了写于1767年与1883年之间的27封信，再现了以浪漫主义自然哲学家约翰·威廉·里特（Johann Wilhelm Ritter）、实验物理学家G. C. 李希腾堡（G. C. Lichtenberg）、诗人安奈特·封·德罗斯–胡尔晓夫（Annette von Droste-Hülshoff）、化学家加斯特斯·李比希（Justus Liebig）和激进戏剧家格奥尔格·毕希纳（Georg Büchner）等人为代表的另一个德国。

4月17日，他再一次向肖勒姆为自己的唯物主义方法辩护：

> 我的生产场所在那里？如果你愿意，就在柏林w.ww，而我一点也不珍惜关于这个场所的一丁点儿幻觉。最高级的文明和"最现代的文化"不属于我私下的舒适，但也恰恰是我的部分生产工具。这意味着我没有权力把我的生产场所搬到柏林东部或北部。[2]

他接着说，转到柏林东部或北部或许是有理由的，但他表示即使在柏林的另一个地区，即无产阶级居住区，他也会像在资产阶级居住的西部一样做相同的事。他问道，肖勒姆会不会因此不让他把红旗挂在窗口，因为那只不过是一块破布？肖勒姆谴责他用共产党的观点写了"反革命"的文章，对此，本雅明承认了。但这是否意

---

[1] *GB*, IV, pp. 19—20.
[2] *GB*, IV, p. 25.

味着他应该"公开发表反革命的立场"?[1] 本雅明的结论是为他的文章"去自然化","像对待精灵一样",所冒的风险就是没有人会读得懂。他争辩说这是他与资产阶级保持距离的唯一方法。这使他站在一个极端的立场上。他把自己比作船上遇难的游客,爬到了正在折断的桅杆顶端而处于更加危险的境地,但在那里他至少可以发信号,因此有得救的机会。[2]

夏天到了。本雅明与斯帕耶尔一家、表兄埃贡·魏新(Egon Wissing)和夫人格特一起出发去法国南方。布莱希特正和一些朋友们在那里度假,写作《屠宰场里的圣约翰娜》。筋疲力尽的本雅明——厌倦了为钱奋斗和个人的痛苦生活——开始写日记,但由于他认为没有什么可写的,就决定集中精力写过去,从疲惫的状态中榨取记忆的残渣。他的不满起因于他对方法缺乏信心,与他"同类"的人都选择了"控制德国无助的文化政治环境"。身边亲近的人都不加思考地分成了宗派,他为此而备受折磨。[3] 他在考虑自杀。这是"在经济前线斗争"的结果,但也是可以理解的,因为他感到他已经"实现了生命中最宝贵的愿望"。[4]

他后来在日记提到这些愿望,事实上,我们最宝贵的愿望是我们所不知的,所不能意识到的,就好比童话中讲荒废的愿望的故事一样。我们只在事后才意识到自己的愿望,在愿望实现的时候。他写了自己的愿望——他认识到的第一个愿望就是"远距离的长期旅

---

[1] *GB*, IV, p. 25.
[2] *GB*, IV, p. 26.
[3] *SW*, 2:2, p. 470.
[4] *SW*, 2:2, p. 470.

行"。[1] 本雅明恰好在这个愿望得以实现的时候意识到了。他讲了1924年的一段往事。他已经攒够了钱去国外呆一段时间。他计划在卡普里见一些朋友。他在弗里德里希街和林登大道的拐角处惊奇地看到了报童手上的晚报标题:"禁止国外旅行。"一道禁止出国旅行的法令颁发了,甚至能付得起比他的总数多十倍押金的人也不能出国。这道法令将在几天后生效。他决定不等朋友们了,马上打点行装奔赴意大利。当到了第一站——他忘了那是卡普里还是那不勒斯——才发现他在慌乱中竟然把无用的东西装进了箱子,而必需品却遗忘在家里了。但真正的认识却是在五六个星期后,他发现他竟然可以忍受任何损失,哪怕住在一个洞穴里,也不愿回柏林。[2]

另一则日记把贫困变成了正面的现代主义之举。他与表兄讨论包豪斯的审美问题。他把包豪斯光滑无饰的房间与19世纪80年代资产阶级凌乱的内室加以比较,包括椅套、组合图案的坐垫和沙发套,空间里房间主人的物品的踪迹。布莱希特在1926年的《城市居民读物》中杜撰了"抹去踪迹"这个短语。这适合于包豪斯风格的房间,纯粹的住宿,不允许任何习惯的介入。空旷的房间,往往可以根据要求调整一下的房间,都是新时代的居所。[3] 这种简约的住所曾经是本雅明的家。如果收入菲薄的人的住所是临时的,本雅明推论说,他的自我也可能是临时的。5月6日的日记报告了他和表兄关于爱的讨论。他曾经

---

[1] *SW*, 2:2, p. 470. 一个不同的特殊愿望——睡觉——在《柏林纪事》中提到 (1932), *SW*, 2:2, pp. 616—617.
[2] *SW*, 2:2, pp. 470—471.
[3] *SW*, 2:2, pp. 472—473. 又见关于本雅明"最喜欢的住所"的话题与布莱希特的讨论, *SW*, II:2, pp. 479—480.

爱过三个不同的女人——可能指朵拉、尤拉·科恩和拉西斯——而每一个都把他变成了一个不同的男人。[1]

6月，他在拉凡杜与布莱希特及其朋友们一起度过了三个星期。6月14日，《如何解释杰作的成功》发表在《法兰克福报》文学副刊上。文中，他没有被肖勒姆的所谓假唯物主义的谴责吓倒（针对克劳斯的文章），[2] 呼吁以唯物主义为指向的批评，更具体、更接近现实、更具政治性的批评。[3] 与布莱希特的讨论是鲜活多样的：他们讨论了列宁1922年的提议，组成"黑格尔辩证法国际唯物主义友人协会"，以及关于一出侦探剧的想法、弗里德里希·席勒的审判和普鲁斯特。另一次，他们谈到了托洛茨基，就托洛茨基书中的一些片段交换了意见。布莱希特为来自柏林的政治动荡的消息所振奋，解释了自己的理论，本雅明做了记录：资本家的智力随着其孤立而增长，大众的智力随着其集体主义而增长。布莱希特声称，必须培养集体主义：布莱希特曾在慕尼黑革命期间实现集体主义，当时他是负责性病病房的一位年轻医生。现在局势已发展到极端，而且希望在即。布莱希特坚持认为，要培养集体主义，就必须杀死20万柏林人以便把5万无产者团结起来。[4] 他们讨论了卡夫卡。本雅明当时正搜集关于这个人物的资料，他对这位作家特别感兴趣，因为他介于古代和现代、通俗和先锋之间。

---

[1] *SW*, 2:2, p. 473.
[2] *GB*, IV, pp. 35—36.
[3] *GS*, III, p. 295.
[4] *SW*, 2:2, p. 482.

卓别林手里拿着阐释卡夫卡的一把正牌钥匙。如卓别林所处的环境，即一种被拒绝和被剥夺继承权的非平行的生存方式，永久的人类痛苦与当代特殊的生存环境、金融体制、城市、惊诧等混合在一起。卡夫卡的情况也如此，他生活中的每一个事件都是双面的，无法记忆的，没有历史，而同时又拥有最新的、新闻的时事性。无论如何，你有权利谈论神学语境，如果你追求这种双重性的话；但是如果你只采纳这两个因素中的第一个，那当然就不要谈了。他那可写的举止恰好具有这种双重性，具有大众年鉴的风格，追求一种几乎没有艺术性的史诗的简朴，只有表现主义才能侦破出来。[1]

对布莱希特来说，卡夫卡是"唯一真正的布尔什维克作家"，因为他唤起的永久震撼带有与畸形生活相关的惶恐色彩。[2]

本雅明又回到柏林的畸形生活中来了。6月5日，为保护经济和金融而颁发了第二道紧急法令。工资、养老金和福利均被削减，并征收了危机税。从那以后，政府只通过颁发紧急法令维持统治。罗沃尔特破产了，本雅明的一些出版机会也随之而去。本雅明在一则日记中记录了个人的绝望，其险恶的题目是《1931年8月7日到我死亡之日的日记》。日记开篇写道："这篇日记不会很长。"[3] 他决定好好利用这最后几天或几个星期，因为已经把许多时光浪费在是在公寓还是在旅店里自杀的问题上了。日记的其余部分是对文学、新闻、通俗性、专业知识和阶级的混合思考。

---

[1] *GS*, II:3, p. 1198.源自1931年前写的笔记。
[2] *SW*, 2:2, pp. 477—478.
[3] *SW*, 2:2, p. 501.

《摄影小史》分别与1931年9月18日和25日、10月2日在《文学世界》上发表。这幅图是9月25日发表的一个片段

日记结束了，本雅明没有自杀。9月和10月目睹了《摄影小史》在《文学世界》上的连载。文中讨论的问题包括技术、社会世界和影像。本雅明认为哲学家谢林身穿满身皱褶的衣服坐在家里的一张照片散发出耐力和亲密性。他衣服上的每一个皱褶都既记录了他的长寿，也记录了摄影长久的耐性，这当时在技术上是必要的。形成对照的是卡夫卡儿时的一张照片。他离家出走，漂泊无定，在照相

馆里举目无亲。更加犀利的镜头快速捕捉到了那个场面,适合迅疾飞驰的一个年代。

在这篇文章中,本雅明还概述了光晕的概念:

> 究竟什么是光晕?一种奇怪的空间和时间波:距离的独一无二的表面或相似性,不管距离有多近。夏天正午休息的时候,你遥望远处天际的山峦,或遮住观察者的一棵树枝,直到这一时刻或时光成为其表面的一部分——这就是呼吸那些山峦、那颗枝头的光晕的意味。[1]

光晕只出现在沉浸于全景中的人,他忘记了活动,陶醉于对自然的冥想。光晕认知是藏身于美好世界之中的一个人的视野。早期摄影在新兴资产阶级长曝光的肖像照片中捕捉到了19世纪末期的光晕。为再造光晕之模糊性和任意性而付出的努力——梦幻般的肖像照或模仿油画的构图——都是假的,都是与当代技术——因此也与社会——标准不相符合的大倒退。

像奥古斯特·桑德尔(August Sander)和热耳曼·克鲁尔(Germaine Krull)这样的摄影师发现了使用当代摄影的新方法来表达时代的真实性和必然性。本雅明像莫霍利-纳吉(Moholy-Nagy)一样,坚持认为当代读写能力与其说是读文字的能力,毋宁说是读影像的能力。[2] 本雅明引用歌德的话来说明奥古斯特·桑德尔"从直接观察"搜集来的社会类影像:"有一种精美的经验主义,它与客体如此亲

---

[1] *SW*, 2:2, pp. 518—519.
[2] *SW*, 2:2, p.527. 关于莫霍利-纳吉1932年的相同情感,见"A New Instrument of Vision", in Richard Kostelanetz, ed., *Moholy-Nagy* (London, 1970), p. 54。

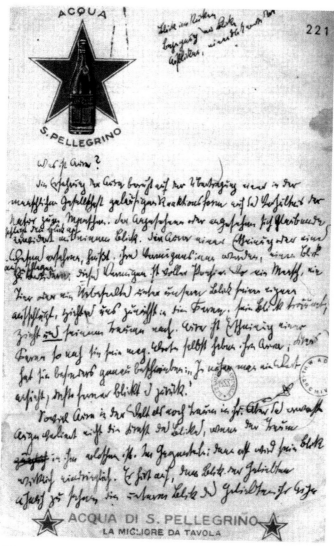

《什么是光晕？》手稿。本雅明未注明日期的关于光晕的笔记记在了为 S. 佩勒格里诺矿泉水做广告的一张咖啡馆收据上。"当一个人、动物或无生命的东西用他的目光回视我们，我们首先被拉入那段距离，其梦幻般的目光又吸引我们追随它的梦。"

密以至于自身成了真实的理论。"[1] 这种索引式、化学式摄影的经验主义能够揭示物体的外观、政治和历史方面。桑德尔冷静地拍摄了具有代表性的当代类型。在越来越依据人们采纳的或被给予的角色来判断人的一个时代里，像桑德尔的《我们时代的面孔》（1929）这样一本摄影书就成了训练手册或时代导读。

热耳曼·克鲁尔拍摄拱廊、商店前脸和被废弃的城市区域，记录了商店橱窗的活跃和无人角落里的死寂所揭示的怪异的商品生活，本雅明把他的照片搜集起来。克鲁尔捕捉到了广告的诗意和拱廊的全部暗示意义，那里，巨大的若隐若现的时钟永久地遏制了时间。在一张照片里，一套相同的娃娃头茫然地注视着，她们的面孔被涂上了过多的胭脂，她们的头发也涂成了漆黑闪亮的烫卷。在另一张照片中，人体模型的平展残缺的头堆在橱窗里招人眼目，其漆黑波浪式的头发像头盔一样闪射出现代性的力量。这些影像令人想起超现实主义者对无生命的、美丽的女模型的迷恋。对本雅明来说那是一个参照点——把性的物恋与商品的物恋等同起来。但这些影像也给他的现代神话增加了另一个层面。曾经时髦的头的照片把时间中的某一时刻固定了——它本身就是一种永久的波浪——然后又把它投入了过去。甚至现代也总是要成为昨天。

10月初，本雅明告诉肖勒姆，德国的经济形势"就像公海一样，紧急法令就像浪尖一样相互碰撞"[2]。失业正在把工人阶级推向民族社会主义党一边。共产党缺乏与大众的联系。凡是有工作的人都被看

---

[1] SW, 2:2, p. 520. 歌德的论断见 J. W. Goethe, *Maximen und Reflexionen* (Leipzig, 1941), p. 97.
[2] GB, IV, p. 54.

做劳动贵族。本雅明自己的情况则极具讽刺性。即使工资降低,他也和往常一样忙。他埋头于给《法兰克福报》编辑信件;试图把康德老年时的愚蠢与他的哲学联系起来;写一篇摧毁性的论西奥多·海克尔(Theodor Haecker)的《维吉尔》的评论文章;关于保罗·瓦雷里的短评,以及为优秀影片奖评判电影剧本。他还与《文学世界》签订了一份合同,分四期刊登他的自传《柏林纪事》,每一期200—300行,每行可得25芬尼。[1] 有了公寓和图书馆,他感到平生第一次长大成人了。但他的书房没有桌子,所以就靠在舒适的沙发上写作,那沙发曾经属于一个瘫痪的老妇人。[2]

绝对不要伤风败俗,不能经常贪图快乐:这些都是"破坏性人物"的属性,这是本雅明在1931年发表于《法兰克福报》的一篇速写所描写的人物。"由于他眼前都是路",所以他"总是站在十字路口",[3] 这个人物的原型是他的一个朋友,是国家银行国外部经理古斯塔夫·格鲁克(Gustav Glück)。这个破坏性人物是寻求舒适之人的敌人,后者寻找天鹅绒衬里的箱子,能容纳他在世上所有踪迹的戴座套的棺柩。破坏性人物不留任何踪迹,以历史人的意识扫除一切环境,"看不到永久的东西"——并把现存的一切打成瓦砾——以便找到出路。破坏性人物想要根据修改过的适当的信条系统地阐述经验。他提出制造一个宏大的未来主义吸尘器,吸尽一个流线型技术现代主义时代的一切尘埃。

冬天和第二年春天,本雅明继续开展自己最新的广播工作实践。

---

[1] *GB*, IV, p. 58.
[2] *GB*, IV, p. 67.
[3] *SW*, 2:2, p. 542.

布莱希特的戏剧实践为未来媒体时代的文化发展提供了模式。同时，本雅明还感兴趣于布莱希特的理论分析。1932年，布莱希特写了一篇文章，题为《作为交流工具的广播》。文中布莱希特抨击说，广播本来是一种双向的交流工具，现在却由于权力的压制而成为一种单向的宣传工具。布莱希特声称，"广播是单面的，而它应该是双面的。它现在是纯粹的分配机器，纯粹的分享。所以我来提一个积极的建议：把这机器改造一下，从分配变成交流"[1]。布莱希特坚持要把这个"硕大的管道网络"变成使听者既听又说的东西，把听者带入一种关系之中，而不是孤立他们。所要做的是革新广播——同时看到改造这个过程在当下社会经济秩序中所受的限制，并使这种革新推进更广泛的社会和经济体系的革命。

本雅明自己为促进广播互动方面付出的努力是主办"广播游戏：诗人的关键词"节目，1932年1月开播的一种"并非没有效果的心理和教育实验"。[2] 本雅明采纳的是巴洛克时代的一种客厅游戏。一个孩子、一个女人、一位诗人、一位记者和一位商人各自拿到一个单词表，表上的单词相互没有关联。每个人都得把这些词串联起来，讲一个连贯的短故事。听者要评价他们这些人的工作，并亲身参与。听者参与的结果将在广播站的杂志上发表。[3] 参与者从一组特定的词开始，这些词至少都含有两层意思：Kiefer; Ball; Strauss; Kamm; Bauer;

---

[1] *Brecht on Theatre*, trans. and ed., John Willett (London, 1964). ("Der Rundfunk als Kommunikationsapparat", in *Blätter des Hessischen Landestheaters*, 16, Darmstadt, July 1932.) 又见Bertolt Brecht, "Radio as a Means of Communication", *Screen*, 20, 3—4 (Winter 1979/80), pp. 24—28。

[2] *Südwestdeutsche Rundfunk-Zeitung*, VIII/1 (1932), p. 2.

[3] *Südwestdeutsche Rundfunk-Zeitung*, VIII/3 (1932), p. 5.

Atlas——也就是松树/下颌;球(玩具)/舞会;花束/鸵鸟/斗争;木梳/山脉/脖子;农夫/笼子;地图册/缎子。第一个读者努力的结果是奇怪的口误,由于多义性而改变了词义。第二个读者则比较直接,通过上下文绑定了词的单一意思。

在松树下/下颌抖动着/身穿粉缎衣服/格雷琴翻阅地图册/然后匆忙地参加舞会/球是雪滚成的/噢,我的花束/发生了一场争斗!/她用木梳威胁/她的脖子涨了起来/你只配待在笼子里/你这个没用的农夫!

松树下,一本地图打开着,旁边是一个球和一束花,花没有捆。这证明当农夫在山顶上喊救命时,父亲、母亲和孩子受到了干扰。

创造性、通俗超现实主义和关于语言的教育思考都以这种方式进入了广播文化。

2月,论1878年苏格兰泰河桥倒塌的一次广播讲话讲了维多利亚时代的一次戏剧性灾难,同时也影缩了技术理论。[1] 桥的倒塌并不意味着技术是邪恶的力量——那时候人们并不充分了解的铁的建筑。人与技术的关系是一场伟大的斗争,人将赢得这场斗争,只要他们不破坏用自己的双手换取的成果,人将永远是胜者。"本雅明认为技术发现要么是及时的,要么就是不合时宜的。不合时宜指的是某种技术来得太早,以至于不能被适当地应用或同化或找到适当的形式。它在对生产关系的一种不恰当的组织中到来,如广播。

---

[1] *SW*, 2:2, pp. 563—568.

本雅明在寻找利用广播技术的方法，尤其要让听众思考他们所接触的这种媒介。3月，他做了一次以儿童为对象的无线电广播节目，《小卡斯帕尔周围的噪音》。[1] 这是一小时长的话剧，其情节如下：一个雾天，卡斯帕尔被派到市场上买鱼。途中，广播站的人请他进来播音。卡斯帕尔来到播音室，但不知道广播是什么，所以很紧张。由于坚持让菩提根的一个熟人听到广播，卡斯帕尔受到了众人的谴责。接着是一片混乱，卡斯帕尔逃跑了。他在火车站、游乐场和动物园遇到了各种麻烦，最终在动物园被抓住，送回家睡觉了。他不知道这张床被录了音。他醒来后在床上做的激烈演说也被剪辑，播放出来，于是广播站赢了——拿到了卡斯帕尔的素材。卡斯帕尔由于这些突如其来的麻烦而得到了1000马克。

话剧的主题令人头痛。它教育听者哪些广播话语是允许的。它展现了无线电广播的灵活性——在城市里无处不有。它涉及广播对最亲密空间也即寝室的侵入。它对文化产品的异化和商品化进行了反思——而且，重要的是，它利用了一个民间戏剧人物卡斯帕尔，现已是一种新的媒体空间里的公民。广播本身就这样成了讨论的对象，且不说其机制和再生产的手段了。它还利用了广播特殊的声音能量。对话利用了词语游戏和方言。它以大雾开场，仿佛在暗示视觉的失灵和听觉的增进，并使用了大量音响效果和噪音。本雅明试图通过声音确立互动的广播文化，并请孩子们与广播站联系，猜测演出时他们听到的音响。

1932年4月，本雅明登上了汉堡的一只船。抵达巴塞罗那后，他

---

[1] *GS*, IV: 2, pp. 674—695.

换乘邮船去了伊维萨。在伊维萨，他与在慕尼黑认识的一位朋友菲利克斯·诺格拉斯（Felix Noeggerath）以及在圣安东尼认识的一家人合租了一套房子，就在一个破旧的大风车下。在伊维萨，本雅明每月生活费用是70或80马克，尽管在柏林他已债台高筑。他遇到了艺术史学家让·塞尔兹（Jean Selz），他曾回忆起本雅明过早出现的白发，"结实的身体和日耳曼式的肥胖"，与他"思维的敏捷形成鲜明的对比"。[1]

5月，本雅明已经清楚地知道民族社会主义者将掌权，第三帝国将在德国建立。[2] 他希望不再回国。他制定了计划，每天早上7点起床，在大海和阳光中沐浴。有许多必须戒掉的东西：黄油、电灯、白兰地或自来水、调情或报纸。[3] 读托洛茨基是唯一的刺激。[4] 他写作更多了，沉浸于《柏林纪事》的自传式速写。他描写姑妈在杂乱的内室就好像笼子里的金翅雀。他描写后面房间和阁楼里的妓女，在通货膨胀的日子里她们撩起短裙勾引富裕的美国人，还有一个许给了他，而他的"双腿已经被街上的发带缠住了"。[5] 他描写儿童的语言再生能力和误听，获得"永远深不可测的神秘性"的词语，这些词语就在成年人和儿童的语言之间，与马拉美诗中的词语相呼应的那种骑墙的情形。[6] 他描写波西米亚人和知识分子聚会的咖啡馆，他曾在那里听着爵士乐写他的论巴洛克的著作。他描写充满了靡靡之音的公园和动物园，只供成年

---

[1] Jean Selz, "Benjamin in Ibiza", in *On Walter Benjamin: Critical Essays and Recollections*, ed., Gary Smith (Cambridge, MA, 1988), p. 355.
[2] *GB*, IV, p. 91.
[3] *GB*, IV, p. 95.
[4] *GB*, IV, p. 92.
[5] *SW*, 2:2, p. 612.
[6] *SW*, 2:2, p. 617.

这是伊维萨的一个大风车，是本雅明收集的明信片之一。"我刚刚用了一个小时凝视我的地图，恰好一个熟人，一个当地人请我去散晚步。他想带我去城外的那座小山，那里的大风车久久矗立，越过那些松树的顶尖向我招手。"引自本雅明的小文《墙》，GS，IV:2, pp.755—756

人坐的板凳和只供儿童玩耍的沙坑。他描写在寒冷的冬天早上6点半就走进他房间的女仆，她给炉子生火的时候灯光把她的影子照射到了天棚上。他描写到富人的商店里购物，父亲的古董和生意经。他描写来自远处的明信片，和吵闹"求实的柏林，一座工作之城"[1]。本雅明的目标是可跨越的和不可跨越的门槛——社会层次、男性和女性、成年人和儿童、童话世界和商业世界、意识和无意识之间的门槛。

---

[1] *SW*, 2:2, p. 613.

本雅明写的不是自传。自传要有次序，是一连串的事件。而这是一些场景，是对"空间、时刻和断裂的回忆"。[1] 在《柏林纪事》中，本雅明宣布，想要回到自己的过去的人必须准备挖掘，别担心一次又一次地回到原点，要像考古学家一样掘土。这样的筛选将挖掘到更深的、未曾有人怀疑过的土层，全新的收藏。所获得的战利品包括毫不相关的图像，在事后冷静的卓见中相遇的图像。[2] 回忆不过是给过去列个清单。记忆的意义取决于窒息记忆的地层，一层一层直到现在，即重新发现它们的时刻和地点。记忆在当下时刻变成现实。

本雅明通过"入神的移动"召唤那些奇异的认识时刻。[3] 在《柏林纪事》中，他曾两次思考被遗忘的过去突然进入了现在。第一次思考的是那些独特的时刻，当与镁的闪亮相似的东西不可磨灭地沸腾起来，使人想起一个影像或一个境况时——本雅明的例子是一个房间——仿佛记忆就是一块感光板。后来，那个影像在此闪耀着进入意识的视野。[4] 这些思想使本雅明想起一件事，使他惊异地认识到一个被压抑的过去已然回到了现在。他透露说，还是在他五、六岁的时候，一天夜里，父亲走进他的房间，想和他道个晚安，但却迟迟不走，谈起了一个亲属的死。这个小男孩根本不理会一个老亲戚的死。由于无法听取父亲向他讲述的关于心脏病的一些事实，所以，在父亲讲述的时候他却把房间里的所有细小物品都谙熟在心——因为他"恍惚"感到他总有一天会回来寻找某个"被忘却的"东西。一些年后他

---

[1] *SW*, 2:2, p. 612.
[2] *SW*, 2:2, p. 611.
[3] *SW*, 2:2, p. 634.
[4] *SW*, 2:2, pp. 632—633.

确实回来了；他找到了（由于臭名昭著而）被压抑的真实：那亲属的真正死因实际上是性病。[1]

本雅明关于时间错位的第二个反思涉及到过去（déjà vu），或本雅明喜欢想象的"已经听到的东西"，有些事件就像回声一样，被从过去唤起，传到我们耳中："一句话，一声轻轻的拍打，或被赋予某种魔力的沙沙声，把我们带入很久以前的冷墓中，现在只能作为回声从冷墓的拱顶传到我们这里"。[2] 过去与现在任意的连续产生一种"震颤"。或相反，一只"被忘记的手套或手袋"一旦偶然碰到，就会突然想起某句话或某个姿势。蒙太奇般地呈现过去和现在，通过一个透视另一个，借助这种方法，本雅明测绘了经历了无法挽回的改造的一个城市，但是，通过诉诸一个孩子的感知，本雅明暗示了一种可重复性，表明每一代人都有相同的惊诧、好奇和希望。哪怕岁月渐淡，本雅明也放眼历史视域，挖掘过去各种可能的乌托邦，使其成为未来变化的动机。编年史是献给他的孩子"亲爱的斯蒂凡"的，取代了献给"他那些亲爱的朋友们"的初衷，这些朋友包括萨沙·斯通、肖勒姆、拉西斯和弗里茨·海因勒。

1932年6月，本雅明向肖勒姆暗示说他很快就要在尼斯结束自己的生命。[3] 他离开伊维萨，预订了尼斯的小花园旅馆。7月26日他从那里写信给肖勒姆，谈到未来的计划，包括他想要写的四本书：论巴黎拱廊街的书、文学评论集、德国人文主义者书信集，以及"极为重

---

[1] 本雅明在《柏林纪事》和后来的《1900年左右的柏林童年》中共讲了四遍这个故事。见 *SW*, 2:2, pp. 632—633和634—635,和*GS*, IV:1, pp. 251—252和*GS*, VII:1, pp. 410—411。
[2] *SW*, 2:2, p. 634.
[3] *GB*, IV, p. 106.

要的关于吸大麻的书",最后一本书依然需要保密。[1] 他对迄今自己的书的评价是已经取得了许多或一些小成果,但信中提到的这些书却遭到惨败。[2] 他的主要收入来源广播讲话那年夏天就结束了,总理弗兰茨·封·帕蓬任命民族社会民主党党员埃里克·索尔兹为广播部长,负责"广播改革",解雇了左派和实验派。本雅明在尼斯给弗兰茨·黑塞尔、尤拉·拉德和厄恩斯特·肖恩写了封简短的告别信。给魏新一家写了封长信,概述了他40岁时所处的环境。他厌烦了用电报催钱的生活。就他的态度和教育而言,在德国当一名作家的可能性已经微乎其微。他担心自己的作品过于顺应时事的要求而不具有传世价值。只有某种明确的工作,或与其同住的女人,才能给他动力。他曾经向奥拉·帕勒姆(Ola Parem)求婚,1928年在黑塞尔家邂逅的一个女人,但遭到了拒绝。他就像一棵植物,清晨,他想要活下去,傍晚,他想要死去。他的精力只能维持一天,但那是他拥有的最佳的精力。[3]

这封信的主要目的是安排后事。他指定埃贡·魏新为执行人,建议对他的文章做出安排。他的手稿要交给肖勒姆和耶路撒冷的大学图书馆,希望一本小的蓝皮革包装的书——大概是《柏林纪事》——将交给黑塞尔,他死后再交给斯蒂凡。他还把文集的版权给了肖勒姆,并要求把部分稿费给斯蒂凡。肖勒姆也将拿到他的全部信件。本雅明拥有童年时的朋友弗里茨和沃尔夫·海因勒兄弟的档案。他把这些档案交给肖勒姆保管,并惊异地发现两个犹太人将把两个非犹太人的作品转交给耶路撒冷的图书馆。斯蒂凡将继承他的全部书籍,尽管朋友们也将拿到

---

[1] *GB*, IV, p. 113.
[2] *GB*, IV, p. 112.
[3] *GB*, IV, p. 119.

具有特殊价值的书。克利的《新天使》是要送给肖勒姆的,而《奇迹入门》则归肖恩所有。一张宗教画和贴花画将送给布洛赫。沃尔夫·海因勒的儿童画书将留给斯蒂凡或朵拉。伊丽莎白·霍普特曼将拿到一把银把苏俄匕首。给拉西斯的是歌德的《亲生女》的第一版,尤拉·拉德将分到一只小代尔夫特陶碗,格莱泰尔·卡普鲁斯将拿到一个烟灰缸,格特·魏新将得到一张书桌,而给阿尔弗雷德·科恩的则是一张地毯。[1]

但他没有自杀。肖勒姆于8月7日接到他从波夫罗摩寄来的信。他靠借债生活,买烟的零花钱是斯皮耶尔借给他的。他和斯皮耶尔计划去意大利,同时在写一出侦探戏。戏中讲一个律师的故事,他被妻子抛弃,妻子和情人在百货商店买帽子、外套和手套,这些东西将是后来审判一个谋杀案的重要物证。

本雅明写信和阿多诺谈到他读了亚瑟·罗森堡(Arthur Rosenberg)的《布尔什维克史》,认为那是不能忽视的一本书。他说该书揭露了政治影响私人命运的各种方式。[2] 他打算在意大利住一个星期——在斯皮耶尔开车带他回去之前他付不起回程的路费。他见不到阿多诺——阿多诺曾请本雅明在法兰克福大学讲一门课,也就是他论巴洛克的那本书[3]——因为随着广播工作的彻底结束,本雅明已没有理由造访法兰克福了。8月13日,弗莱什(Flesch)被柏林广播电台解雇。本雅明没有听到弗莱什的消息,为他的命运担忧。他的第二个生活来源,即《法兰克福报》的稿费,也在减少。10月,他抱怨寄给《法兰克福报》的文章和信件有几个月没有回执了。他认为他的作品受到

---

[1] *GB*, IV, pp. 119—122.
[2] *GB*, IV, p. 127.
[3] *GB*, IV, p. 113.

了抵制,就像在新斯德丁抵制一个"犹太服装商人"那样有组织有计划。1881年,新斯德丁的犹太教堂被烧毁,反犹太复国主义骚乱也在那里爆发。[1]《文学世界》也有消息说他们不再需要他的合作了。[2]

本雅明在记忆中聊以自慰。他写关于《柏林纪事》的小品文,将其精炼成题为《1900年左右的柏林童年》的一本小书,希望罗沃尔特能够出版。重写的草稿筛选了背景中的人物。物体和空间在重新想象的世界里占据了较大的比重。11月,他回到柏林,继续写第一稿。

阿多诺后来回忆说,本雅明最迷恋那些包裹着雪景的玻璃制品,只要一晃,就会唤起新的生机。[3]这就是《1900年左右的柏林童年》所描写的经验——缩影般地揭示了重要的经验,把记忆唤回到现实生活中来。这些记忆的手稿试图抓住已经不再流行的可能性、生活和希望。过去生活的细节再次在记忆中捕捉,仿佛经验本身得到了拯救。由30多篇小品文构成的这本书最早描写的是受威胁的体验。"小驼背"详细讲述了一个短片中"整个一生"如何在死的瞬间涌上心头的陈腐故事。[4]本雅明的小品文唤起了过去时光的重要结点——压力和倾向、希望和凶兆的形态结合——正是这些结点构成了社会的集体未来。过去留下的印记能够使人捕捉到未成熟的希望以及现实的危险后果。一个地方或一个瞬间在当时不会完全被理解,但后来对其图像再现的研究将揭示出浓浊的关系网,正是这个关系网生产了未来。当西奥多和格莱泰尔·阿多诺1955年为舒尔坎普出版社整理本雅明的著

---

[1] *GB*, IV, p. 139.
[2] *GB*, IV, p. 140.
[3] Adorno, "A Portrait of Walter Benjamin", in *Prisms* (Cambridge, MA, 1967), p. 233.
[4] *GS*, IV:1, pp. 302—304.

述时，他们把《1900年左右的柏林童年》放在了"画谜和缩影"这部分。本雅明珍惜这两样东西：画谜，因为这些谜需要解开，而线索就在图画中；以及缩影，因为它们把世界浓缩成可操纵的、适当的形式。他希望能用词语描写它们高超的技巧。

童年本雅明还记得柏林的空间。他的空间——比如阳台，从早年起阳台就唤起他对院子中新鲜空气的渴望，它们就在两个世界的边缘，或不在任何一个世界。无人到过的地方令他着迷，比如几乎没有用过的房间，动物园里很少有人去过的角落，或花园的边缘。他希望摆脱旧西区，他的家人曾把他"囚"在那里。[1] 但他也喜欢舒适的室内，比如在布鲁梅肖夫的家，即本雅明外婆的家，那里的19世纪70年代的沉重家具散发出对永恒的信念，即对消除痛苦和死亡的永恒信念。[2] 本雅明记忆中的柏林是一系列重要的空间，生动鲜活的场面。在这些地方，他发现了充满意义、激发幻想的物体：电话、寝室门下父母逗他们玩耍的光带、圣诞娃娃和羊羔皮。

《1900年左右的柏林童年》也谈到了母亲和父亲，但主要谈的是父母的物体：母亲的针线包，父亲的拐棍，母亲的药匙，父亲的护胸衬衫，母亲闪光的胸针。童年的本雅明对廉价物品毫无偏见。如本雅明在写于1933年初的《论相似性》中所说，童年的他与物品达到了认同，以至于模仿物体——风车、火车，同时也模仿人。[3] 孩提时在摄影棚照相时，后面总有阿尔卑斯山的背景，或在小棕榈树下，手里拿着一顶草帽，本雅明不知道如何摆正自己，而要与刺绣的坐垫或作为道

---

[1] *SW*, 3, p. 404.
[2] *SW*, 2:2, pp. 621—623.
[3] *SW*, 2:2, p. 694.

具的球达到认同。[1]本雅明的回忆概述了这种错位、异化和工业资本主义压倒一切的物质控制，但也唤起了乌托邦式的"世界大同感"。

在2月28日给肖勒姆的一封信中，他说他创造了四种小手写体，提出了一种新的语言理论，这是在"确定"《1900年左右的柏林童年》最初手稿的最恶劣环境下产生的想法。[2]在《蕾勒嬷嬷》一文中，他提到他与家里的中国陶器达到了认同。本雅明写道："感知相似性的才能实际上不过是一种旧冲动剩下的一点点残余，这就是要与别人相似和模仿别人行为的冲动。"[3]这种"模仿能力"越来越弱，因为比起古代人或原始人的世界来，现代人感知世界的魔幻沟通要少得多，古代人靠占星术，来自内部和偶然的占卜过活——这些都是前圣经时代的读物。但除了在儿童的世界外，占卜仍然存在，即便形式大不相同了。在《论相似性》中，本雅明详细解释了"无意义相似性"这个概念，其作用显见于仿声学，但也见于笔迹学，因为模仿能力是语言和书写的一个方面：

> 最新的笔迹学教我们识别手写图像——或更准确地说，是画谜——即作家的无意识在他的写作中潜藏的东西。可以认为，以这种方式在作家写作活动中自行显示的这个模仿过程在手写发源的远古时代对于书写极端重要。笔迹因此就像语言一样成为无意义相似性的档案，成为无意义通信的档案。[4]

---

[1] *GS*, VII:2, pp. 794—795.
[2] *GB*, IV, p. 163.
[3] *SW*, 3, p. 390.
[4] *SW*, 2:2, p. 163.

语言的模仿能力说明书写与身体的微观宇宙达成一致,并通过这个微观宇宙与行星的宏观宇宙达成一致,进而与人类和非人类的整个历史达成一致。

《论相似性》最终没有发表,但本雅明并非完全没有表示。《法兰克福报》并未切断全部联系。很久以前的一篇文章突然发表了:1928年9月29/30日在马赛的一次大麻体验记录在12月面世。接着的几个月里,《1900年左右的柏林童年》中的小品文连续发表,不过用的是笔名。那既是所有人又不是任何人的回忆录。几篇短评在那年春天登在了《法兰克福报》文学副刊和《福斯报》(Vossische)上。但1933年初写的关于利希滕贝格的广播剧却没有播出。

德国在民族社会主义者的控制下。1933年1月30日希特勒当选总理。本雅明的许多朋友都准备离开德国。本雅明告诉肖勒姆有些地方他可以赚极少的钱,也有一些地方他可以过一种最简单的生活,但这两种地方并不在一处。[1] 不管发生什么,2月27日国会大厦失火是离开柏林的最明显信号。布莱希特和克拉考尔第二天就离开了。布洛赫几天之后也走了。布莱希特的匆忙出走使他没有被逮捕。厄恩斯特·肖恩则不那么幸运。本雅明的家乡成了一片空旷之地,或更糟,成了一片被封锁之地。菲利克斯·诺格拉斯写信给让·塞尔兹说他们共同的朋友本雅明几乎不敢出门。[2]

1933年3月17日,本雅明离开柏林去往巴黎。

---

[1] *GB*, IV, p. 163.
[2] Jean Selz, "Benjamin in Ibiza", p. 360.

第六章

隐姓埋名：1933—1937年

巴黎给本雅明和让·塞尔兹提供了临时的家。为了寻找廉价的生存，本雅明和塞尔兹于4月初回到伊维萨，途径巴塞罗那，在唐人街的酒吧里看了脱衣舞。[1]他在圣安东尼奥与诺格拉斯一家合住，4月30日写信告诉格莱泰尔·卡普鲁斯说他几乎没有机会和别人交谈。[2]5月1日他告诉朋友吉蒂·马克斯-斯坦施耐德（Kitty Marx-Steinschneider），除了散步，他唯一的消遣是读托洛茨基的《俄国革命史》第二卷。天黑后他还借助几根蜡烛的光亮读侦探小说，偶尔去咖啡馆写点什么，只是想听听繁忙的生命之音。[3]6月，塞尔兹居然搞到了鸦片，他们两人开始试验，脑中的概念和语言随着口中喷出的烟雾构成了奇异的形状，令他们着迷：城市变成构架，他们由此发明了"门帘学"；本雅明的俄国便帽成了"用长号果酱做成的一顶帽子"；那是"思想进入迂回闺房的起点"，那里，卡斯蒂利亚人的西班

---

[1]　Jean Selz, "Benjamin in Ibiza", p. 361.
[2]　*GB*, IV, p. 193.
[3]　*GB*, IV, p. 208.

牙语变成了"狗的形状"。[1]

本雅明以每月60或70马克的"欧洲最少开支"勉强过活，而这"最少开支"都来自他的写作、卖书、格莱泰尔·卡普鲁斯、阿多诺和拉德夫妇以及可以说服的任何人的捐助。他担心德国犹太人的命运，尤其担心仍然在柏林的斯蒂凡，他曾努力说服朵拉把他送到她弟弟维克托·凯尔纳家，但没有成功。凯尔纳已经定居巴勒斯坦。[2] 朵拉注意到间谍无处不在，便用教名给本雅明写信，告诉她将要采取的措施。[3] 在德国，关于时局的任何信息交流都严重受阻。关于她弟弟被德国社会主义工人党的冲锋队逮捕的谣言传到了本雅明耳中——3月12日，格奥尔格再次当选当地德国共产党的议员。他曾遭毒打，并被投入普勒岑湖监狱。[4] 戈培尔提出的新的新闻立法将剥夺本雅明仅剩下的一点点出版机会。[5] 本雅明抱怨说尽管他从未"在政治上冒进"，但他作为作家的活动半径已经缩小到极限，而更糟的是，他在伊维萨的生活切断了他与他的生产基地的联系，因为他没有建立任何新的联系，也不能分期付款购买新的书籍。[6] 笔名德特雷夫·霍尔兹（Detlef Holz）比逐渐消失的瓦尔特·本雅明名声更大——他用这个骗子的名字签署了给格莱泰尔·卡普鲁斯的信件。他用自己的署名给马克斯·霍克海默的社会研究院的《社会研究杂

---

[1] Jean Selz, "An Experiment by Walter Benjamin", in Benjamin, *On Hashish* (Cambridge, MA, 2006), pp. 147—155.
[2] *GB*, IV, p. 182.
[3] GeretLuhr, ed., *"was nochbegraben lag": Zu Walter Benjamin Exil. Briefe und Dokumente* (Berlin, 2000), p. 30.
[4] *GB*, IV, p. 202.
[5] *GB*, IV, p. 213.
[6] *GB*, IV, p. 228.

1933 年，在帕尔马·迪·马洛卡的瓦尔特·本雅明。本雅明 1933 年 7 月造访这座小岛，当时他住在伊维萨。他这样描写给格莱泰尔·卡普鲁斯的这张照片："你看，这是一张护照照片，是在马洛卡照的。还不算坏，但还没有达到终点，因为至今还没有收到柏林的回复。"(*GB*, IV, p.257)

志》写了《法国作家的现状》。

6 月，他搬到了较好一些的地区，找到一个年轻人当他的秘书。[1] 在给《法兰克福报》写的文章中他重谈施特凡·格奥尔格的话题："乔治为逃亡的一代人提供了最美最完善的诗歌。"[2] 回顾往事，本雅明谴责乔治的唯心主义，他"只规定无力的规则或行动方案，远离现实生活"，面对灾难时却无能为力。他也批判了分析乔治作品的那些人的狭隘框架——文学、宗教和精神。只有历史的观点，把乔治放在战争

---

[1] *GB*, IV, p. 247.
[2] *SW*, 2:2, p. 710.

的母体之内的观点,才能表达深刻的见解。通过这样的方法,批评家也许会认识到乔治的混乱动机是如何受到历史的决定的。8月,本雅明把稿子寄给了卡普鲁斯,但由于生存和工作条件的艰难,他不得不要求把稿子再寄回来,因为他没有副本。[1]他还得依靠卡普鲁斯的救济——她已经把本雅明看做"继子",是她另一个孩子阿多诺的兄弟。[2]

无论何时,只要可能,本雅明就溜进对以往的记忆之中。《福斯报》不断登载他以德特雷夫·霍尔兹的笔名写的回忆录,而在《法兰克福报》上则匿名或用"C.康拉德"的名字。他也为塞尔兹要把他的小品文合译成法文的计划而兴奋。7月,他患病了——不能行走,双腿由于炎热或营养不良而红肿,他离开家睡在"世界上最糟糕的垫子上"[3]——这时写了《凉亭》,这是他"给自己画的肖像"。[4]凉亭是阳台一样的至少半面透气的小房间,在他最初的城市回忆中被描写成"小木屋"[5]。随着这些记忆及其为周日的满足补充营养的幻觉逐渐消失或被滥用,这些小木屋便成了整个资产阶级的坟墓,(据阿多诺后来所说)资产阶级在"恐慌"中目睹了小木屋"正在分解的光晕",开始"意识到自身作为幻觉的存在"。[6]电话铃声,父亲做生意的工具,是"警报",不仅威胁到父母的午睡,也威胁到"给这种午睡提供

---

[1] *GB*, IV, p. 274.
[2] *GB*, IV, p. 251.
[3] *GB*, IV, p. 291.
[4] *GB*, IV, pp. 275, 290.
[5] *SW*, 3, pp. 345—346.
[6] Walter Benjamin, *Berliner kindheit um neunzehnhundert* (Frankfurt, 1950), p. 177.

保证和保护的那个历史时代"。[1]

1933年春秋之间的某时，本雅明写了一篇短文，题目是《经验与贫困》，思考了下一个历史时代的世界，给人以惊颤之感的战争世界。20世纪的战争释放了一种"新的野性"，乘马拉车上学的一代人面对的是经过改造的大地风景，陷入交叉火力和破坏的洪流之中。[2] 这不是悲悼过去，因为过去对于无财产者来说是无法过活的日子，而在杂乱窒息的室内养成的习惯也是难以维持的。[3] "抹掉踪迹！"本雅明不断重复布莱希特的口号，发明"新的、积极的野性概念"。本雅明呼吁人们诚实地记录这种新近被贬值的、技术化的和贫乏的经验：保罗·克利、阿道夫·卢斯（Adolf Loos）和乌托邦主义者保罗·谢尔巴特（Paul Scheerbart）和米老鼠（Mickey Mouse）。所有这些人都使用、滥用、嘲弄和利用了当代技术的残忍和动力主义。

在伊维萨，他再次恋爱，这次是荷兰画家安娜·玛利亚·布劳波特·谭·凯特（Anna Maria Blaupot ten Cate）。在一封信的草稿中，他写道："从你的相貌中可以看到使一个女人成为保护者、母亲和妓女的一切特征。你把一个角色转变为另一个，并给予每一个角色上千种形式。"[4] 8月12和13日，本雅明写了两个版本的秘密自传速写，也许是为新欢而写的。这两个版本都以《阿格希拉于斯·桑坦德》为题，其中一本送给了布劳波特·谭·凯特，作为她31岁的生日礼物。他把这位荷兰女性看做他珍藏的《新天使》的女性伴侣。

---

[1] *SW*, 3, p. 350.
[2] *SW*, 2:2, p. 732.
[3] *SW*, 2:2, p. 734.
[4] *GB*, IV, pp. 278—279.

他谈到他如何从赞美上帝的工作中抢劫了这位新天使,所以,上帝——利用本雅明的"土星星象,运转最慢的星球,犹豫和耽搁的星球"——派来了一位女天使,但却是通过"最曲折、最致命的迂回"之路,尽管他们两人曾经在不知情的情况下住过紧邻。然而,本雅明学会了忍耐,说他能够等待,直到他所爱的她落入"体弱、年迈、身穿破衣烂衫"的他的手中。他将等待幸福——"也就是说,独一无二的、新的、尚未诞生的狂喜与再次体验、再次拥有、再次活着的极乐相结合而促成的那种冲突"。[1]

他的病情好转缓慢。9月,他还在发高烧;来自朵拉的一封信说从他的笔迹她可以看出他有些不对劲儿。[2]他靠读一本论路德的书消磨时光,并在有生期间第5次或第6次发现从信仰的立场出发进行证实的意义。但是,正如他学习微积分一样,他的理解只持续几个小时,然后就消失多年。[3]1933年9月12日来自斯皮耶尔的一封信谈到那部侦探剧《帽子、外套、手套》的进展,这是他们合作的作品。下个月该剧将在纽约上演。[4]结果,钱将潮水般向本雅明涌来——根据与斯皮耶尔的一份合同,百分之十的上座率就等于5000德国马克——但斯皮耶尔建议直接交给本雅明,因为出版社负责稿酬的家伙是个"令人恶心的反犹太主义者"[5]。

1933年10月,本雅明回到巴黎,被诊断患有疟疾,必须服用奎

---

[1] *SW*, 2:2, pp. 714—715.
[2] Luhr, *"was noch begraben lag"*, p. 35.
[3] *GB*, IV, p. 290.
[4] 事实上,次年1月便开始演出,但演了13场后就关门了。1934年 RKO 将其改编成电影《帽子、外套、手套》,由于其虚构性而引来了批评。
[5] Luhr, *"was noch begraben lag"*, pp. 65—66.

宁，因为他断然拒绝了朵拉提出的在柏林照顾他的建议。朵拉认为对犹太人的攻击已经结束了，或至少现仅局限于政治上活跃的人物。但担心还是有的。她给本雅明的信都用密码说话，仿佛写给具有相当不同立场的第三党派一样："他（本雅明）从未亲自做过反对革命者（民族社会主义者）的事，但他确实有许多朋友是贵族（政治敌人），当然不敢确定。"[1]

在巴黎，本雅明几个月来第一次走进图书馆。与布劳波特·谭·凯特的爱恋结束了，但仍然保持着朋友关系，还在巴黎见到了她，是她的情人路易·赛利尔（Louis Sellier）陪她来的。11月，布莱希特来了，他们两人与玛格丽特·斯蒂芬（Margarete Steffin）一起住在福尔街的宫殿旅馆。本雅明和布莱希特计划写一系列侦探故事，而斯蒂芬则帮助他准备德国人文主义者信件的手稿，并以《德国的男人和女人们》为题发表。与布莱希特在巴黎度过的七个星期是愉快的。他们分别与克劳斯·曼（Klaus Mann）、克拉考尔、洛特·兰亚（Lotte Lenya）、库尔特·魏尔和汉斯·艾斯勒（Hanns Eisler）见了面。12月9日布莱希特走了，这座城市就仿佛死去了。[2]本雅明要埋头于工作，工作是他的救星，因为在移民中生活是难以忍受的，独自生活也好不了多少，而在法国人中生活是根本不可能的。社会研究院指定他做一项关于一位年迈的马克思主义者和收藏家爱德华·福斯（Eduard Fuchs）的研究，并评论哲学和语言社会学的出版情况。

布莱希特邀请本雅明冬天去丹麦度长假。在那里没钱也可以生活

---

[1] Luhr, *"was noch begraben lag"*, p. 36.
[2] *GB*, IV, p. 327.

得很好。那里比巴黎暖和，他说服怕冷的本雅明，而布莱希特的妻子海伦·维格尔曾计算过100克朗（相当于60德国马克或360法郎）就可以维持一个月的生活。此外，斯文堡的图书馆有各种藏书，还有许多其他诱惑——广播、报纸、扑克牌、炉灶、小咖啡馆、一种非常容易懂的语言，最重要的是，本雅明的一些书可以从那里寄出去。在丹麦，"世界比较安详地死去"[1]。

12月14日，报纸法开始在德国实行，强迫所有记者参加"帝国作家协会"（Reichsschriftumskammer）。本雅明想要参加，那样他就可以继续发表文章。[2] 他在寻找出口。1月，他把《1900年左右的柏林童年》的手稿寄给了赫尔曼·黑斯，他曾是少数几位对《单向街》感兴趣的人之一，希望这位作家能够帮助他找到出版商。黑斯的回复是，很不幸，他的影响越来越小了。[3]

另一个办法是在法国制造一个职业。1934年1月初，本雅明告诉格莱泰尔·卡普鲁斯他已经写出了第一篇法语文章，一个法国读者只发现了一个语法错误。他接受委托为阿尔弗雷德·库赖拉（Alfred Kurella）的周刊《世界》写一篇论巴黎的翻新者豪斯曼子爵的文章，这在两方面令他着迷：一是布莱希特对这个主题感兴趣，再就是这又使他回到了久已停工的《拱廊计划》上来。国家图书馆不是外借图书馆，所以本雅明每天从早到晚都待在阅览室里。[4] 他说那是"地球上最神奇的事"。在那里工作就仿佛身处一出歌剧的场景之中。唯一的遗

---

[1] Erdmut Wizisla, *Benjamin und Brecht. Die Geschichte einer Freundshaft* (Frankfurt, 2004), p. 98.
[2] *GB*, IV, p. 403.
[3] *GB*, IV, p. 335.
[4] *GB*, IV, p. 330.

憾就是图书馆6点钟就关门了——他声称这种安排是因为剧院的表演就在那个时候开始。[1]1月，他写信请求格莱泰尔·卡普鲁斯的帮助：

> 现在就那些拱廊文章我有一个小而奇怪的请求。由于需要无数张纸记下我的笔记，我总是用一种纸张，即正常的MK（马克斯·克劳斯）牌白信纸。现在我的库存已经用完了，但我又想让全面大量的手稿保持外观的一致性。你能否安排寄给我一些这种纸呢？[2]

夜晚是漫长的，孤独的。在不同的旅馆房间或短租公寓里，他读索姆赛特·毛姆（Somerset Maugham）的小说消磨时光。[3]

他很高兴得到了报酬。1934年2月，社会研究院发给他一笔稿费，120瑞士法郎，是为《法国作家的现状》和关于傅立叶和豪斯曼的评论文章的稿酬。此外，在短时期内，每月还有以色列联合阵线寄来的700法郎作为补充。3月，他又收到450法郎，是阿多诺、阿多诺的姑妈阿加斯和阿多诺的商人朋友埃尔斯·赫兹伯格（Else Herzberger）的社区奉献的。[4]那个月，他还与马克斯·霍克海默签了每月100法郎薪酬的合同。另外，社会研究院出钱把本雅明大半最重要的书运到布莱希特的丹麦别墅，等待着未来几个月里本雅明在那里的逗留。

他说生活又回到了拱廊计划上来——"不比我自己更红火的"微弱火花再次被对这个话题感兴趣的阿多诺重新燃起。[5]实际上，到

---

[1] *GB*, IV, p. 365.
[2] *GB*, IV, p. 330.
[3] *GB*, IV, pp. 375, 377.
[4] *GB*, IV, p. 373.
[5] *GB*, IV, p. 365.

3月末，本雅明宣布他已经把现有的资料临时分成了几章。为提高声誉，他宣布就"德国先锋派"做五个系列讲座，要听完完整的五个讲座，听者必须买票。第一个讲座讨论德国读众，其余的将按体裁论述典型的个人：卡夫卡和小说，布洛赫和散文，布莱希特与戏剧，克劳斯与新闻。[1] 他把注意力转向第一个讲座——现在主题已经变为"当代德国文学中的政治潮流"。讲座将在私下的、非常庄重的地方举行，听众都是请来的客人，这个地方的主人是名叫让·达尔萨斯（Jean Dalsace）的一位妇科医生，但主人突然病倒，讲座被取消。

4月28日，本雅明对克劳斯·曼（Klaus Mann）说他在法西斯研究院做了一个题为《作为生产者的作者》的报告，并提出希望为他的杂志《文集》（Die Sammlung）写稿。[2] 本雅明认为这篇演讲与他论布莱希特戏剧的稿子构成互补，指出那些力量——布莱希特，特莱雅科夫（Tretyakov）——已经改变了艺术形式，因此，那些革命作家都成了生产机器的"工程师"，而不是供应商。这台机器接着被公众所使用，而不是被消费。[3] 这不是用艺术表现革命主题的问题，而是努力说服革命作家，让他们相信生产和接受的形式问题才是关键的政治问题。他对曼提出要求，他发表的任何作品都必须题献给O. E. Tal，这几个字母反过来读就是拉丁文的lateo。曼不接受这个讲座，而那个笔名也恢复了正常的意义："我是隐蔽的。"

那个月，他给卡尔·提姆（Karl Thieme）写了一封信。提姆曾在一篇文章中提到了本雅明的著述，本雅明在信中表达了一个自感渺小

---

[1]　*GB*, IV, p. 362.
[2]　当天，本雅明告诉阿多诺讲座结束了，但还要继续做。*GB*, IV, p. 402.
[3]　*SW*, 2:2, pp. 768—769.

的人的谢意。

> 我作为著述如此分散的一个人,对于现状不再抱有重整幻觉、东山再起的一个人,对能够在我书写的断片中以一种或另一种方式感到宾至如归的读者,表示真诚的谢意。[1]

本雅明的著述继续招致肖勒姆的批评,后者质问本雅明论法国作家现状的文章——"那是否针对共产主义信条?"本雅明回答说他的共产主义不是一个信条,只不过是他思想和生活中"某些经验的表达"。这"从根本上而非毫无效果地说明,在当下不可能通过追求知识获得生存和空间"。他声称这是挪用他的生产工具来索取权利的一个人的"合理尝试"。尽管这种尝试"没那么邪恶",但比起他们周围的邪恶来也就"更不显得那么邪恶了"。[2]

他让肖勒姆看看卡尔·克劳斯1920年11月是如何回驳一个女房东的。她曾经嘲笑和批评克劳斯对共产党员罗莎·卢森堡的肯定态度。1919年1月卢森堡被暗杀。克劳斯在他的杂志《火炬》(*Der Fackel*)里苛刻地声明,让共产主义的实践见鬼去吧,但上帝应该保留"其比较纯洁的理想目标",那是悬在"财产拥有者头上的持续不断的威胁",这些财产拥有者向他们的"牺牲品"宣传道德,却让他们身患性病,送他们去战场。共产主义的存在至少可以给这些人带来梦魇,毁掉他们的厚颜无耻,打碎他们的信心。对本雅明来说,共产主义信条——

---

[1] *GB*, IV, p. 394.
[2] *GB*, IV, p. 409.

如果非得这么称呼不可的话——据理为行动留有余地。本雅明指出布莱希特固然重要，但卡夫卡也同样重要，因为他并没有占据共产主义所据理争夺的任何位置。他告诫肖勒姆促动犹太杂志《评论报》(Rundschau)发表一篇论卡夫卡的文章，纪念他逝世十周年。[1] 肖勒姆成功了。他也可以在其他方面给以帮助。在6月初的一封信中，本雅明问他是否知道耶路撒冷大学能为他的古装版弗兰茨·埃克斯福·巴德尔（Franz Xaver Baader）选集出多少钱。

论卡夫卡的文章使本雅明到6月中旬才重拾布莱希特。展望未来于傍晚一起下棋的情景，本雅明对布莱希特谈起了中国的棋盘游戏。石子不动，而是填满原本空空的棋盘。这可以与布莱希特的《圆头和尖头》相比——每个人物和配备都放在右边，从那里开始战略进攻。[2] 格莱泰尔·卡普鲁斯开始担心布莱希特对本雅明的影响了。本雅明同意在他生存的"经济"中，一些关系的确把他改造成了自己的对立面，而他的朋友们总是表示抗议。他所能问的只是，尽管有危险，但他的朋友们应该看到这些关系的土壤是多么肥沃呀。他抗议说在所有人中，卡普鲁斯应该知道他的生活和他的思想"都在极端的位置上运动"。[3] 这封信还谈到了另一种影响：他尝试了一种致幻剂，是与共产主义者神经学家弗里茨·弗兰克尔（Fritz Fränkel）一起尝试的，那是一个"产生重要见解的夜晚，尤其是对紧张症的一种心理释放"。[4] 外部刺激造成的紧张症是一个方面；达到接替程度的感觉过度

---

[1] *GB*, IV, p. 410.
[2] *GB*, IV, p. 427.
[3] *GB*, IV, pp. 440—441.
[4] *GB*, IV, p. 442.

则是另一方面。本雅明观察道:"颤抖的时候,肌肉模仿网的网眼。但网是世界之网:整个宇宙都在它的笼罩之下。"[1]

布劳波特·谭·凯特与丈夫赛利尔住在普罗旺斯,常常来信唠唠家常。本雅明曾建议他们重温旧好,但遭到了凯特的激烈反对。[2]6月中旬,他出发去丹麦的斯科夫波海滩(Skovsbostrand)。他在离布莱希特乡下房子不远处的一栋房子里租了一个房间,准备在那里与书和朋友们共度一段时光。布莱希特家里有全套的社会民主杂志《新时代》(*Die neue Zeit*),这是老式社会民主的最重要杂志,对它的研究使得本雅明对其文化政治和文化指向进行了分析,而爱德华·福斯就属于这个文化环境。在给为逃往知识分子提供财经资助的丹麦委员会的一封信中,本雅明概述了他的出版计划:他提到他如何设法在巴黎求得生存,但是法国太昂贵,而他不再在德国发表任何文章了,尽管他不属于任何政党;他提到弟弟的被捕,从1933年4月到12月一直被拘留在太阳堡(Sonnenburg)集中营,受尽折磨。本雅明没有任何财产,只有一个活动图书馆。[3]

他对肖勒姆抱怨说,由于用最后的积蓄把巴黎的图书运到丹麦,他已经分文无有,完全依赖布莱希特的慷慨了。[4]但丹麦提供了一个工作的好场所——为《新法语杂志》写的一篇论母系社会理论家雅各·巴霍芬的文章是此时工作的重点。还有论卡夫卡的文章,以回应沃纳·克拉夫特、肖勒姆和阿多诺等对第一个打字稿的评论。世界政

---

[1] Benjamin, *On Hashish*, p. 95.
[2] Luhr, "*was noch begraben lag*", pp. 150—152.
[3] *GB*, IV, pp. 448—451.
[4] *GB*, IV, p. 461.

治是在布莱希特家讨论的"前沿问题"。[1] 本雅明就改善德国现状所持的"谦虚的乐观主义"随着夏天的缓缓度过而破灭了。[2] 北部的沉寂被来自德国的广播所打破。1934年7月，本雅明第一次听到了希特勒演讲的声音，证明镇压罗姆政变（Röhm Putsch）和实施"新的国防措施法"的合理性。广播使世界史在"世界上最遥远的地区"的发生成为可能：本雅明从第一时刻起就追踪奥地利7月政变的局势，他是偶然调到了维也纳的一家广播电台时得知的。[3] 他听说朵拉将离开德国去往意大利，因此松了口气——她还邀请他去圣雷默的一家旅馆住一段时间，朵拉在那里找到了工作。南方再次成为一个展望。夏天里的散步和沐浴等活动并不在布莱希特-维格尔的日程中，而本雅明怀念这些活动。8月，他告诉安娜·玛利亚·布劳波特·谭·凯特，在北方的气候下他睡得很晚，梦也非常清晰，充满深情，不断重复。他梦见布莱希特和维格尔变成了两座塔和大门一样的建筑，在一个镇子中晃来晃去。[4]

9月，他告诉霍克海默，他在为《新时代》写一篇《文化科学和文化政治概述》。他迫切地要展示"集体的文学产品如何特别适于唯物主义的处理和分析，实际上，只有这种处理和分析才能进行合理的评价"。[5] 他需要在丹麦再待一段时间来完成这篇文章。但布莱希特——他的棋友——去往伦敦常住了，与朋友汉斯·艾斯勒合写一出戏，计划一些演出，所以该是离开的时候了。值得警惕的是，本雅明

---

[1] *GB*, IV, p. 466.
[2] *GB*, IV, pp. 475—476.
[3] *GB*, IV, p. 500.
[4] *GB*, IV, p. 482.
[5] *GB*, IV, p. 499.

从埃尔斯·赫兹伯格等赞助者手里获得的捐助受到了威胁。9月24日生效的新德国货币法意味着，生活在海外的德国人如果不被特殊的政府部门所认可就不能获得支付的款项。论卡夫卡的文章写完了——或至少搁笔了，这样，其结果就能在他开始注解和修改自己的文章之前发表。1934年10月，本雅明告诉阿尔弗雷德·科恩说他的系列文学文章也结尾了。发表这些小作的机会几乎等于零，所以他决定转向大的项目。他最想要做的大项目就是波德莱尔和拱廊街，但那对他来说没有别的选择，只有留在巴黎，而他又无法支付长期的居住费用。[1] 10月17日，他离开丹麦"冰冷的房间"，只在巴黎短暂逗留了几天。[2]

那个月，霍克海默也没有提出给本雅明来美国工作一两年的机会，当时社会研究院设在纽约。本雅明没表示反对。他宁愿住在巴黎继续他的研究，但向霍克海默抱怨说他的贫穷使他无法继续下去。在冬季寂静的季节，他搬到了朵拉在科特达祖尔的客房。[3] 他见到了斯蒂凡，在回柏林上学之前也来这里住了几天，否则的话，这里的生活将是孤独乏味的——他告诉克拉考尔，这是一个宁静的港口，几乎没什么可以汇报的。[4] 每天晚上9点半上床，靠读侦探小说自娱。为了逃避圣雷默的无聊，他去了尼斯，那里的咖啡馆、书店和报摊要多得多。朋友们现在都在四面八方，失去了联系。布莱希特和布洛赫沉默了。缺钱也使他无法联系更多的委托稿件。他向霍克海默抱怨说尽管研究院定期发给他薪酬，但还是付不起去附近小镇与《南方杂志》的

---

[1] *GB*, IV, p. 509.
[2] *GB*, IV, p. 516.
[3] *GB*, IV, pp. 520—522.
[4] *GB*, IV, pp. 530—531.

1934/35年冬季圣雷默为难民提供的避难所

编辑会面的旅费,布劳波特·谭·凯特和赛利尔翻译的一篇"极为概括的"[1]《马赛的大麻》将于1935年1月在那里发表。[2] 本雅明后来对阿尔弗雷德·科恩说,去年冬天他想获得犹太福利机构的帮助,但没有成功。他抱怨说他们不过是以别的方式继续法西斯的——斯特雷切式的——政策。"如果犹太人只依靠自己和反犹太主义者,他们就不会有许多幸存者",他宣告说。[3]

---

[1] Luhr, *"was noch begraben lag"*, p. 138.
[2] *GB*, V, p. 21.
[3] *GB*, V, p. 103.

在德国，本雅明的著作最后以匿名发表。12月6日，《法兰克福报》发表了《守时》。文中，本雅明回忆了他的第一次广播演讲。他准备并练习一次20分钟的演讲稿。严格遵守分配时间的必要性在文中得到了最有力的说明。他开始读"为人类技术和为控制技术的人类所设计的这间广播室"。[1] 在背诵期间他瞟了一眼时钟，惊恐地发现他已经拖延了。在这个最现代的房间里，本雅明感到了"与最古老的恐惧相关的一种新恐惧，也是我们都已熟悉的恐惧"。他略过几页，急促而含糊地要结尾。他又瞟了一眼时钟，却发现仍然有四分钟的时间呢。他把分针和秒针搞混了。他陷入了死一般的沉默，最后终于设法从口袋里拿出了那份讲稿，选了一页，开始阅读。讲稿很短，所以他一个音节一个音节地读，拉长他的r音，句子之间也留出了供沉思的空档。第二天，一位朋友反馈说广播讲话"很好"，但接收器很不稳定，几乎有一分钟的时间没有接收到。人类与技术的关系，新的恐惧与新的可能性之间的关系，是1935年末突出的主题，此时，本雅明把注意力转向了"技术复制时代的艺术品"。

与此同时，本雅明不惜一切代价争取各种主题的写作任务。论巴霍芬的文章是他于1935年2月用法文写的第一篇文章。他为克劳斯·曼的《文集》写了论布莱希特的《三角钱小说》的文章。他为社会研究院写了语言的社会学。对当代语言学倾向——布赫勒、皮亚杰、帕杰特、维果茨基、马尔、卡纳普等——的追踪研究讨论了仿声学的优点和原始语言的习得；姿态语言；耳语的意义；语言与物质文化的关系；儿童语言习得的社会语境和语法先于逻辑的位置。

---

[1] *GS*, IV:2, p. 763.

圣雷默提供了反思最近的过去的空间。移居伊维萨的最初几年离现在越久,就越显得光辉,他写信给阿尔弗雷德·科恩说。[1] 他回忆说在那里他7点半起床,去海里沐浴,找到了一处无法接近的森林。他会坐在苔藓垫上,早饭前读读卢克莱修。但旅游的热情在一个求生存的地方成了一种强化的逃亡。他通过历数过去两年里犯过的错误和失败来度过时光:"微弱的安慰"就在于最初但并不总是最后的先决条件。[2] 在那两年里,他做了许多好事,但他感到当没有人对他那些成就感兴趣的时刻很容易就会到来。实际上,他对拉西斯说,甚至他也不再对那些成就感兴趣了。[3] 当得知本雅明来布莱希特家住时,拉西斯又恢复了与他的联系。除了这些成就外,还有一些劣质产品。3月,"德特雷夫·霍尔兹"在《法兰克福报》上发表了描写尼斯狂欢节的速写。那是一篇"不可靠的文章",作为"生存斗争的一部分"几乎不可饶恕。[4]

朵拉的母亲出现了,这打乱了要在圣雷默住到5月份的计划。2月末他突然离开去了摩纳哥的一家旅馆。来自拉西斯的一封信说她要在苏联给本雅明找个位置的努力没有成功。他感激地发现人们总是愿意在他心中燃起希望的火花,但只是为了再扑灭这些火花。[5] 他曾幻想过搬到莫斯科,在大街上和拉西斯并肩散步,她的后面将拖着驯鹿的皮毛。当时已是著名的辐射专家的埃贡·魏新就在莫斯科的一家癌症研究院找到了工作。本雅明开玩笑说如果他在六个月内不给他找到工

---

[1] *GB*, V, p. 36.
[2] *GB*, V, p. 36.
[3] *GB*, V, p. 54.
[4] *GB*, V, p. 62. In *SW*, III, 25—31.
[5] *GB*, V, p. 54.

作，他就永远不和他说话了。

2月，霍克海默答应把社会研究院给他的月薪提高到500法郎。4月，在尼斯的旅馆里，也就是三年前他准备自杀的地方，他写了一封信，向霍克海默强调他的工作尽可能紧密地、有成效地与研究院联系在一起。[1] 本雅明需要建立关系。评论布莱希特的《三角钱小说》的文章被退了回来，因为他想要从克劳斯·曼要更高的稿酬。接着，论巴霍芬的文章也遭到了拒绝。

本雅明渴望去巴黎。只有在那里，他才能继续为研究院的杂志写论福斯的文章。他曾希望与妹妹同住，但她病了，只有一间屋子，靠白天照顾五个孩子维持生计。他在蒙帕纳斯的丹佛-罗切洛广场的弗罗日多旅馆订了一个房间。一到巴黎，他就见了弗里德里希·波洛克（Friedrich Pollock），研究院的一个主任，这次会见不但加倍了那个月的工薪，而且坚定了研究《拱廊计划》中的几个主题并由研究院发表的冲动。[2] 他向阿多诺讲了他的计划，先写一个总体说明。[3] 5月，他在一封信中告诉阿尔弗雷德·科恩，说几年的干扰过后，他又回归"巴黎拱廊"的项目，因为七八年前开始的工作从未认真的继续过。

> 现在有了对这个项目的总体说明，能使人看到这本书的实际特征。当然，这本书能否写出来，这比以往更令人怀疑。唯一确定的事就是我比以前更加确信它将与论巴洛克的书同等重要。"巴黎拱廊"这个

---

[1] *GB*, V, p. 73.
[2] *GB*, V, p. 96.
[3] *GB*, V, p. 77.

旧标题不用了。现在这本书叫《巴黎，十九世纪的都城》。[1]

1935年的总体说明穿行于城市建筑结构与和这些结构相关的人物之间：傅立叶或拱廊；达盖尔或全景画；大度假村或世界博览会；路易-菲利普或内政部；波德莱尔或巴黎街道；豪斯曼或街垒。其他促成这个项目的两极张力包括商品拜物教与把物品从"有用性的差事中"解放出来的收藏者；艺术的陈旧和提倡与技术相对抗的"为艺术而艺术"；作为资产阶级私有宇宙的内室与漫步者和妓女闲逛的街道；豪斯曼的城市规划与它强烈否定的巴黎公社。在本雅明从数百本书中洗练出来的这些历史数据中，浸透着方法的冲动。

他以评论的口吻结束了这篇说明：巴尔扎克第一个谈到了资产阶级的废墟，但无拘无束地凝视资本主义生产力的发展所留下的那片瓦砾的则是超现实主义。变成废墟的物质直面的是辩证思考，这对本雅明来说是给"历史觉醒"起的名字。一种觉醒的意识在详细审查"一个梦幻世界的残余"，这个梦幻世界的形式就是拱廊和内室、展厅和全景画。[2] 就想象而言，物质、自然、艺术和人类的解放与被商品形式的奴役齐头并进。这些空间，这些物，和"集体意识"一样，都与传统割裂开来，在对所有社会产品的任意回应中，"既要克服又要改造社会产品的不成熟性和社会生产组织的不完善性"。[3] 无阶级社会的乌托邦，在集体无意识和原始过去的记忆中储存的乌托邦踪迹，"在生活的上千种组合中，从永远矗立的大厦到转瞬即逝的时尚"，都留

---

[1]　*GB*, V, p. 102.
[2]　*AP*, p. 13.
[3]　*AP*, p. 4.

下了积淀。[1]

首先使阿多诺感到惊奇的是,本雅明竟然把说明中的素材看做是研究院可能发表的东西。研究院进行的是历史和社会学研究。本雅明的项目,如格莱泰尔·卡普鲁斯所坚持认为的,将是"伟大的哲学著作",本雅明的"真朋友们"都在耐心地等待着它的出版。[2] 此外,阿多诺担心布莱希特的影响会波及这部著作。5月31日,本雅明在回应时说,他过去一次只能读两三页路易·阿拉贡的《巴黎农民》,因为他的心会剧烈地跳动,所以不得不放下书。关于拱廊的笔记就是从那时候开始的。然后是柏林岁月,他与黑塞尔的许多谈话滋养了这个项目——也就是在那时,他想到了副标题"辩证美景"。最初作为报纸文章构想的这个项目在当时还只是一只狂想曲。接着是在法兰克福与阿多诺的讨论,尤其是在公园里那间"瑞士小房子"里的一次"历史性讨论"。他还回忆起另一次重要的讨论,参加者还有拉西斯、卡普鲁斯和霍克海默。"狂想的天真"结束了,但新的构型还没有发现。就在那时,本雅明的"外部困难"开始了,结果竟然是天意,这就是他所喜欢的一种耽搁的、拖延的方法。接着"是与布莱希特的决定性邂逅——随之而来的还有这项工作之全部艰难的最高点"[3]。这是这项工作的另一个步骤,几个步骤中的最后一个,而且他确信他不会接受布莱希特的任何"指点"。他就此结束了这篇说明。

夏末,本雅明接到了研究院给他的双倍工薪,这样他就能够在完成论福斯的长文之前开始《拱廊计划》了。他希望巴黎研究能够使他

---

[1] *AP*, pp. 4—5.
[2] *GB*, V, p. 96.
[3] *GB*, V, p. 97.

"在研究院的思想和物质经济中找到一个席位",因为他当时可以把这个项目扩展成"鸿篇巨制",因此可以顺延增长的工薪。[1] 他恳求阿多诺给予支持。读了说明后,阿多诺非常积极,6月5日即刻给予答复,但他仍然对一些方法问题持保留意见。首先,他认为本雅明对商品的定义不符合不同历史时期之间的差异。第二,他不赞成用"集体无意识"这个术语,因为它并未融入阶级意识。本雅明当时把这些问题放在了一边,但他坚持说即使这个项目有与马克思主义相左的地方,那也是某种新的尝试,也就是"真正以和谐的视角放弃历史的唯心主义形象"。这样一种努力有利于马克思主义的历史编纂,而这就是他把阿多诺的评论也融入了笔记之中的原因,即1932年8月16日阿多诺在一封信中所说的"对最近的过去的灾难性毁灭"。[2] 本雅明的历史是从毁灭的视角讲述的历史,包括对旧模式的毁灭。纯化他对马克思主义的理解也是那年夏天的任务。他告诉阿多诺他已经开始攀登那座灰色的险峰,马克思的《资本论》第一卷。[3]

6月21—25日,巴黎举办了国际作家文化保护大会,会议是由安德烈·马尔罗(André Malraux)、路易·阿拉贡、安德烈·纪德和让-理查·布洛赫(Jean-Richard Bloch)组织的。数百名知识分子、作家和艺术家聚集一堂,讨论反抗法西斯主义的文化阵线。本雅明参加了会议,见到了布莱希特,"这次事件中最令人高兴的——几乎是唯一令人高兴的事儿"。[4] 本雅明享受着与不同作家的"面相式结交"。会

---

[1] *GB*, V, p. 108.
[2] *GB*, V, p. 109.
[3] *GB*, V, p. 111.
[4] *GB*, V, p. 129.

议的文化政治价值似乎被忽略了。拉西斯用笨拙和满是拼写错误的德语用本雅明的批评批评本雅明。她不满地说,甚至布洛赫也写了一本反法西斯的书,尽管很水。她在会议上没有听到本雅明发言,嘲笑他的"孤立":"甚至法西斯主义也未能把你唤醒,即便它已经使一些聋子听到了声音——反对神秘主义的声音。"(此处"神秘主义"错拼为 misticism——译注) [1]

6月30日,德特雷夫·霍尔兹或本雅明用其他笔名写的最后一篇文章在德国问世。《作为问题的普遍接触》在《法兰克福报》文学副刊上发表,是对赫曼·施耐德(Hermann Schneider)的席勒研究的批判。施耐德想要把在现代读者眼里已然陌生、乏味、苍白的一位作家再度流行起来。按本雅明的估计,他失败了。通俗科学起了作用,本雅明声称,它让读者看到了革命的、"先锋的"立场。在1859年的庆典上,德国资产阶级发现了席勒——把他从魏玛王宫里隔离出来——试图造就一位真正流行的人物。[2] 然而,第三帝国的德国并没有等待席勒。

7月,本雅明的妹妹外出,他搬进了她在巴黎的公寓。两年来他一直住在旅馆和有家具的房间里,现在他喜欢这种在"隐居房间"里的感觉。[3] 几个星期来他主要在图书馆里工作,直到没有别的选择而必须完成福斯文章的时候。[4] 那年夏天,巴黎几乎没有朋友。许多移民也都凑几个钱一起出去度假了。还有一些人他宁愿与其保持距离。本雅明怀疑布洛赫和克拉考尔偷窃他的思想,拒绝在他们面前谈他的

---

[1] Luhr, "was noch begraben lag", p. 209.
[2] *GS*, III, p. 451.
[3] *GB*, V, p. 132.
[4] *GB*, V, p. 136.

想法。[1] 但也有一些愉快的消遣。比如，让·德·布伦霍夫（Jean de Brunhoff）的大象巴巴的出现使他极为高兴，他还推荐《法兰克福报》的时尚记者海伦·黑塞尔（Helen Hessel）研究巴黎时尚工业，并计划参加一些时尚展览。[2]

8月2日，阿多诺就本雅明的总体说明的详细批判稿寄来了。[3] 阿多诺从黑森林扩展了他对本雅明已经做出的批评，就若干问题质疑本雅明的历史准确性。本雅明的名言之一"每一个时代都梦想着它的后继者"，是所有错误的结晶。这个"非辩证的"句子意味着本雅明的辩证形象这个关键的方法比喻不过是意识的产物，未分类的集体意识中的梦的影像，它想象着未来的乌托邦。现代性的黑暗面丢失了。天堂以及地狱的神学视野，阿卡迪亚和地下世界妥协了。阿多诺还加了一句："每一个时代都梦想它曾经被灾难所毁灭。"但是，阿多诺注意到，辩证形象的力量太强大以至于不可能保持梦的比喻。辩证形象——比如商品拜物教——生产了意识，而非仅仅是"实在的意识"。阿多诺不同意本雅明把格兰维尔用作乌托邦形象，那里的铸铁阳台环绕着土星，非常适合夜间闲逛。本雅明则用乌托邦形式呈现宇宙商品化的形象。自然，超越人类规模的宇宙自然，显然也没少参与时尚。

阿多诺提醒本雅明在自传文章中对月球的那些相当不同的思考。月光令儿时的本雅明错位，把他置换到另一个现实之中。月光下，他的房间变成陌生的了，他的自我被异化了。月光使他焦虑，而月亮唤起的那种陌生感使他无法"思考世界"。在柏林回忆录中，本雅明讲述

---

[1] *GB*, V, p. 138.
[2] *GB*, V, p. 133.
[3] 重印于 *SW*, 3, pp. 53—63.

了童年结束时做的一个梦。一天,月亮出现在柏林大街的上空。他和家人站在一个铁阳台上。圆月突然扩展开来,向地球猛扑过来,最后把地球撕为两半。家人站立的铁阳台粉碎成数千块,他们的身体变成了粉末。这对本雅明是个交叉点。醒来时,一切都发生了变化,而对月亮的恐惧从那时起就伴随着他的余生。[1] 世界吸纳了月亮和它的能量,它的主权被粉碎了。这就是阿多诺想要的星际阳台,迫使凝视者参与宇宙颤抖和黑色现实的那种阳台。铸铁阳台将成为土星的光环,而不是相反,那等于是对宇宙经验的庸俗化。

本雅明没有马上对这些批评予以详尽的解释。他意识到不久的将来需要写一系列的信件和一次会面。但他争辩说这份说明不是计划的第二稿。而恰恰是计划的"另一"稿:把现代性视为地狱的观点仍然是有效的,因为以谈话和信件表达的第一稿构成了这份说明的反主题。格莱泰尔·卡普鲁斯放心了,因为她担心的是怕在说明中找不到瓦尔特·本雅明的手。本雅明反驳说他有两只手。他告诉她,他14岁在豪宾达上学时,曾苦练用左手写字。[2] 他还对卡普鲁斯讲了迫在眉睫的变化。他妹妹要回来了,他需要新的住所。

10月1日,他与乌尔塞尔·巴德在第14大街住了下来。巴德是在巴黎做秘书工作的一位年轻柏林女士。10月9日,他向卡普鲁斯暗示了对当代艺术现状的新的探讨,这是由对19世纪的研究联想到的。他说他已经找到了19世纪的那个只有"在现在才可见"的方面。[3] 过去留下了孔洞,现在的某些时刻能发现它们,并将其当做自己时代的孔洞。

---

[1] *SW*, 3, pp. 406—407.
[2] *GB*, V, p. 151.
[3] *GB*, V, p. 171.

这是他第一次提到《技术复制时代的艺术品》的主题。他还对弗洛伊德论传心术和精神分析的一篇文章感兴趣。那是可以接受的，但更重要的是，它深化了本雅明在《论模仿能力》中的主题，即心灵感应的交流形式先于语言。[1] 在讨论"伟大的昆虫社会"的共同目标时，弗洛伊德说它们在没有语言和言语的情况下交流。这种非语言的交流模式，弗洛伊德暗示说，可能就是"个体之间原始古老的交流方法"。人类语言在"系统发育进化的过程中"取代了这种方法，但是"古老的方法会在背景中持存，在某些情况下也会发生作用"。[2]

10月16日，本雅明写信给霍克海默谈到他作为转租者与移民住在一起的痛苦环境。霍克海默曾经就那篇说明给予他热情鼓励。本雅明要求通常给予法国知识分子的一顿免费午餐，但只能是在他不去图书馆的日子里，因为图书馆离那里太远。他没有钱更新身份证，也不能参加外国新闻组织，但他兴奋地说起了他的新作。他在提出一种"唯物主义艺术理论"，"在当下的准确位置"找到了他的历史建构的"没影点"。艺术决定命运的时刻到来了，而他的新作试图"内在地"概述这个时刻的意义，"避免所有突然的政治指涉"。[3] 11月，他写信给布劳波特·谭·凯特，说他的房间很小，但很舒适，甚至有一个浴室和一个电话，这是移民生活中罕见的。正是这个房间激励了他的研究，转变了他的兴趣。如果《拱廊计划》包含了从过去搜集的无数细节和事实，那么，关于艺术在机械复制时代的那些思想就代表了这项研究

---

[1] *GB*, V, pp. 171—172.
[2] 这是一篇相关文章叫《梦与神灵学》，弗洛伊德的《精神分析学新解》第30讲，Pelican Freud Library, vol. 2 (Harmondsworth, 1977), p. 86.
[3] *GB*, V, p. 179.

的另一面，即阐明充斥于现在的一些"沉重巨大的砝码"。[1]这一年的其余时间他都用来写第一稿。

本雅明明白文化以两种方式进行技术复制。首先，这指的是对"伟大的艺术"进行明信片式的再现，用书和杂志中的插图，以及广告画的再现：容易得到的拷贝，随时拿在手里、剪辑或放在观者的环境之内。对艺术品的某种经验，以前只有能够去置放艺术品的地方的人才体会得到，现在却可以人人拥有——艺术的拷贝。这就好比艺术经历了印刷术给文字带来的那种进化。其次，技术复制是相对较新的文化形式——电影和摄影——的一个方面。电影和摄影是自成一体的文化生产的机械形式，它们的出现对原创性和独特性具有重要意义，而这两个概念却是传统艺术理解中的关键。摄影和电影不具有原创性。从底版的每一次复印都与它之前的或之后的复印一样"出新"。电影的每一卷胶片都与同一部影片的其他胶片具有相同的权威性。从原带的每一次录制都具有相同的有效性。独一无二的原创客体要么趋于无关紧要，要么彻底消失。

本雅明坚持认为，这些发展导致了他所说的艺术的"光晕"的消散。他观察到，独一无二的、有作者签名的艺术品能够散发出一种特殊的在场和效果，近乎于魔幻的或神秘的体验。艺术的光晕是粘着于高级艺术品的一种光，使其不可触摸，不可接近，成为极具价值的天才艺术品。具有晕光的艺术品剥夺了观者的权利，使观者成为有足够特权与艺术品进行独特交流的个体。它们迫使观者进入被动观看的位置，去消费天才提供的景观。本雅明论证说，这种"光晕"的衰败——

---

[1] *GB*, V, p. 199.

大众生产的快乐的副产品——为大众对艺术的新的挪用敞开了大门。

技术上兴起的打破距离,把艺术、数据和资料置于大众可接触的范围内——为大众所用和操控——就是《技术复制时代的艺术品》勾勒的最大希望。新的艺术形式"在半路上"遇见观者,走出黑暗的壁龛,走出艺术馆,摆脱特定时空的限制。在技术复制的时代,艺术至少在潜在的意义上摆脱了传统的空间;实际上,艺术同时既分解又增多了。按照本雅明讲的艺术命运的故事,到1900年左右,艺术有机会摆脱魔幻、仪式和宗教及其现代形式的束缚,或者被驱逐。到1900年,照相的技术复制已经臻于成熟,吞噬了以前各种艺术的影像,生发出自己独特的形式。也是在那个时候,法国摄影家阿特杰为摄影构筑了一个荒芜的主题,打破肖像画的伤感主义,而记录客观世界的空间。技术的艺术形式浮出地表,因为这是居住在技术化世界上作为母体的大众所要求的。

观众对文化的去魅式挪用以电影——一种集体生产和集体消费的文化形式——为最佳体现。以一种比较随便的方式看待艺术品,在不同的环境中看待艺术品,并越来越多地通过新闻喉舌看待艺术品,观众学会了操控它们,批评和评价它们。这并非没有矛盾。本雅明敏锐地意识到了文化生产在资本主义财产关系内部如何限制了文化的进步和民主潜力的。比如,好莱坞的明星制度就试图重置产品面前的畏惧感。本雅明结论说,正是反革命派,纳粹分子,最充分地利用了现代大众媒体形式,比如广播和电影。明星制度和资本积累重设了观众与电影之间的障碍,而纳粹的宣传片试图用谄媚的"光晕"的英雄之光美化希特勒和他的朋友们。在广播和电影中如在政治中一样,通过机器的新型选举正在启用——发声正确、面貌美观和展示技巧娴熟的人受到青睐。这种情况的受益者成了冠军、明星和独裁者。但是，与此同时，谢尔盖·爱森斯坦（Sergei Eisenstein）的工人电影和查理·卓别林（Charlie Chaplin）与技术和权威的斗争都表明，电影至少具有生产一种批评的、以政治为基础的文化的潜力。

承认卓别林和通俗电影——如在论米老鼠文章的初稿索引中所表明的——极为重要。本雅明的承认绝不是什么先锋艺术的宣言。写作《艺术品》时他在给卡普鲁斯的一封信中回忆的一部影片是1933年的《爱丽丝漫游奇境》，是他读过的少数几部英文书之一，也读过其法文和德文版本。[1] 他称这部影片是"一件稀罕之物"，由加里·库珀扮演怀特·奈特，卡里·格兰特扮演素甲鱼，W.C.菲尔德扮演汉普蒂·邓普蒂。影片产生了丰富的特殊和视觉效果，其海象和木匠系列由马克斯·弗莱彻尔（Max Fleischer）做成了动画。这部影片吸引了超现实主义者和大众。它提供了有别于现实的可供选择的、破坏性的和分析式的前景。

本雅明文章的结尾一转此前的乐观口吻——技术时代艺术的全部潜力在民族社会主义者的技术神秘主义和阶级暴力面前全部蒸发了。在"跋"中，本雅明断言法西斯分子通过没有实质内容的表征反映了大众社会；他们也参与了技术现代性。但是，如他在开头的论题中所说，法西斯分子和反动派不可能参加他对技术现代性的讨论。在纳粹的电影文化中，大众得到了表现，但不是自行表现的。在效果上，他们表现了自己——他们给人一种在场的印象，但他们并未在场。他们在形式上得到了"再现"，但不是以任何有意义的方式得到政治的再

---

[1] *GB*, V, pp. 221—222.

现。他们的形象被电影挪用了。

由于用于反动的目的，电影不再是作为解剖者的摄影者的产物，不再像外科医生为分析和重新组合的目的而切割和重构现实。电影的分隔和灭绝效果不再切入日常生活的自然现象，违背了电影反映表面现实的倾向。对本雅明来说，这种切割——用特写镜头研究世界，通过蒙太奇把事物连接起来，通过慢镜头分析运动等等——是批判地、科学地对待世界，在电影中，形象成了"一个多元碎片的产物，其各个部分依照新的规则重新组织"。然而，在法西斯的"机器暴力"下，电影充其量是对错误的事物状态的准确再现。

"审美化"指的是视觉诱惑。在审美化的影响下，政治成了被动之物。大众是从外部再现的，是结盟或参战的大众。法西斯的镜头紧紧抓住大众，将其作为法西斯令人生畏的装饰主义的原材料。由于过滤了在中途与观者相遇的一种媒介，法西斯的镜头重新确定了距离。中途似乎再次成为漫长的路程。这就好比约翰·哈特菲尔德（John Heartfield）用照片蒙太奇让戈培尔给希特勒戴上马克思的胡子一样。纳粹已经走到了中途，将要承认大众要求财产关系民主化和政治代议制的政治欲望和"权利"，但又狡猾地将其转化为一种幻觉，一个骗局，一个表面。电影控制了大众，然而，在这种情况下，他们什么都没有控制，仅仅控制了一个闪光的表面，上面扭曲扁平的鬼魂就是他们自己。他们仅仅得到了表面的再现。对比之下，真正被解放政治控制的大众是积极主动的，无拘无束的，其自主的活动充满了活力。这种分解需要现代主义电影的技巧，追踪运动性、流动性、变形、通过电影蒙太奇达到的速度和同时性、重叠和时间效果。

本雅明于1935年秋/冬在困难的环境下写出了这篇文章。冬天，他接到了弗拉基米尔·吉尔逊（Vladimir Kirschon）寄来的一大包食物，由支持德国同仁的苏维埃作家捐款支付的。[1] 12月，霍克海默造访欧洲，见到了本雅明，保证研究院将继续给他资助。该文将在研究院的杂志上用法文发表，由皮埃尔·克罗索乌斯基（Pierre Klossowski）翻译。但首先将有一场漫长艰巨的斗争，因为布莱希特的影响仍然是个问题。霍克海默写信给阿多诺，谈了他与本雅明就文章的弱点的讨论。他说本雅明拒不承认他受了布莱希特的影响。霍克海默把这些弱点归咎于本雅明的"物质需要"，并请求帮助他。阿多诺提醒他说他们已经同意付给他1000法郎的薪酬。[2] 在翻译之前，他必须先做修改。

1936年的头两个月里，本雅明把该文手稿扩展了7页。他增加了扩展性注释，变换了内容顺序。他提出了假象和游戏等新概念。本雅明坚持认为，电影更接近游戏、操作和实验，而不是通过假象再现幻觉。这些洞见不仅仅适用于电影，尽管电影是实验这些思想的场所。技术的戏剧形式，比如电影，在人类与自然之间建立了一种新的非滥用的关系。新的技术——"第二技术"——把人从繁重的劳动中解放出来，人类游戏的空间大大地扩展了。他从社会解放的视角阐释电影。革命也是一场有结果的游戏。

该文的第二稿保留了马克思的文献索引，但编辑那里没有通过。本雅明同意把文中出现的"法西斯主义"全都改成"集权主义学说"，但令他愤怒的是，在法文版中关于社会主义的所有索引都被砍去了。

---

[1] *GB*, V, p. 255.
[2] *GB*, V, p. 225.

他告诉霍克海默,他的重要论文受到了嘲讽。[1] 3月末,他认可了霍克海默的一些改动,但他继续坚持引用马克思来重申开头的主题。[2] 第二天,在给霍克海默的回信中他再次表示接受那些改动,表示让他尽他权力之所能"恢复研究院过去对他的信任"。[3] 本雅明不过是想让法国和苏联的知识分子读到这篇文章。他怀疑该文不会用德文发表。他希望法国知识界能够注意到它,这个愿望实现了。1936年夏,安德烈·马尔罗在伦敦的"文化遗产"大会上提到这篇文章。[4]

4月,维兰德·赫兹菲尔德(Wieland Herzfelde)写信给本雅明请他与布莱希特、威利·布勒代尔(Willi Bredel)和福斯汪格尔(Feuchtwanger)合编以莫斯科为大本营的新杂志《文字》(Das Wort)。本雅明注意到了共产党政治的一次转变。人民阵线的政策使得共产党与几乎所有愿意抵抗法西斯的任何党派结盟,本雅明是通过视觉手段了解到这一事实的——他看到一张选举广告画的"伤感主义",画面上有焕发出母亲幸福感的一个女人,一个健康的婴儿和一个兴奋的被照顾得很好的面带坚毅的男人。简言之,这是一张光彩夺目的法国家庭照,照片上工人阶级的影子不见了。[5]

本雅明在给儿子的信中谈到了这年发表的两篇重要文章。他断言斯蒂凡几年内不会读懂《艺术品》一文,但他坚信论19世纪俄国作家尼古拉·列斯科夫(Nikolai Leskov)的文章他能够读懂,这是他勉强接受

---

[1] *GB*, V, pp. 250, 260.
[2] *GB*, V, p. 264.
[3] *GB*, V, pp. 267—268.
[4] *GB*, V, pp. 326, 8.
[5] *GB*, V, p. 271.

《东方与西方》杂志的任务。[1] 从表面上看，主题是讲故事的人，他属于一个非常不同的遥远的世界。但是，本雅明用这篇文章反映工业劳动和大众交流的流行形式。本雅明透露说，列斯科夫与手工艺劳动关系密切，而对工业技术倍感陌生。列斯科夫的故事讲的是手工艺人，比如图拉的银匠，他的技艺超过了当时技术最先进的国家英格兰。[2] 他的《亚历山大人》讲了另一个艺人的故事，也就是技巧娴熟的珠宝雕刻家文泽尔。本雅明把文泽尔说成是一个完美的工匠，能够"进入这个创造领域最里面的密室"。[3] 工艺和艺人并非仅仅为列斯科夫的故事提供主题和人物。他宣称，讲故事的举动本身就是一门工艺。[4]

本雅明自己在《讲故事的人》中把技艺和叙述编织在一起的技巧进一步说明了工艺技巧和讲故事之间的一种历史的、实际的亲和性。讲故事的能力根基于两个因素：到远处旅行和对过去的民间故事的掌握。

> 本地的艺人和巡回的游人在同一个房间里携手工作；每一个艺人在家乡或其他某地定居下来之前都是巡回游人。如果农民和海员过去都是讲故事的大师，那么工匠阶级就是讲故事的大学。在那里，来自远方的民间故事，如旅行在外之人带到家里的故事，与本地过去的民间故事综合起来，这是一个地方的土著居民所最清楚的。[5]

---

[1]　*GB*, V, p. 287.
[2]　Leskov, "The Left-handed Artificer", in *The Enchanted Pilgrim* (London: 1946), pp. 251—282.
[3]　*SW*, 3, p. 161.
[4]　*SW*, 3, p. 150.
[5]　*SW*, 3, p. 144.

讲故事的人的居所是工艺环境，在这个环境里，本地的艺人——他懂得过去，懂得时间——与游人——他懂得距离，懂得空间——交换经验。游人舶来的知识是本雅明经验概念的核心。德文中表示遗传经验的词，也就是产生于智慧的经验，一种实用的知识——Erfahrung——在表示旅游的词——Fahren——中找到了词根。艺人通过旅游获得了关于世界的经验，而这又与土著过去经验的世界结合了起来。

这些游人就这样赢得了听众，禁不住诱惑走进作坊用双手嫁接，同时吸收从口传到耳再从耳传到口的经验。最好的听众都进入一种忘我的境界，在一半清醒一半迷糊的状态中铸陶、纺线和编织，他们的身体奏出工作的节拍，他们听到的故事放弃了纸上的生存，自行进入了一种幻想，等待着再次传播来世的生命。[1] 讲故事的人讲的是他自己的经验或别人的经验，又使其成为听者的经验。真正的经验是对手头活计的熟悉和实践掌握。在本雅明对经验的描述中，常见的词有触摸、战术和战略，通过拉丁语tangere进入英语，同时也进入了德语。触摸世界就是认识世界。陶铸——作为模式和隐喻——自然反映了触摸的特征，因为它是一种手工劳动或工匠劳动的形式。讲故事把物融入讲故事人的生活，这样故事就能再次从他口中讲出。因此，讲故事人的足迹依附于一篇故事就如同铸陶者的手迹依附于泥制的器皿。[2] 触摸用手指摸出世界的纹路，同时提供知识。但触摸并不独自作用。艺人以及打着手势的讲故事的人所固有的是灵魂、眼睛和手的协作。[3]

---

[1] *SW*, 3, p. 149.
[2] *SW*, 3, p. 149.
[3] *SW*, 3, p. 162.

无论如何，就感觉方面而言，讲故事绝不仅仅是声音的工作。真正的讲故事中，所表达的是以上百种方法从手的季节性动作中获得支持。[1]

　　思考、观看和处理按顺序付诸实践。讲故事的人模铸他的材料——人类生活，而艺人也在模铸他的材料，以坚实、有用和独特的方式模铸原材料。有用和独特的故事或工艺陶器的美学绝不具有廉价的大众复制品或美术复制品的属性。故事和陶器是由一种生命铸造的，这种生命有要讲的故事。好的故事讲的是实践知识；好的陶器讲的是来自实践的智慧。在概述智慧的时候，本雅明的隐喻性语言又利用了另一种工艺劳动——编织："编织到真实生活结构之中的是智慧。"[2] 讲故事的人传承下来的正是这种被编织的智慧。

　　手——对手工劳动者、匠人或艺人如此重要——由于技术的进步而退避三舍。手在生产中的作用小了。故事失传了。编织的、可掌握的经验也失去了，因为与讲故事同时进行的编织和纺线的活动也没有了。哺育了讲故事的那张网被全方位地破解了。本雅明引用保罗·瓦雷里的话说，曾几何时，艺人模仿过自然的缓慢进程，但现在没有了。瓦雷里说：

　　　　精细到最大完美状态的缩影，象牙雕刻，剖光完美、雕刻精细的石头，精细透明的层次一层套着一层的漆器——所有这些持久的、表现出

---

[1] *SW*, 3, p. 162.
[2] *SW*, 3, p. 146.

牺牲精神的产品都在消失，时间无足轻重的时代已经不复存在。现代人不再做不可能省略的东西了。[1]

工业速度改造了生产的条件，把产品标准化了。艺人口口相传的故事的重复模式，经过听者独特经验的重新制作，贬降为一种机械的、死的重复，正如劳动贬降为对简化的、多元分工的动作的毫无技术的重复。《讲故事的人》的主题与《技术复制时代的艺术品》构成了姊妹篇。本雅明告诉阿多诺，这两篇文章讲的都是"光晕的衰退"[2]。《技术复制时代的艺术品》一文概述了在机械复制到来之前，图画是怎样手工制作的，与工业机器发展之前的物品制造相平行。艺术品的机械复制从木刻技术开始，零星地发展起来，在平版印刷复制的时代达到了质的飞跃。平版印刷复制允许批量生产和快速的形式变化。摄影和电影的发明促发了进一步的速度效果，不是以手工作画的速度复制，而是依据与透镜机器合作的观看的眼睛。文化与身体的协调改变了。机器的时间，而非手工的时间，决定着生产。

然而，与批量再生产的艺术相关的是，相同的属性在《讲故事的人》中再次浮现。可触性、亲密性和索引性也是现代性的属性：对可以技术复制的艺术的批量挪用是人对文化产品的掌控；批量复制的拷贝是可以控制的；可触性，触摸的可能性，是一个感性概念，把新艺术与集体接受的大众身体的物质在场联系起来。可触性和震惊——作用于身体的力——否定了艺术自治的理想。美学和艺术统统被并入人

---

[1] *SW*, 3, p. 150.
[2] *GB*, V, p. 307.

类感觉中枢的发展中来。对阿多诺来说，这样一个步骤是他所说的本雅明实证主义的特点，即以人的身体为标准的实证主义。[1]

6月4日，本雅明给阿多诺写了一封辩解信。他曾经向阿多诺的一个富有的朋友抱怨他的处境，她向阿多诺汇报了本雅明的抱怨，使得阿多诺感到震惊和难堪。本雅明的薪酬最近已经涨到1300法郎，阿多诺认为这至少是够用的。本雅明说他的抱怨是迫于财经状况给他的压力，这种压力一旦得以缓解便会导致神经崩溃。在巴黎连续一年的艰苦环境的确够受的，因此他需要为他的"思想和精神经济"做点什么。[2] 他没钱旅游，也曾经想从别处搞点钱，但这会让人们觉得研究院给他的待遇很低。

还有其他压力。他的工作受阻，因为他不能制作副本送给别人。在某些情况下，他还得请求把原稿寄回。此外，他弟弟5月份再次因为叛国罪在柏林被捕，还有斯蒂凡的教育。斯蒂凡1935年离开了德国，在意大利学习。他未经父亲同意就加入了青年法西斯，不得不给他买制服。[3] 到哪里去修完最后几年决定性的学业，还没有决定。他们曾谈到把他送到奥地利亲属家，但斯蒂凡害怕因斯布鲁克和维也纳的反犹太复国主义运动。[4]

夏天提供了暂时离开巴黎的机会：去布莱希特在丹麦的逃亡地。布莱希特已经是《文字》的编辑了，另两位是里昂·福斯汪格尔和威利·布莱德尔。本雅明希望他德文版的《艺术品》能在那里发表。

---

[1] Adorno's letter to Benjamin from 6 September 1936 in *GS*, VII:2, p. 864.

[2] *GB*, V, p. 305.

[3] *GB*, V, p. 320.

[4] *GB*, V, p. 320.

另一个兴趣甚至在开始活动之前就垮台了。他与布勒东和巴塔耶周围一个叫"反击"的圈子有联系,这是一个反法西斯组织,把超现实主义和鲍里斯·苏瓦林(Boris Souvarine)周围的共产主义民主团体结合在一起。到1936年6月,这个团体由于意见不一而分裂——巴塔耶提倡"超法西斯主义"(surfascism),从而让法西斯主义自生自灭。发表文章似乎不太可能了。同样,反布勒东的人民阵线杂志《调查》,由卡洛伊(Caillois)、特里斯坦·查拉(Tristan Tzara)、路易·阿拉贡、加斯东·巴什拉尔(Gaston Bachelard)和于尔斯·莫奈罗(Jules Monnerot)创刊,也分裂了——只勉强发表了一期。[1]

本雅明把房间转租出去,把巴黎的争论抛在了脑后,于8月去了见不到太阳的斯科夫波海滩与布莱希特共度一段时光。他们每天下棋。广播很有用,本雅明兴致勃勃地追踪西班牙内战的消息,炮轰伊维萨是他特别关心的。阿尔弗雷德·科恩信上的"反法西斯控制委员会"邮票给了他几分安慰,表明"新西班牙已经有了充分的警惕"。[2]有消息说8月19日到24日莫斯科举行了第一次"托洛茨基-季诺维也夫恐怖中心"的公审。[3]本雅明自己的思想转向了暴力。他查到了一个"重要"文本,约翰纳·莫斯特(Johannes Most)的《战争的革命科学》,一份无政府主义恐怖手册,专讲1885年以后硝化甘油、炸弹、毒药等的使用和生产。[4]这对他的《拱廊计划》至关重要,但他不知道哪里才能弄到这本书。

---

[1] *GB*, V, p. 303.
[2] *GB*, V, p. 367.
[3] *GB*, V, p. 373.
[4] *GB*, V, p. 302.

本雅明长期实践的写信艺术最终使他以《巴黎来信》为题在《文字》上发表了一篇论安德烈·纪德和文学与政治争论的文章。布莱希特希望本雅明的"书信"能够定期刊登。第一封分析法西斯艺术，而其"消费者"则是"受骗者"。[1] 威利·布莱德尔接到这封信的一周后，本雅明便催要稿酬。[2] 四天后的一封信强调了他如何困窘。第三封信详细说明了付款方式。本雅明已经经不起付款再出现任何差错了。他继续选择和介绍关于德国人文主义的书信。在寄给布莱德尔的信中有约翰·哥特弗里德·索伊默（Johann Gottfried Seume）、格奥尔格·福斯特（Georg Forster）和荷尔德林的。一听到索伊默的信将要登在 Das Wort 上，他就慌了。他编辑的德国人文主义书信集将于秋天面世，题目是《德国的男人和女人们》——以仔细挑选的哥特字体印刷——专门为在德国发行而设计的。德特雷夫·霍尔兹的出版声誉将出现漏洞——这本书将被发现并被禁。本雅明所担心的是，虽然索伊默的那封信不是 Das Wort 上登的那封，但他写的介绍却是重复的。作者与莫斯科的一份杂志的关联将会暴露，从而影响这本书在德国的发行。他要求只发表信而不发表评论。

本雅明9月中旬离开丹麦。途经巴黎在圣雷默住了两星期。回来时，他和霍克海默、阿多诺住了几天，与他们拉近了距离，后来竟以名相称。即将出版《德国的男人和女人们》的德国更加疏远了——本雅明的弟弟10月被判6年监禁，关押在布兰登堡-戈登监狱。他写信给肖勒姆，又引发了关于过去、犹太性和以前争论的问题。他在一份哲

---

[1] *GB*, 3, p. 488.
[2] *GB*, V, p. 366.

学杂志上看到了马丁·布伯的一些引语。这把"民族社会主义的术语毫发无损地引入了关于犹太问题的争论"。[1] 本雅明开始为《文字》写第二封《巴黎来信》。他报告了摄影家吉赛尔·弗洛伊德（Gisèle Freund）的著作，详尽描写了绘画与摄影之间的斗争，后者如何"打乱"了前者，毫不费力地实现了前者的终极目的，即真实地再现了一条鱼的鳞。[2]

1936年11月，本雅明打算去维也纳寻找已经一个月没有消息的斯蒂凡。朵拉由于在德国欠税而不敢前去，担心奥地利人会把她的行踪告诉德国人。本雅明绕过了德国，在威尼斯找到了斯蒂凡。途中他去了拉韦纳，这是他20多年来一直想去的地方，去看那里的拜占庭马赛克，他学生时期的宿舍的墙上曾订满了这些马赛克的图片。他还为那里的教堂震惊：严肃、像堡垒一样毫无装饰的前脸，前面宽敞的小教堂和柱廊都修到了地下，下行的台阶加倍了开启过去的敏感性。[3]

斯蒂凡病了，由于流浪国外所致。本雅明至少从他的字体中看了出来——巴黎的笔迹学专家安佳·门德尔松的诊断是斯蒂凡感到孤独和无人照顾。[4] 他需要医生；本雅明把他带回圣雷默，急着把他送到西格弗里德·波恩菲尔德（Siegfried Bernfeld）那里，一位奥地利神经病医生，魏因肯青年运动的一位主要成员，此时正在离尼斯不远的门顿行医。这种治疗有一个实用目的：本雅明急于让斯蒂凡完成高级中学毕业考试。精神分析也是本雅明的一个理论问题。阿多诺逼他写一

---

[1] *GB*, V, p. 402.
[2] *GS*, 3, p. 503.
[3] *GB*, V, p. 426.
[4] Walter Benjamin, *Das Adressbush des Exils: 1933—1940* (Leipzig, 2006), pp. 94—95.

篇反对荣格的文章，以便使他的《拱廊计划》摆脱"集体无意识"的普遍恐慌。[1] 12月，研究院的薪酬涨到了1500法郎。本雅明寄出了第二封《巴黎来信》，并提出了即刻付款的要求。

1937年1月末，本雅明写信给霍克海默，回顾了他的文章，因为霍克海默问及他使用的哲学方法。本雅明说他决定要找到一种不是机械的表达方式。有些人不加批判地甚至以骗人的手段使用哲学术语，来替代思想。在本雅明看来，"对所论的每一个客体进行具体的辩证分析也包括范畴批评，这种批评在先于现实和思想之前的一个层面上就理解了。"[2] 但是，普遍接触在这个时刻并不是衡量写作的一个标准。就暂时或长远打算来看，小团体会隐藏和转移知识："这不是在展厅展出我们手上所拿的东西的时候。相反，这似乎是思考以防弹装置保护它们的时候。也许这就是辩证法：寻找丝毫不比均衡制作的东西逊色的真理，像钢卡座一样均衡的一种保护。"[3]

关于知识的储存和分配还有一些实际问题。纽约现代艺术博物馆电影部的杰伊·列达（Jay Leyda）致电霍克海默要《艺术品》一文的德文版，想将其译成英文存放图书馆。版本和政治术语的问题再次出现。霍克海默不让本雅明提供德文手稿，以便掩盖不同见解。[4] 关于其他老问题的争论还在继续。2月，本雅明提醒布莱德尔他还没有接受第二封《巴黎来信》，还没有寄给他刊登第一封的他所要的几本《文字》。3月中旬，他还不知道第二封能否刊登，他是否能得到一

---

[1] *GB*, V, p. 443.
[2] *GB*, V, p. 457.
[3] *GB*, V, pp. 457—458.
[4] *GB*, V, pp. 458—459.

笔稿费。《文字》也接到了《艺术品》一文，但没有表示是否发表。他也没有收到索伊默的稿酬。本雅明整整一年都在反复提出这些要求。那封信没有发表，显然他也没有得到稿酬。

论福斯的文章终于在1937年春完稿。本雅明很高兴摆脱了它的纠缠。他越是读福斯，就越瞧不起他。他把这篇文章的写作比作一个人来到了一个名声很臭的地方，遇见了一个凄惨的老熟人，来到后突然瘫痪了。他的最后希望就是埋在山脚下的墓地里。运输尸体并不是什么好事儿，只希望来哀悼的客人能够在山顶眺望美景而自娱。[1]

福斯是位收藏家和历史学家。通过他的活动，本雅明思考了作为方法的历史唯物主义，也思考了马克思主义奠基人的社会民主思想的遗产和断裂。恩格斯是批判唯心主义历史进步论和对过去持被动思辨态度的批评家："历史唯物主义把历史理解视为已被理解之物的来世生命，其脉搏仍在现在跳动。"[2] 历史不是完整的。福斯瞥见这一点，但他也携带着"旧的教条和幼稚的接受思想"的踪迹，认为一部作品的意义也就是其同代人提供的意义。然而，福斯收藏漫画和色情影像的热情使他与历史工作建立了一种完全不同的关系。福斯拒绝把文化视为价值的标志和古典美的场所；他在复制影像领域里的实际活动破坏了传统的艺术观念；他的材料注定是为广大观众准备的，而他的反古典主义将引导他在诸如荒诞等极端的表达中寻找真理。

通过福斯，本雅明暗示了历史运动的反面，即反进步的反面："任何文化的文献同时也是野蛮主义的文献。"[3] 文化史无法记载这种事物

---

[1] *GB*, V, pp. 466—467.
[2] *SW*, 3, p. 262.
[3] *SW*, 3, p. 267.

状态，因为它把文化看做天降给人类的赠品，一种奖赏，一件永恒的物品——和一件商品，脱离了生产它的广阔的社会环境。马克思主义实证主义者未能认识到技术不仅是科学的、而且也是历史的发展。实证主义者只看到"自然科学的进步，而没有看到科学进步的同时社会的倒退"。资本主义建构了技术，而中立的技术进步的种种幻觉使无产阶级更加难以在技术的控制下掌握技术。本雅明反对希望"辩证法破坏的一面"回归的幻觉。[1]福斯对文章表示赞同。

　　本雅明关于福斯的思考与波罗的海的一位不知名作家的作品相呼应。他就是卡尔·古斯塔夫·约赫曼（Carl Gustav Jochmann），本雅明于3月份与之邂逅。他声称约赫曼是"德语界最伟大的革命作家之一"[2]。他一生中只发表了一部著作，1828年匿名发表的《语言论》。约赫曼书中的文章《论诗歌的倒退》提出了这样一个命题：诗歌的倒退是文化的进步，这使本雅明惊讶地认为这是"从20世纪返回到19世纪的一颗流星"。[3]本雅明引用他自己的《艺术品》的文章，把这位革命者视为资产阶级的进步卫道士，一个被遗忘的、被忽视的孤独者。他对《论诗歌的倒退》的解释与《艺术品》一文的思想相呼应：诗歌贬值了；想象能力和影响的丧失是人们应该庆祝的而非悲悼的事；高雅文化的最精密产品是为跛子社会准备的拐杖；为了人类的进步诗歌

---

[1] SW, 3, p. 266.
[2] GB, V, pp. 480, 503. 他对玛格丽特·斯蒂芬说他"发现"了乔世曼，这令沃纳·克拉夫特很不安，克拉夫特认为是他先发现乔世曼的，本雅明以欺骗的手段把乔世曼的书说成是自己的，其实是从他手里借的。克拉夫特与本雅明断绝了一切往来（GB, V, pp. 504—505）。1940年3月当这场争论再度发生时，本雅明仍然坚持说克拉夫特比他早知道乔世曼，但他不是从克拉夫特那里了解到乔世曼的（GB, V, pp.421, 426—489）。
[3] GB, V, p. 480.

必须倒退；只有当边缘事物的价值不再由于罕见而膨胀时，真正的价值才能在"真正的人类社会"中出现。约赫曼以突然的转向结尾。诗歌将要在社会革命之后回归，但那将不再可能是以前的诗歌，而是面向所有人的诗歌。[1]

3月，阿多诺来到巴黎。他计划写一本论在资本主义垄断下的大众艺术的书，将收入本雅明的《艺术品》一文以及论大众文化的其他文章。他们一起参观了康斯坦丁·居伊（Constantin Guys）的展览，并与认识论家和经济学家阿尔弗雷德·索恩-雷特尔（Alfred Sohn-Rethel）共度一个晚上。离开后，本雅明向霍克海默报告了他关于《拱廊计划》的新想法。他计划将其写成与唯物主义相关的文化史和"实用史"批判，他希望能按照阿多诺的建议探讨精神分析学对唯物主义历史写作的意义。[2] 他等待着霍克海默的批准，与此同时完成了几篇评论。他也要求改善他的财经状况，向弗里德里希·波洛克提出了预算：480法郎付房租；720法郎买食物；120法郎填补衣服；邮票、咖啡馆和旅游则需要440法郎。总共是1760法郎——他还额外需要150法郎一年买一套西装、两双鞋（漫步者或流浪汉的装束）、洗衣服、看电影、参观展览、看戏和医疗。他还需要买一副眼镜，而看牙医已经是不能再拖的事了。他报告了他一年的收入（研究院薪酬之外的收入）——《德国的男人和女人们》得稿酬1200法郎，第一封《巴黎来信》得250法郎，论列斯科夫的文章得150法郎。[3]

给布莱德尔的一封信表达了他对出版业工业再生产悖论的无能为

---

[1] *SW*, 4, p. 361.
[2] *GB*, V, p. 490.
[3] *GB*, V, pp. 500—501.

力:"从手稿到发表文本的路径比以前任何时候都长了,因此,当付出的努力得到报偿之后,时间跨度也延长到断裂的程度了。"[1]布莱德尔拒绝在《文字》上发表《艺术品》一文。他说文章太长。本雅明注意到克拉考尔论奥芬巴赫(Offenbach)的书,虽有争议,但可以说是19世纪巴黎的一部社会史,与本雅明自己的研究有可比之处。阿多诺和本雅明一致认为该书写得粗糙,具有辩解性质——奥芬巴赫的犹太性被从书中删除了。而本雅明感到亲密的"陶醉"概念"也不过是一块肮脏的甜食"。[2] 5月,他加紧把《艺术品》一文译成英文。他写信给列达说,他将非常高兴地看到他所说的"在能进行技术复制的一个时代,他的艺术品"能够用英文发表,从法文或比较理想的德文译出,加上许多附加的段落。实际上,他认为值得作为一本书出版。[3]另一个可能的英文出口是布莱尔(Bryher)的杂志《特写》。

5月末与研究院的冲突激化了。本雅明要求用"唯物主义者"代替"马克思主义者",用"唯物主义"代替"马克思主义";他的要求被拒绝了。[4] 6月末他去了圣雷默,在给肖勒姆的一封信中谈到了在巴黎"动荡的几个月",和越来越糟的经济状况——6月,法郎贬值了——以及他持续不稳定的环境。他认为他未能参观巴黎世界博览会就是由此造成的。[5]他希望把在圣雷默的几个星期用来研究荣格,回答阿多诺就古代形象和集体无意识提出的问题。但霍克海默要求他

---

[1] *GB*, V, p. 516.
[2] *GB*, V, p. 527.
[3] *GB*, V, p. 530.
[4] *GB*, V, p. 535.
[5] *GB*, V, p. 545.

先完成他提议的那本书的波德莱尔部分。[1] 开始研究荣格在方法上是合理的，但也有政治的理由。荣格宣布只帮助"雅利安人"。民族社会主义早就做好了准备。本雅明有意探讨医生-作家哥特弗里德·本（Gottfried Benn）、塞林纳（Céline）和荣格的虚无主义。[2]

7月9日，他给朋友弗里茨·利布（Fritz Lieb）写信说，不管从哪个窗口看，景色都是阴郁的。他对人民阵线政府的怀疑得到了证实。法国左派"死死抱住左派大多数的偶像"，不顾这样一个事实，即所谓的左派政府执行的政策将引起骚乱，如果是打着右派的旗帜执行的话。本雅明两年来每周都读共产党的评论《星期五》（Vendredi），但到1937年上半年结束时，他认为这本杂志已经脱离了大众，其思想水平的下降也显而易见。[3] 本雅明回巴黎参加了国际哲学大会。在圣雷默的短暂逗留使他欣喜地看到了斯蒂凡身体的好转。

9月，本雅明在巴黎博纳尔街的房间给一个接到驱逐令的移民占去了：这个移民在绝望中显然愿意出任何价码，于是就以高价住进了本雅明的房间。[4] 为获得补偿以便住进像样的旅馆，这对本雅明只是一个希望而已。幸运的是，埃尔斯·赫兹伯格将要去美国待一段时间，所以就请本雅明短期住进她女仆的房间。但不幸的是，她家位于塞纳河边的布隆街，是巴黎的几条主要街道之一，他床边"狭窄的沥青条上"来往的大卡车隆隆作响，使他无法工作和入睡。[5] 他再次请求霍克海默的帮助，于是达成了一项新的协议，能帮助本雅明住进一

---

[1] *GB*, V, pp. 531, 544, 550.
[2] *GB*, V, p. 544.
[3] *GB*, V, pp. 549—550.
[4] *GB*, V, p. 572.
[5] *GB*, V, p. 590.

套单人间公寓。10月,本雅明收到了每月80美元的酬薪;付美金是为了减少不稳定的法郎带来的麻烦。

寻找新的住处干扰了他同意为研究院做的工作和其他计划。他去图书馆,但进度很慢。但他的确在11月3日为霍克海默写了一封"文献信",这是两人都同意的一种形式,信中,本雅明搜集了巴黎的文化事件、争论和出版物的资料。论福斯的文章终于在10月发表在《社会学研究》(*Zeitschrift für Sozialforschung*)上。延迟发表的原因是要尽量公正地评价福斯为说服德国当局交回他的收藏而付出的努力。但他的收藏还是被当局拍卖了。

11月,本雅明签了一个公寓的租用合同,位于董巴斯尔街10号的一栋十层楼的顶层,1月可以入住。房间很小,容纳不下他"储存的那部分"图书。[1] 但他却能够做他长期以来想要做的事——接待他的法国朋友们。从此时起,他那带有310个名字、地址和电话号码的通讯录就开始显示他与法国知识分子以及大约80名德国移民的联系。一个错位的德国人在巴黎的文化前线立足了。11月,布莱希特的《卡拉夫人的枪》(*Senora Carrar's Rifles*)上演了,维格尔担当主要角色。这是布莱希特的第一出现实主义戏剧,对本雅明来说,它为他在《艺术品》一文中所提出的论断提供了证据。[2] 12月6日,本雅明报告了法国的文化现状,以及斯大林主义对思想的干预。他批判了亚历山大·科耶夫(Alexandre Kojève),后者做了一次社会学中的黑格尔思想的讲座:本雅明随便地把科耶夫的辩证法说成是唯心主义的。在他看来,纪德是

---

[1] *GB*, V, p. 620.
[2] *GB*, V, p. 606.

斯大林主义和辩证唯物主义的死对头。[1]

年末，本雅明在新住所没有腾出来之前回到了圣雷默。他见到了阿多诺和格莱泰尔·卡普鲁斯，那年夏天两人在伦敦举行了婚礼，这是他们去美国避难之前最后一次与本雅明会面。本雅明为斯蒂凡的未来担忧：他现在靠母亲的养老金度日。[2] 在写给利布的关于人民阵线政府的报告中，本雅明对远大的政治未来表示绝望："领袖们尽一切努力在两年内剥夺了基础工人进行本能活动的权利；准确无误地让人们知道在什么时候、什么情况下把合法的行为变成不合法的、把不合法的变成暴力的"[3]。12月的罢工浪潮让资产阶级心生恐惧，但实际上并没有恐吓的意志和恐吓的力量。

本雅明发表了一篇论政治的黑色手腕和大众本能的评论文章。格莱特·德·弗朗西斯科（Grete de Francesco）的《骗子的权力》是研究在技术和经济进步的情况下行骗、诈骗和造假方法的前提，如"造假"的炼金术士布拉加迪诺或江湖医生孟多尔和卡格里奥斯特罗。这些欺骗活动让本雅明看到了广告的原创本质，当代一种影响大众的形式，必然与德国目前的形式产生共鸣。甚至在这样一篇小文中，本雅明的阶级政治立场也极其鲜明。他提到弗朗西斯科如何假定那些"被骗者"都是大众，"未受到全面教育的人"，而那些未受骗的人都是"精英"，"一小撮免疫的人"。[4] 本雅明评论说，"对大众的影响并不是通过诉诸精英的白色艺术可以避免的一种黑色艺术"。接触大众并促

---

[1] *GB*, V, pp. 621—622/*GB*, VI, p. 30.
[2] *GB*, V, p. 639.
[3] *GB*, V, p. 638.
[4] *SW*, 4, P. 124.

使他们行动的一个观点可能是进步的，但他坚持认为，在卡格里奥斯特罗和圣热耳曼（Saint Germain）的案例中，这样的观点使人奋起"代表第三等级的人反抗统治阶层"。

黑色手腕和黑色思想在当时特别流行。本雅明专注于"一种奇怪的发现"，对他的波德莱尔研究发生了"决定性"影响：他偶然发现了路易-奥古斯特·布朗基（Louis-Auguste Blanqui）最后一篇"该死的"文章，即写于1872年的题为《星宿的永恒》的"宇宙遐想"。这位法国革命活动家曾一次又一次地由于从事政治活动而入狱，思考了人类如何在最可怕的社会条件下毅然决然地屈服于一个机械的宇宙，并把这样一种形象投射到上天。[1] 在布朗基的宇宙论中，我们星球上从生到死所发生的一切与无数兄弟星球上发生的一切完全相同。人类生活在仿佛一颗巨大地球的监狱里，而宇宙以其对人类不断的庸俗复制无休止地重复着外星球上的那种单调、那种静止。在数百万的地球上，未来目睹了以前各个年代的无知、愚蠢和残忍的重复。进步是神话。本雅明把这些荒凉的想法与波德莱尔的想法联系起来——虽然布朗基的宇宙已经变成了深渊，但在波德莱尔的作品中，这个深渊更加荒凉，因为它没有星光。它甚至连宇宙空间也不是。[2]

在未来的几个月里，本雅明开始思考进步的影像。

---

[1] *GB*, VI, p. 10.
[2] *AP*, p. 271.

第七章

作家之障：1938—1940

1938年初本雅明在圣雷默度过,一股透骨的寒流已经袭来。1月15日,他搬进了董巴斯尔10号的一个单间公寓,当日,法国杂志《欧洲》刊载了他为国家博物馆的中国画展写的一篇评论。气势一天天高涨。他希望这种气势能作为对扭曲的补偿而融入他的作品。[1]妹妹朵拉已把大部留在柏林的书寄给了他,他也希望能把放在布莱希特家中的书拿回来。[2]《新天使》在墙上落了脚。一天,他列出了自1933年以来他所住过的地址。眼下的地址是第十三个,除了后来的拘留所外,这将是最后一个。他很高兴能把他的文章搜集起来,只要能得到"拯救"的话,[3]也很高兴能在这里会见朋友们。肖勒姆在去往纽约途中到过这里。本雅明的大部分时间都用来研究波德莱尔,读了"一堆又一堆的书,(写了)一摞又一摞的摘要"[4]。

本雅明还写了一篇论社会研究院的文章《一个从事自由研究的德

---

[1] *GB*, VI, p. 38.
[2] *GB*, VI, p. 54.
[3] *GB*, VI, p. 43.
[4] *GB*, VI, p. 62.

国研究院》，登在托马斯·曼的杂志《测量与价值》(Mass und Wert)上。他担心被编辑佛迪南·里昂（Ferdinand Lion）"使坏"，在文中避免使用"唯物主义"和"辩证法"等术语。但到4月份发表时，11页的手稿还是被压缩成4页了。

与阿多诺的思想交流是卓有成效的。本雅明读了阿多诺论瓦格纳的手稿，特别喜欢阿多诺的《广播展》，是普林斯顿广播研究项目的一部分。[1] 本雅明因为吸烟而在文中出现：阿多诺认为"吸烟的动作"恰恰与"听音乐会的姿态"相反：吸烟直接指向"艺术品的光晕，噪音将烟雾吹在脸上"。吸烟者逃离了音乐的魔力，但吸烟也能使人集中精力。"吸烟者自行孤立起来，同时也让人接近他。"[2]

3月和4月，本雅明重温了《1900年左右的柏林童年》中的小文章。关于柏林的这些反思成了他向柏林的决定性的告别。3月9日，他提交了法国公民权的正式申请书，上面有纪德、瓦雷里和于尔斯·罗曼（Jules Romains）的签字，但却到了1940年春才开始办理。给佛迪南·里昂的一封信透露说那些童年的记忆是给流亡中的自己打的预防针。童年的回忆唤起了最令他想家的那些形象。欲望感觉不能战胜理智，正如健康的身体不用接种一样。但无论如何，这部著作不能看做是传记式的反思，而是对社会上不可挽回的过去的一种遐想。[3] 本雅明想让《1900年左右的柏林童年》最先发表。他对神学家卡尔·提姆说这本书要"对数千名流亡的德国人说话"[4]。由黑迪·海伊（Heidi

---

[1] 关于广播项目的进展，见 T.W.Adorno, *Current of Music, Elements of a Radio Theory*, ed., Robert Hullot-Kentor（Frankfurt, 2006）; T. W. Adorno, *In Search of Wagner*（London, 2005）。
[2] *GB*, VI, p. 34.
[3] *GB*, VI, p. 80.
[4] *GB*, VI, p. 72.

Hey）私下发表的可能性带来了暂时令人兴奋的消息。

4月，他再次向霍克海默报告了波德莱尔文章的进度，包括《拱廊计划》的微型说明，主要涉及三个主题：观念和形象，古代和现代，新和永恒不变。[1] 波德莱尔被呈现为布朗基的合伙人，展现了他那凄凉的永恒星光，而尼采则展现了永恒的回归。波德莱尔寓言式的写作清楚地把这种永恒当做资本主义时尚的反面。波德莱尔是描写异化和物化的诗人，是商品生产社会的评论者，在这个社会中，新被显现为永恒不变的回归，大众则是孤独的漫步者诱人的面纱。

到5月，本雅明与海伊的关系开始走味儿。两人进行了一次不愉快的电话谈话——本雅明谴责她没有认真对待该书的发表。在后续的一封信中，她提出见最后一面，见面时，本雅明把按自己意愿写成的手稿交给她。她来决定用什么纸张、格式和字体，以及为图书馆出版的有限数量——她的兴趣是自己独立决定如何出版。这个建议没有结果。[2]

本雅明的前妻始终在努力为本雅明弄一本新护照，并与圣雷默的一位德国外交官建立了良好关系。她把她与那位外交官的一次电话谈话告诉了本雅明：

领事：本雅明博士真的还需要护照吗？

朵拉：噢，是的，当然需要，先生。

领事：但他已经不在这里了呀？

---

[1] *GB*, VI, p. 65.
[2] GeretLuhr, ed., *"was noch begraben lag": Zu Walter Benjamins Exil. Brife und Dokumente* (Berlin, 2000), p. 232.

朵拉：不在了。通过法国驻罗马大使馆的一个朋友，他设法用身份证进入了法国，但现在他已经没有任何德国证明了，已经寸步难行了。护照到了吗？

领事：呃，到了，可是……你能告诉我他为那份杂志工作多久了吗？

朵拉：我不知道你说的是什么，先生。他没有为任何杂志工作。就我所知，他在广播上发表过科学演讲。

领事：不，不，他的确为一家杂志工作过。

朵拉：哪家呢？

领事：他为莫斯科的Das Wort工作过。

朵拉（毫不迟疑地）：噢，先生，那是多年以前的事了。很久很久以前他们请他写一篇文章或改写与哲学家格林相关的什么东西，那是19世纪的一位英国哲学家。此后再与他们没什么瓜葛了。

领事：你确定吗？

朵拉：绝对确定，先生。我们常常谈起他那个时候就与那些人保持了距离，这真是一件非常好的事，因为如果他曾经为莫斯科工作的话，那现在就会非常危险了。

领事：那好。我不会说得那么绝对。只有做了破坏国家的事才会是那种情况。

朵拉（大笑）：也许你还记得他，先生。他的确是一个很清高、不问政治的人，他只为他的哲学著作活着。他从未与这些事情有什么瓜葛。那么，护照已经到了是吧？[1]

---

[1] Luhr, *"was noch begraben lag"*, pp. 43—44.

到了,领事说。但他坚持让本雅明亲自去巴黎的德国大使馆取。本雅明很怕。他听说他必须发誓他没有在法国寻求过避难。这样做就等于欺骗。[1] 德国政府的手伸得很长。这件事还在本雅明的著作中出现过,虽说仅仅是在不重要的边注里。大众社会和法西斯主义在他评论安娜·赛格尔(Anna Segher)的小说《拯救》的文章中出现过,那是为《世界新舞台》(Die neue Weltbühne)写的,题为《德国失业工人编年史》,是以无产阶级的观点写的,还提出知识分子"受到了偏见的影响,这些偏见并不是一日之内就可以克服的":

> 根据一个最顽固的偏见,无产阶级就是"人民当中的普通人",与其说与受过教育之人毋宁说与上层社会的个体成员形成了对比。在被压迫的人身上看到自然的童年是18世纪新兴资产阶级的固有反应。那个阶级胜利后,就不再与被压迫阶级形成对比了,后者的地位现已退居到无产者了,具有封建倒退的性质,此后就与自己精心掩盖的资产阶级个性对立起来。最明显地表现这一特点的文学形式是资产阶级小说;其主题是难以估量的个体"命运",对这个个体来说任何启蒙教育都证明是不够的。[2]

这篇评论的其余部分讨论的是小说中"普通人"的命运。这又引入了对一个人物的兴起的分析,这个人物就是纳粹的"民族同志",从破碎的战争心理和被失业侵蚀的阶级意识中脱颖而出的一个人物。本

---

[1] *GB*, VI, p. 74.
[2] *SW*, 4, p. 126.

雅明详细地描述了赛格尔的小说如何追述了纳粹上升时期工人阶级生存的矛盾。他指出了赛格尔的散文如何让读者"通过稍微的视角转换就能接近日常生活之中被遗忘的角落"[1]。本雅明进入赛格尔的叙述风格以便把她的——以及他自己的——绝望中微妙的革命政治希望表现出来。在评论中，对当代形式的尖锐批评勃然促发。正如反基督分子模仿弥赛亚的到来所许诺的祝福一样，

> 第三帝国模仿社会主义。失业结束了，因为强迫劳动是合法的了。该书只有几页的篇幅描写"民族的觉醒"。但是这几页的篇幅比几乎任何一个文本都更敏锐地让人感觉到纳粹地牢的恐怖，尽管它们所揭示的不过是一个姑娘在纳粹冲锋队的营地里寻找她那位共产党员的男友时所了解到的一切。[2]

5月末，本雅明和斯蒂凡通了信，这些信披露了他们在官僚体制和监控下的艰难生活。斯蒂凡在圣雷默写信提到复印本雅明的出生证明，因为在军队掌握的名单上，他是外国人，需要各种文献来证明这一点，以便暂时豁免兵役。本雅明则说他非常高兴手里握着他的"避难文件"，这使他在当下的政治局势中有一个"不太张扬的机会"。他的国籍还有许多问题。他发现自己转租房间是非法的，因为拿不到必要的户籍簿。本雅明评论说："你甚至失去了惊诧的能力。"[3]国籍处的一位支持者安德烈·罗兰·德·勒内维尔（André Rolland de

---

[1] *SW*, 4, p. 130.

[2] *SW*, 4, p. 130.

[3] *GB*, VI, pp. 89—90.

1938 年，瓦尔特·本雅明在丹麦的斯科夫波海滩

Renéville）建议用工作证代替户籍簿。他得证明在法国工作了三年，需要从研究院开出这个证明。在索取证明的时候，他还要求研究院付给他从丹麦到巴黎托运书的费用。

他继续向霍克海默报告巴黎的文化和政治事件，提到了巴塔耶最近在《标准》(Mesures) 上发表的一篇文章。本雅明经常和乔治·巴塔耶见面，因为巴塔耶是国家图书馆馆员。本雅明提到这篇文章讲的是

"人类秘史"的不同阶段,配有协和广场的插图。巴塔耶声称,该文的主线是君主制的、静止的埃及人的原则与无政府的、能动的、破坏性的、解放的时间流逝之间的斗争。巴塔耶和罗杰·卡洛伊组建了一所神圣的社会学学院,以吸引年轻人参加一个秘密协会。本雅明开玩笑说,"这个秘密就是把两位组建者联系在一起的东西!"[1] 后来,在8月,本雅明要求霍克海默在研究院杂志上发表这封信时去掉这段话。与巴塔耶保持友好关系对本雅明是有益的,既因为他在图书馆工作,又因为他可能对本雅明的国籍问题有所帮助。[2]

6月19日给西奥多和格莱泰尔·阿多诺的一封信有几处提到美国,这是这对儿夫妇现在要去的地方。他向他们透露了他搜集到1800—1840年间一些不知名艺术家的原始画册的消息,这些画主要源自美国的民间艺术馆,并在欧洲展出过。他推荐读赫曼·麦尔维尔(Herman Melville)的作品。肖勒姆也在美国,并与阿多诺见了面。布洛赫正准备去往美国。[3] 自前一年4月起,本雅明就记下了关于波德莱尔及相关话题的笔记,这些笔记的题目《中央公园》表明本雅明自己也已心有所愿,或许也在纽约落脚。

6月21日,本雅明再赴丹麦。几个星期来他在巴黎一直头疼,需要换一下空气。[4] 他将与他的书重聚,而且拿到了把这些书运回巴黎的经费——社会研究院捐助了800法郎。[5] 在斯科夫斯博斯特朗,他常常谈论苏维埃政治和美学。他谈到了布莱希特提出的可怕的文化政

---

[1] *GB*, VI, p. 934.
[2] *GB*, VI, p. 152.
[3] *GB*, VI, pp. 129—130.
[4] *GB*, VI, p. 133.
[5] *GB*, VI, p. 132.

治是民族政治需要的结果这一观点。这说明20年来他们所支持的一切都成了灾难。比如，布莱希特的朋友和译者谢尔盖·特列提亚科夫（Sergei Tretyakov）1937年7月被苏联秘密警察逮捕，被控间谍罪，据说已经死了。[1] 在丹麦，本雅明比在巴黎接触到更多的"忠诚于党的路线"的文学，而使他厌烦的是他自己也被《国际文学》贴了标签，由于论歌德《亲和力》那篇文章的一个断片而被说成是黑格尔的信徒。[2]《文字》充斥着俄罗斯诗歌的译文；布莱希特说，如果诗歌中不出现斯大林的名字就会被看做是一种挑衅。[3] 这些日子也很艰难：本雅明提到布莱希特越来越孤独，而在谈话中佯装挑衅的快感也逐渐消失了。[4]

本雅明住在布莱希特的邻居家，主人是一位警察，他的目的是想完成论波德莱尔的文章。他在丹麦过着僧人的日子。虽然与布莱希特的友谊仍在，但他认为他必须在工作上与布莱希特保持严格的距离，因为"在有些问题上他不能苟同"。[5] 但他仍然受到干扰——这次是警察家里那些吵吵嚷嚷的孩子们。他确信欧洲只是"临时收场"，于是用大量时间听广播。在哥本哈根与打字员一起工作了10天后，该文在9月末"以反战的速度"完成。[6] 准备了15年之久的"漫步者"终于与"世人"见面了，他感到骄傲。10月4日，本雅明给阿多诺的一封信谈到欧洲的空气还能呼吸多久的问题——物质上的。在精神上，

---

[1] *GB*, VI, pp. 138—139.
[2] *GB*, VI, p. 138.
[3] "Conversations with Brecht", in Walter Benjamin, *Reflections* (New York, 1978), p. 213.
[4] *GB*, VI, p. 168.
[5] *GB*, VI, pp. 142—143.
[6] *GB*, VI, p. 168.

当过去几个星期的事件发生之后，它早已令人窒息了。[1] 这些事件包括9月29日签署的慕尼黑协议，这是德国军队入侵苏台德的最初阶段。斯蒂凡至少没有直接危险——9月他到了伦敦的因菲尔德，住在沃伦医生家。

10月中旬，本雅明离开丹麦。妹妹患严重动脉硬化。弟弟被送到劳动集中营修路。本雅明告诉格莱泰尔·阿多诺，监狱或集中营里的日子至少还可以过："在他所处的环境里，就我听到的从德国传来的消息而言，降到人们头上的梦魇还不完全是监狱里的日子，威胁来自监禁之后被转至的集中营。"[2]

本雅明眼下的忧虑是不能发表文章。霍克海默没有向他提供论波德莱尔那篇文章的任何消息，即《波德莱尔笔下的第二帝国的巴黎》，阿多诺给予了很多的评价。[3] 他失望地看到这篇文章并不是《拱廊计划》的一个样本，而不过是一篇前言。主题集中，但没有开掘。关于踪迹、漫步者、全景画、拱廊、现代性和恒定性等主题都没有予以理论阐释。思想被阻隔在"物质的无法渗透的墙"后，缺乏中介。阿多诺指出，文章起作用的是一种原始的决定论，把波德莱尔诗的内容直接"与其社会时代的边缘人物联系起来，尤其是经济方面的边缘人物"。本雅明没有正确地分析波德莱尔时代的商品形式。他对马克思主义的解释也略去了"整个社会进程的中介"，所以剥夺了物体的"历史哲学意义"。本雅明的马克思主义在论《亲和力》的文章和论巴洛克的书中表现得较为突出，因为这两部作品运用了理论的辩证法。

---

[1] *GB*, VI, p. 167.
[2] *GB*, VI, p. 174.
[3] 阿多诺的信见 *SW*, 4, pp. 99—105. 本雅明的回复见pp. 105—112.

阿多诺没有推荐发表,并提出重写的建议。

本雅明用了一个月的时间才恢复他受到的"打击"。12月9日的信流露出浸透着他生活的那种忧郁和焦虑。当漫长而焦急地等待阿多诺的回复时,他偶然在霍克海默的《黎明》中看到了这样一段话:

> 在"等待"的标题下有这样一段话:"大多数人每天早晨都盼着来信。没有信来——或者,如果有信来,也是某种拒绝的信——一般来说这对已经凄惨的人都是真实的。"我遇到这段话的时候,已经感到悲惨至极了,将其作为对你自己的信的先兆或预感。如果最终信中有某些令人鼓舞的事(我不是说信中所说的改变视角的东西),那么事实就是,不管其他朋友多么坚决地支持,你的反对意见都不能说是一种拒绝。[1]

他努力调整方法。他不希望进行神秘的思辨,而是从语文学的角度修改《波德莱尔笔下的第二帝国的巴黎》,这是一本大书里的第二部分,经过了特殊选择是因为它可以在杂志里独立成文。他用语文学的方法详细分析了文本,"引导读者魔幻般地专注于文本"。一切都依赖于书的第三部分,那里,哲学将"驱逐"这里的"魔幻力量"。主题的堆积后来将由"一道闪电"照亮。[2] 他争辩说他的文章中"理论以一种未经曲解的方式自行出现","仿佛一道光线穿越人为弄黑的房间"。[3] 把"光的构造的观点集中在书的第三部分"就足够了。本雅明

---

[1]　*SW*, 4, p. 109.
[2]　*SW*, 4, p. 106.
[3]　*SW*, 4, p. 107.

拒不承认他的马克思主义是为了讨好研究院，而引用的方法也产生于"过去15年来我们共享的经历"。[1] 最重要的是，他恳请发表修改的部分。他需要听听别人的讨论以战胜他的孤独。他同意重新考虑书的整个结构，并据此厘清方法和立意，但没有向阿多诺的特殊批评让步。

这一年沮丧地过去了。法国和德国的和解，12月6日形成的法德宣言——没有改变双方目前的战线，并就双方相互关心的问题达成了协议——使得本雅明对国籍的前景感到渺茫，但又无能为力。1月24日，他又给霍克海默寄去了巴黎文学现状的政治综述。[2] 他用围绕现行思想和著作的正常讨论做分析，参加这些讨论的有汉娜·阿伦特（Hannah Arendt）、她的共产党员丈夫海因里希·布鲁彻尔（Heinrich Blücher）和弗里茨·弗拉恩科尔（Fritz Fraenkel）。超现实主义的影响和兴衰是一个特殊的问题。他用冗长的篇幅讨论了保罗·倪瓒（Paul Nizan）的小说《密谋》，讲一个具有超智慧的资产阶级青年团体，受革命思想的吸引而反对他们的市侩家庭。作为阶级的"叛徒"，他们密谋强行改革，而结果只是背叛了自己的初衷。本雅明在小说中看到了超现实主义者路易·阿拉贡的影子。他给予的冷酷评价是倪瓒在小说中准确地描写了工人阶级的孤立，但却未能分析其孤立的原因。

法国文学正处于"解体的过程"。雷蒙·格诺（Raymond Queneau）被说成是次于阿波利奈尔的作家。巴塔耶、米歇尔·雷里斯（Michel Leiris）和卡洛伊还在促进社会学学院的建立。雷里斯在写童年回忆录，题目是《神圣的日常生活》。卡洛伊则含混地到处播撒，远离现

---

[1] *SW*, 4, p. 107.
[2] *GB*, VI, pp. 197—209.

实。本雅明发出的是"有分寸的"和"准确无误的"批评声音,以对抗阿德里安·莫尼埃和《书友报》(*Gazette des Amis du Livre*)的反犹太复国主义。知识分子与大众失去了联系。工人阶级在法国政治体制中没有声音。而与法西斯主义却有更多的妥协——本雅明引用《星期五》的记者雅各·马道尔(Jacques Madaule)的话说,如果在未来几个月里那些知道自己想要什么的人,更重要的是知道他们不想要什么的人,还没有提起精神来,那么,"欧洲大陆的最后一块避难所"法国也将瘫痪。作为法国解体的最后例子,本雅明嘲笑了诗人保罗·克罗岱尔(Paul Claudel)为珠宝商写的广告册子,那是给宝石的祝福。

从个人情况看,论19世纪全景画一书的面世令他恼火。那是阿多诺的一个学生多尔夫·斯特恩伯格(Dolf Sternberger)写的,本雅明认为那是在剽窃他自己的作品。它经过了双重过滤:斯特恩伯格的头骨和帝国的审查。其"软弱得无法言表的"概念机器是从他那里"偷去的"机器的蜕化,即布洛赫和阿多诺。本雅明喜欢用的术语"寓言"每隔一页就出现一次。[1] 1938年4月在给作者的一封信的草稿中,本雅明声称该书是希特勒思想和斯特恩伯格思想的令人作呕的杂交。[2] 1939年1月底,他进行了全面反击。对侵犯他研究领域的人的个人怨恨并没有模糊真正的政治异议。在本雅明看来,斯特恩伯格是没有政治头脑、趋炎附势的半瓶子醋,身穿先锋派的外衣,使用"矫揉造作的"德国俚语,致使"他的语言成了倒退的工具"。[3] 本雅明认为政治寓于最小的语言表达之中:甚至一个短语也能暴露倒退的政治立

---

[1] *GB*, VI, pp. 60—61.
[2] *GB*, VI, p. 70.
[3] *SW*, 4, p. 145.

场。但是斯特恩伯格最大的错误就是把19世纪与20世纪隔绝开来，使他的"历史"著作在当下毫无用处。

本雅明的观点则完全相反。他指出19世纪末俾斯麦的反动与当下的反动是一脉相承的，试图据此对民族社会主义进行经济和阶级分析：

> 当下的野蛮行径在那个时代就已萌芽了，其美的概念表明了对谄媚者的同样忠诚，这一点，食肉动物早已向被捕食者展示明白。随着民族社会主义的到来，一缕光照亮了19世纪下半叶。这些年的主要活动就是把小资产阶级变成一个政党，利用它来实现政治目的。代表大地主阶级利益的斯托克实现了这个目的。希特勒托管的权力来自另一个群体。然而，他的观念内核依然是50年前斯托克运动的内核。在与国内被殖民人民即犹太人的斗争中，谄媚的小资产阶级自恃为统治阶层的一员，释放了他的侵略本性。随着民族社会主义的建立，一个项目开始实施，把创建时期的理想——在世界的炎炎烈火中获取温暖——强行加在德国的内部，尤其是加在妇女身上。[1]

他看到19世纪末的小资产阶级分子是如何"开始进入未来的权力实习的，在民族社会主义治下这种实习得以复兴和发展"；他还注意到"中产阶级阶层"如何交出了政治权力，于是"垄断资本主义就扫清了道路，随之而去的还有民族复兴"。[2] 本雅明从现在开始的希特勒

---

[1] *SW*, 4, p. 147.
[2] *SW*, 4, p. 145.

主义着眼批判过去，他的分析极为重要，因为它表明了当下形势的历史根源。过去和现在相互启迪。

对历史取向的反思成了他的波德莱尔和拱廊研究的重点。1月1日他告诉霍克海默他已经开始研究进步的概念和历史的观点了。[1]这在《拱廊计划》的档案N里有所记载，标题是"论认识理论，进步的理论"。本雅明面对的是在历史中展开的资产阶级的进步观念。它曾经显露出一种批评功能，"随着资产阶级巩固其权力地位，进步的观念便逐步丧失了它原有的批评功能。"[2]不同的理论家，从达尔文主义者到社会民主派，都相信进步的自动保证性质。目前进步的实际赌注是社会进步和伴随社会进步的技术发展。进步与灾难共进，[3]的确，资本主义的技术进步观念迎来了灾难。19世纪的视觉刺激技术——新的燃气灯、新的色彩染料、新的能源利用模式——都转变成第一次世界大战色彩缤纷的炼狱，在第二次世界大战的战火恐怖中愈加强化。20世纪的废墟是19世纪的部分废墟，再次被疯狂的技术所轰炸。技术进步不是进步，而是没有开头和结尾的轮子，其注定的破坏/生产的动力最终将被撕裂——再次成为废墟。进步有两副面孔，同时面对两个方向。本雅明痛斥资产阶级和社会民主的社会进步观念，通过批判社会进步观念为实际社会进步的状况和程度提供理论根据。但他对进步本身并不怀疑："基本历史概念的定义：灾难——机会的丧失。批评时刻——有待于保留的现状。进步——所采纳的第一个革命措施。"[4]本

---

[1]　*GB*, VI, p. 198.
[2]　*AP*, p. 476.
[3]　*AP*, p. 473.
[4]　*AP*, p. 474.

雅明开始了确定术语和定义的一场斗争，对句子的内容提出了质疑。过去的灾难性概念已经传到了现在，必然受到恢复术语内容的挑战。进步需要发现真正的内容。

2月23日，本雅明回复了阿多诺给1月1日修改稿的一些指导性意见。研究院已经同意发表修改稿的中间部分，即论漫步者的《波德莱尔笔下的第二帝国的巴黎》。本雅明中追溯了19世纪中期巴黎的幻想，这些幻想把这座城市变成了一系列玻璃长廊和冬日花园。巴黎是一个"梦幻之城"。在这个梦境中，漫步者在一种陶醉的状态下认识他周围的环境，这种认识相似于波德莱尔做大麻实验时的那种认识。相似性——本雅明以前探讨毒品和超现实主义时所用的一个术语——现已成为他研究的主导思想。从社会角度解释，波德莱尔描写的是相似性的历史幻觉，这种相似性的幻觉就寓于商品生产社会之中。商品社会强化了相似性的幻觉：价格标签使商品相似于同等价格的所有其他商品。商品成为了自身的可销售性。同样，漫步者也安居于自己的可购买性。[1]

如果漫步者把自身像商品一样放在展台上展示，那么，本雅明就不得不做相反的事。他走过的路在一条一条地消失。他放弃了仍然与柏林保持的联系：2月，他卖掉了留在柏林的一些物品：一些书，一条地毯，一张办公桌。同时，盖世太保启动了取消本雅明公民权的程序——3月25日，他们的目的达到了。理由可能是1936年11月他在《文字》上发表的《巴黎来信》。"抹除踪迹！"（Verwisch die Spuren！）布莱希特在1926年的一组抒情诗《城市居民读本》的一首诗

---

[1] *GB*, VI, pp. 226—227.

中坚持这样做。[1] 因为这些踪迹——签名字母、电影、炉台上的小玩意儿——都与财产息息相关，因此象征着社会阶级。布莱希特的诗歌情感详细描写自治的问题：抹除踪迹，否则别人就会替你抹除。[2] 本雅明在1933年的《没有踪迹的生活》中恳求"抹除踪迹"，这个微小断片呈现了凌乱的资产阶级客厅里的恐怖场面，详细刻画了在闪光透明的钢和玻璃结构建筑物中的新生活。[3] 1938年秋和1939年冬，本雅明评论了布莱希特的诗，注意到"抹除踪迹"这句话实际上是在暗示共产党活动分子的秘密移民策略和透明的非法行动。[4] 到那时，本雅明等人早就看清了当局正在清除共产党和犹太"垃圾"，以及被视为社会垃圾的任何人。

本雅明抹除了自己的踪迹。他为研究院的杂志写了一篇论卡洛斯的批评文章，但发现卡洛斯与他在移民局的联络人非常亲密，担心这会不利于他的移民案。他请求用汉斯·费尔纳的假名发表该文。但文章却是以 J. E.马斌（J. E. Mabinn）的笔名发表的，因为霍克海默认为这个名字非常"松散"，只有知情人才能正确地破译出它出自研究院的内部成员之手笔。[5] 匿名的压力越来越大。使本雅明感到为难的是，3月，霍克海默写信说研究院陷入财政危机，可能不能继续资助他了，至少暂时不能了。研究院的财富主要是资产，而当时的市场又不宜出售这些资产。霍克海默要求本雅明找到替补资金，建议他与学

---

[1] *SW*, 4, p. 223.
[2] 弗兰克·杰林耐克翻译的布莱希特诗歌名为《掩盖你的踪迹》，被收入 John Willett and Ralph Manheim, eds., *Bertolt Brecht: Poems 1913—1956* (London, 1979), p. 131.
[3] *SW*, 4, p. 701.
[4] *SW*, 4, p. 233.
[5] *GB*, VI, p. 215.

术同仁合作。

本雅明承认一连串的事件使形势越来越难。索邦的赞助者,即人类学家吕西安·列维-布鲁赫尔(Lucien Lévy-Bruhl)已经气息奄奄。无论如何,学术界已经毫无热情,"或许因为任何一种介入都只能使他们死灰复燃"。[1] 本雅明还报告说他已经逼迫肖勒姆与耶路撒冷的索肯出版社签订论卡夫卡一书的合同。但萨尔曼·肖肯(Salman Schocken)是个"阴郁的独裁"——他的财富和权力"以犹太人的痛苦为代价而剧增,他的主要关注是犹太民族的生产"。[2] 本雅明提醒霍克海默,他希望总有一天研究院最重要的成员会汇聚一堂;他还说假如那一天不过是他的一线希望的话,他也毫不奇怪。移居美国将会面临一系列的护照问题。德国人的额度——自1933年以来,每年只允许27230人进入美国,而在1939年3月,这需要等两年——因此有必要在最近的美国领事馆登记。而一旦登了记,你的名字就上了名单,就没有了享受特殊待遇的可能性,比如通过职业任命入境。

他还把一篇关于《拱廊计划》的新的说明一同寄给了霍克海默,这就是《巴黎,19世纪的都城》。计划的核心是"现象与现实的冲突"。每一章描写一个"幻影",即现实与幻觉的梦幻般结合,"文明表象物化的结果"。[3] 其中有市场的幻影,那里的人只作为类型出现;有室内的幻影,那里的人都在自己居住的房间里留下了私下生活的痕迹,而文明本身则在豪斯曼子爵与改变了巴黎面貌的宽阔街道上达到了巅峰。所有这些"都在布朗基的作品中构成了了不起的宇宙幻影",

---

[1] *GB*, VI, p. 232.
[2] *GB*, VI, p. 232.
[3] *AP*, p. 14.

一种恐怖的谴责,所有的创新都被谴责为再版,而革新不过是原地转向:"布朗基的宇宙推论给人们这样一个教训:只要一个地方被幻影所占据,那么人类就会陷入一种神秘的痛苦"。[1]"阶级斗争的事实"被大部分删除了。[2] 但其他比较明显的政治论调却仍然能听到回声:

> 文明国库里积聚的财富似乎在各个时代都可以识别出来。这个历史观减弱了这样一个事实,即这些财富的存在及其传输都是由于社会的一种恒定努力——此外,正是这种努力奇怪地改变了这些财富。[3]

第二天,本雅明就卡夫卡的合同写了封双倍加急信给肖勒姆。他担心失去了至少已经"一半适合人类"的一种生存,希望用其他资源接续暂时停止的收入。他考虑离开法国:"在地球上分给犹太人的各个危险地带中,对我来说目前的法国是最危险的,因为我在经济上承受着彻底的孤立。"本雅明再次提出去巴勒斯坦住几个月的可能性。[4] 肖勒姆回复说由于政治局势,甚至连到巴勒斯坦的旅游也很难了。德国入侵捷克斯洛伐克后,那里来了许多难民;为本雅明找到物质资助将非常困难。还有更糟的来自巴勒斯坦的消息。肖肯决定不发表任何德文书——肖勒姆为一部百科全书写的论犹太神秘主义和弥赛亚主义的一个简短词条是他发表的最后一个德文产品。[5]

3月20日,本雅明在给玛格丽特·斯蒂芬(Margarete Steffin)的信

---

[1] *AP*, p. 15.
[2] *GB*, VI, p. 235.
[3] *AP*, p. 14.
[4] *GB*, VI, p. 236.
[5] *GB*, VI, p. 249.

中谈到他"当然"考虑移民美国的问题,因为欧洲已经"无法居住了"。但最近的一次访问将是"近乎一半超现实主义的展览",将展出一些墨西哥画。[1] 1939年4月初,本雅明对格莱泰尔·阿多诺说所有可移动的物品,无论物质的和思想的,都被快速运往美国。每一个可怜的人都试图找到通往美国的路。本雅明在巴黎的富友西格蒙德·摩根罗斯(Sigmund Morgenroth),文艺复兴时期徽章的收藏者,也在办理与妻儿移居美国的手续,他的儿子就是本雅明的朋友斯蒂芬·拉克纳(Stephan Lackner)。本雅明希望这家人将来会帮助他在美国找条出路,或许还会赞助研究院。

本雅明有好几条不可争辩的理由离开法国。法国政府刚刚颁发了针对外国人的一系列法令。[2] 此外,还有传言说52岁以下的外国人都得参战——事实是,达拉第于4月12–16日颁发的法令要求在法国住满两个月的18–48岁的男性难民都得服役。几个星期后,政府为阻止移民而强令移民做重体力劳动。本雅明继续就移居巴勒斯坦的可能性催逼肖勒姆。[3] 他为摩根罗斯写了研究院历史和结构的简介,特别提到他是唯一滞留在欧洲的定期撰稿人。他还承认,他近来迫切要求移居美国的心情直接来自"越来越大的战争危险和越来越强烈的反犹太复国运动"[4]。他希望摩根罗斯会赞助他的旅费,补偿他为他儿子的文学生涯所付出的努力。[5] 为寻找资金,他让拉克纳在美国探听一下克利

---

[1]　*GB*, VI, p. 244.
[2]　*GB*, VI, p. 247.
[3]　*GB*, VI, p. 253.
[4]　*GB*, VI, pp. 258–259.
[5]　*GB*, VI, p. 263.

的《新天使》的市场价格。4月18日，他告诉霍克海默寻找其他收入的进展缓慢。加入法国国籍的希望已经渺茫。有九万份卷宗堆在行政长官的桌上。本雅明的关系派不上任何用场。

5月，他去了彭蒂尼，哲学家保罗·德斯贾丁（Paul Desjardins）在那里召开了每年一度的十天会议，叫做"彭蒂尼的时代"。本雅明希望能碰到有用的法国熟人，但他惊讶地发现德斯贾丁竟然如此地颓废。此外，食物糟透了，图书馆里都是在那里修习的斯堪的纳维亚年轻人，书都放错了地方。钢琴随处可见，人们常常丁零丁零地在那里练习。本雅明目睹了旅游总局的艾米利·勒弗兰克（Emilie Lefranc）做的一次极糟的演讲，是庸俗马克思主义服务于反革命目的的一个例子。演讲的主题是工人不要培养复仇精神，只需振作起来为社会正义而斗争。[1] 本雅明做了论波德莱尔的演讲，使本来已经崩溃的德斯贾丁僵化了片刻。[2] 但本雅明无法逃脱那里的未来。去往美国的念头时时侵袭着他，他从彭蒂尼写信给霍克海默谈了他的一些看法——名额，一个有资助的职位，旅游签证。他是滞留在法国的三百万外国人之一，有消息说要为所有外国人建造集中营，无一能幸免。[3]

本雅明5月末回到巴黎。6月，他向一直给他提供烟草的玛格丽特·斯蒂芬汇报了波德莱尔研究的进展。《新工人》要求重写。如果不是电梯的噪音使他无法工作的话，这篇东西早就完成了。夏天，他可以在阳台上工作，但在狭窄的街对过儿，对面阳台上一位糟糕的钢琴手整天吹口哨。本雅明用"一大卡车"的蜡、石蜡和水泥把耳朵塞

---

[1] *GB*, VI, p. 281.
[2] *GB*, VI, p. 303.
[3] *GB*, VI, p. 282.

住，但无济于事。[1] 他讲了一个卡尔·克劳斯可能会喜欢的一个病态故事：维也纳犹太人的煤气供应被断了，因为他们宁愿用煤气自杀，也不付煤气费。[2]

6月24日，本雅明向霍克海默汇报了他研究漫步者的最新发展。他将在三章中涉及这个人物：一章论拱廊，一章论人群，还有一章论商品市场生产的陶醉感。[3] 本雅明最近刚刚读过卡尔·科尔什的《卡尔·马克思》，令他"着了迷"。实践政治越发令人失望。巴黎反法西斯分子中由于失败造成的分裂令他沮丧。[4] 移民一派混乱。他目睹了阿尔弗雷德·都柏林（Alfred Döblin）关于国际诗人协会俱乐部资助他去美国参加世界作家大会的报告。显然，登上大西洋轮船的都是资产阶级移民，他们没有发表任何批判希特勒的言论。但本雅明没有被都柏林的分析所感动。都柏林已经完全放弃了马克思主义——反正他从来没有理解马克思主义——躲进了象牙塔。这都没什么，但本雅明认为让这种人满口胡言简直就是个错误。都柏林见到了罗斯福，但只有几分钟，就因此把美国的未来美化成自由的国度、是欧洲应该满怀信心敬仰的老大哥。

本雅明还拿不定主意。美国已经颁发了一道法令，禁止发表反犹太的宣传品，但本雅明却看到了更加微妙的法西斯意识形态。他向霍克海默讲了他看过的一部影片。弗兰克·卡普拉（Frank Capra）的《你不能带走它》，一部获学院奖的影片，表明了"电影工业"在

---

[1] *GB*, VI, p. 294.
[2] *GB*, VI, pp. 294—295.
[3] *GB*, VI, pp. 303—304.
[4] *GB*, VI, p. 304.

美国已经与法西斯主义达成共谋。列宁路线——他说的是马克思的路线——把宗教看做人民的鸦片已经过时了:

> 今天给人民的最好鸦片是一种不冒犯性,那种可卡因,其最重要的成分是"热心肠"和"愚蠢"。这部卡普拉影片证明了"反对富豪"的口号是多么的反动。[1]

关于他迁居美国的事宜,有令人宽心的消息传来。在美国领事馆,他被告知随时都可以拿到旅游签证,只要有能提供巴黎的租房合同和旅行资金的证明。他的难民护照证明是比较少见的和更加可靠的文件。[2] 斯蒂凡从伦敦写信请他去那里。信中说他很难找到英国朋友,但伦敦到处是移民。他住在一个有趣尽管丑陋的地区,离海德公园很近,到处是堆满了偷来的物品和二手商店。[3]

7月末,本雅明把论波德莱尔书的第二章第二部分的新稿《波德莱尔的一些母题》寄给了霍克海默。在等待回复期间,一些小项目有了结果。1929年被《法兰克福报》拒绝的《什么是史诗剧?》在1939年夏被《测量与价值》匿名发表了,并做了几处改动。他给《欧洲》寄去了《1789年的德国人》,论述了法国大革命对德国的影响。这篇文章和1939年夏完成的论乔赫曼的《诗歌的倒退》都考问了欧洲历史遗迹和德国人接受法国思想的方式。最进步的德国人都逃离了德国以便在更加民主的环境下从事研究。于斯图·封·李比希(Justus von

---

[1] *GB*, VI, pp. 304—305.
[2] *GB*, VI, p. 306.
[3] Luhr, "was noch begraben lag", pp. 52—53.

Liebig)、卡尔·顾慈科（Karl Gutzkow）、海因里希·海涅（Heinrich Heine）和亚历山大·封·洪堡特（Alexander von Humboldt）都把巴黎看做世界公民的都市。[1] 当哺育这些进步德国人的那个阶级把自己的命运与普鲁士帝国绑在一起时，与巴黎的联系被切断了，关于世界公民的意义也随之而去。1871年德国人作为军事征服者进入了巴黎。于是一个帝国主义时期开始了，以帝国主义和种族主义的纳粹帝国为巅峰，这也迫使本雅明在巴黎寻求避难之所，直到它再次陷落。

本雅明继续写作和评论的背景是处于绝望之中的欧洲：战争的迫近，国内压迫的消息，稳定的通讯网络和出版机会的丧失。谁会读在如此绝望的环境下写的这些文章呢？是其他流亡者，他们试图通过流亡者主办的杂志继续讨论问题。本雅明坚持评论欧洲文学史和文化史，努力把欧洲呈现为传播进步思想的地方。

8月6日，本雅明告诉前妻他已经六个星期没有写信了，那是为了完成波德莱尔研究的主干。他必须"专心"工作因为他的生存仍然处于危险之中。他可能几个星期或几个月后去美国，目的是看看能否在那里求得生存。[2] 当天他给斯蒂凡写了一封信，祝贺他通过了大学入学考试，表达了他对斯蒂凡的孤独的关心：

> 当然，孤独属于希特勒和他的社会民主党和共产党接生婆们带给世界的那些病魔。总有一天偶然的希望会实现。对我这个年龄的备受上一次战争伤害的人来说，同样的事情不太可能发生了。[3]

---

[1]　*SW*, 4, p. 357.
[2]　*GB*, VI, p. 318.
[3]　*GB*, VI, p. 319.

他让斯蒂凡给他寄英国烟草——法国的烟草简直无法吸了。他得把玛格丽特·斯蒂芬寄来的烟草退回去,因为他无法支付税收。当他在巴黎无法忍受的阴冷的夏天向她诉说这一切的时候,他感到"多雨、疲乏、凄惨和过度劳累"。为了恢复体力,他在读法文版的英国鬼怪故事。[1]

去美国的计划在8月份取得了进展。根据他的计算,他需要一万法郎支付这次旅行。为了与"实际上所有了解"他工作的人处于同等地位,他必须要支付这么多钱。[2] 他打算付60美元乘货轮而不是90美元的三等舱客轮。如果顺利的话,克利的画能够支付这次旅行的部分费用。[3]

9月3日,欧洲宣战。第二天,本雅明告诉了霍克海默他在肖克宁的新地址,在贝茨太太家,也就是里尔克的译者莫里斯·贝茨(Maurice Betz)的太太。政府开始动员49岁以下的男性难民参战。本雅明47岁。离开巴黎前,他把自己的著述和笔记交给了一位未留名字的法国女性朋友。几天后,他和16岁到50岁的德国移民一起在克伦比体育馆呆了10天,后来他就上了去往纳韦尔的火车。火车上一片混乱——阿尔弗雷德·科斯特勒就设法在从体育馆向集中营转移时逃跑了。在本雅明发现很难坚持的一个半小时步行后,[4] 难民们来到了韦尔努什城堡。

城堡空空如也。过了一段时间他们领到了用以睡觉的稻草。[5] 本

---

[1] *GB*, VI, p. 327.
[2] *GB*, VI, p. 323.
[3] *GB*, VI, pp. 330—331.
[4] *GB*, VI, p. 334.
[5] *GB*, VI, p. 335.

雅明所在的营房有300人。一会儿,营房里开始了社交活动,烟卷、钉子、纽扣和铅笔都成了通货。本雅明为营房的文化生活做出了贡献,主动为交换烟草做讲座。他计划做一份定期营房报纸。在拘留期间,他仍然与研究院和朋友们保持联系——信件都是用法文写的,以便更容易通过审查。众多的支持者——布莱赫、古斯塔夫·格鲁克、格莱泰尔·卡普鲁斯-阿多诺、两位朵拉、阿德里安·莫尼埃、西尔维娅·毕彻(Sylvia Beach)、吉塞勒·弗洛伊德和研究院秘书朱利安·法维泽(Juliane Favez)——都给他提供了报纸、书、巧克力、烟草、套衫和毯子,并替他支付了租金。道德的支持来自不同地方,最重要的是研究院就波德莱尔文章所出具的证明。他请伯纳德·封·布伦塔诺把最新的小说寄给他,尽管他不知道能不能允许读德文书。不管怎样,他还让布伦塔诺在包裹里放上几块巧克力。[1]

本雅明在11月底被从拘留营释放出来,是迫于阿德里安·莫尼埃、外交家亨利·霍培诺(Henri Hoppenot)和法国国际作家协会俱乐部的压力而被释放的。他身体消瘦虚弱。美国的前景比较乐观。第二个选择是去伦敦,他的前妻有望在那里开一家旅馆。格莱泰尔·阿多诺用英文写信向他强调了在美国懂英语的重要性,厄恩斯特·布洛赫已经体验到了不懂英文的害处。[2]本雅明发誓学习英语。他申请加入国际作家协会的德国移民部。拿着田纳西州纳什维尔的弥尔顿·斯塔(Milton Starr)提交的国家移民服务部的一封信,里面还有办理签证的一应文件,本雅明犹豫不决地将其交给了领事馆。他在社会上、尤

---

[1] *GB*, VI, p. 347.
[2] *GB*, VI, p. 370.

其是在思想上依附于法国：对他来说，"世界上没有什么能代替（法国的）国家图书馆"[1]。但是战争在改变巴黎，严格的规则将要执行。他请霍克海默发表意见。1940年1月10日霍克海默回复说移民签证的程序极其复杂。霍克海默警告他办移民签证可能需要几个月的时间。他还清楚地说明办移民在美国的薪酬不会高于在法国的，那意味着"相当的贫穷"，尽管这可以由朋友和同事来弥补。[2]

1940年1月11日，本雅明写信给肖勒姆，宣布"我们今天设法开印的每一行文字——仅就我们的未来将如此的不稳定而言——都是与黑暗势力斗争的结果"[3]。《论波德莱尔的一些母题》和《卡尔·古斯塔夫·乔赫曼的"诗歌的倒退"》于1940年初发表在《社会学研究》的两期合集上。其他文章都已石沉大海。他写了论亨利-伊雷尼·马罗（Henri-Irénée Marrou）的《圣奥古斯丁与古典文化的终结》的评论。这篇博士论文认为罗马的思想颓废和圣奥古斯丁都是文学的颓废，这是本雅明早就关心的主题。马罗引用了本雅明最早的一个老师埃洛瓦·利格尔（Alois Riegl）和他1901年发表的《晚期罗马的艺术工业》。马罗探讨了圣奥古斯丁对《圣经》的寓言式阐释，一种"神圣的语文学"，其中，圣经的场所"（如同弗洛伊德梦境中的多元因素一样）能够进行两种、三种或更多的阐释"，这又是与本雅明极为接近的一个主题。[4] 这篇评论表明了本雅明20多年来始终如一地迷恋的主题，但没有发表。

---

[1] *GB*, VI, p.373.
[2] *GB*, VI, p. 376.
[3] *GB*, VI, p. 379.
[4] *GS*, III, p. 588.

在1月11日给肖勒姆的信中，本雅明提到肖勒姆要"保护我们所共有的东西"的愿望，并评论说，与25年前相比，食粮是最好的东西。已经没有理由进行激烈的争论了：[1] 争论的日子已经过去了。他注意到能够对这个世界上施加影响的人在急剧减少。本雅明不是其中之一。

他孤立了。时代，他的健康状态，总体形势，都暗示他要待在家里。他的公寓里有暖气，但是如果外面气温很低的话，他还是无法从事写作。他喜欢与前妻的两次短暂会面。她谈到斯蒂凡的进步并不是很理想，但也不至于需要警惕。他把时间用于阅读——研究院的合刊令他心悦诚服。他尤其佩服霍克海默的《犹太人与欧洲》一文，在资本主义的语境下探讨了反犹太复国主义的问题："在让他们住进贫民窟的这些国家里，没有人可以要求移民给这个创造了法西斯主义的世界照照镜子。但任何不愿意讨论资本主义的人也应该对法西斯主义缄口沉默。"[2] 霍克海默认为，对犹太人的迫害是官僚垄断资本主义为排斥犹太人始终积极参与的经济流通领域而付出的努力。法西斯主义就是官僚垄断资本主义的现有形式，其影响是根本性的。它从19世纪被压迫的工业工人中分娩出一种新的顺从的个人。这就是它的力量，而当进步力量失败时，它使知识分子无所适从。知识分子蒙蔽了自己，认为实际有效的东西就是好的，因此法西斯主义不可能成功。这就是知识分子的错误。

2月，住在现已没有暖气的冰冷的公寓里，本雅明开始了在美国

---

[1] *GB*, VI, p. 379.

[2] Horkheimer, "The Jews and Europe", in *Critical Theory and Society: A Reader*, ed., Stephen Bronner and Douglas Kellner (London, 1989), pp. 77—94.

领事馆申请美国移民签证的程序。领事馆已经从巴黎搬到了波尔多。10天后,他告诉霍克海默他在写另一篇长文,按要求综述法国文学的现状。他还提到他正在做"关于历史概念的一些论纲",它将是第二篇论波德莱尔的文章的"理论武装","特别论述历史的一个方面,即导致我们的观看方式与实证主义残余之间不可弥补的分裂的那个方面"。[1] 用法文写的那篇文学综述于3月23日寄给了霍克海默。超现实主义对法国文学文化的影响依然是主题之一。米歇尔·雷里斯的弗洛伊德式自传《人的年龄》有几页具有哲理性,包括性高潮理论和自杀的爱欲论。加斯东·巴士拉尔(Gaston Bachelard)对超现实主义教师洛特雷阿蒙(Lautréamont)的研究是另一个焦点。精神分析学再次成为重要问题。本雅明最感兴趣的是巴士拉尔著作完全淹没作者的方面——其潜在的内容。它对暴力的分析明显带有"希特勒统治"的痕迹。[2] 巴黎的文学发展与希特勒和斯大林签署的互不侵犯条约施加的奇怪压力有关。本雅明正在读有关苏维埃发展的一些批评文献。他提到了维克托·赛尔杰(Victor Serge)的《世纪的午夜》,其文学价值等于零,但的确含有关于"斯大林恐怖的生动描写"[3]。然而,与帕纳伊·伊斯特拉蒂(Panaït Istrati)十年前清醒的三部曲《朝着异乡之火》、《苏维埃》和《天生的俄国人》相比,却没什么价值。伊斯特拉蒂的三部曲吸引了他以前的共产党朋友们的邪恶的注意力,如斯大林主义者亨利·巴比塞(Henri Barbusse)。

---

[1]　*GB*, VI, pp. 400—401.
[2]　*GB*, VI, p. 413.
[3]　*GB*, VI, p. 420.

综述的最后一部书是乔治·萨尔（Georges Salles）的《目光》。[1]这是本雅明最后一篇未发表的评论的主题，也是他生前发表的最后一篇文章的主题——1940年5月以书信的形式发表在阿德里安·莫尼埃的《书友报》上。萨尔是卢浮宫博物馆东方馆馆长。本雅明夸奖萨尔对材料时间性的把握。时间流逝对艺术品的影响，物体老化的可见性，导致"梦幻之眼"的观看方式，即"深入久远年代的一种目光"，[2]这种目光存在于物品之中，目睹了自己的时代和后续的所有时代。这种目光敞开物体，对其进行历史的调查和想象的投射。本雅明引用萨尔的话说："每一只眼睛，我们的眼睛和原始人的眼睛，都被鬼魂萦绕着。在每一个时刻，它都根据自己的宇宙图式来捕捉世界。"[3]

这种目光深嵌于历史和社会的感知时刻，观察到已经活过的物体，并被裂隙所毁坏，留下了冲突的痕迹，历史的辩证运动在那里自行显露出来。[4]那目光凝视着"被清理的物体"、被时间击打的物体，迎接曾经辉煌但现已死亡的作品，"正如我们仍然看着久已熄灭的星球的光亮"。这就是收藏者那温柔的情人般的目光。收藏者的时刻、历史、立场与见证历史的物体的神秘意义相交叉，产生了承载着社会记忆的火花。本雅明在评论中承认他对萨尔的话题非常感兴趣，还说他多年来曾以饱满的热情从事收藏。他已经与他的收藏品阔别7年了，从那以后再没有过这样的经历了，那"使你陷入室内美丽迷人之物形成的大雾之中"的经历。[5]虽然他对这种迷醉状态怀有几分伤

---

[1]　*GB*, VI, pp. 418—419.
[2]　*GS*, III, p. 593.
[3]　*GS*, III, p. 591,595.
[4]　*GS*, III, p. 591.
[5]　*GS*, III, p. 594.

感,但他凄惨地说他再也没有重新开始收藏的精力和勇气了。

4月6日,本雅明详细向霍克海默讲述了他糟糕的身体状况。高血压引起了充血性心脏失调。专家建议他去乡村疗养。本雅明把X光片也寄给了霍克海默,希望研究院能给他提供治病的资助。钱寄来了。他还要求研究院给他一张委任书,担心谣传的德国难民条件真的要修改。他要求研究院证明他已经为其工作7年了,而他的职责就是在法国国家图书馆研究法国文学史。[1]

5月初给格莱泰尔·阿多诺的一封信又回到了历史论纲的话题上来。他回想起过去的快乐时光。1937年5月的一天,当卡普鲁斯、阿多诺和经济学家阿尔弗雷德·索恩–莱特尔共进午餐时,本雅明大谈关于进步的看法。

> 战争以及战争带来的星群使我不得不放弃一些想法,可以说,这些想法我已经安全保留了20多年了,甚至连我自己都没碰过。这也就是为什么连你们俩都没有瞄一眼这些想法的原因。我们在胡桃树下的那次谈话是这20年的基础。今天我把他们当做在沉思的散步时拾来的一束悄声说话的野草,而不是作为收集的题目献给你们。你们接到的文本不止在一种意义上被缩减。我不知道你们读它时会有多么惊奇,或者会给你们多大的误导,后者是我所不希望的。无论如何,我请你们特别注意第17条反思:它透露了这些思考与我以前的研究之间那种隐蔽但却包容的关系,它简洁地说明了后者研究的方法。[2]

---

[1] *GB*, VI, p. 431.
[2] *GB*, VI, pp. 435—436.

这些纲要并不是非发表不可。《论历史的概念》的确写于"世纪的午夜"。本雅明的"圣约书"是对一段特殊历史及其讲述的反思，它产生于他对前此150年的经济和政治发展的研究。本雅明的精辟思想使得19世纪的历史学家不得不解释他们的进步神话，也就是由技术发展和启蒙理想的传播而得到保证的进步。这个神话的传播给传播它的人民——德国社会民主党——带来了灾难性后果，他们以为自己是以人民解放的名义说话，实则推动了民族社会主义而否定了人民解放。甚至在最黑暗的时刻，本雅明依然恪守人民的智慧——一场阶级斗争——以"信心、勇气、幽默、计谋和坚毅"进行的一场阶级斗争。[1] 还有别的什么能拯救时局呢？这些论纲拒绝承认任何闭口不谈工人阶级积极参与自己的解放斗争的进步观点。对这些论纲的一些"补遗"扩展了本雅明对实证主义和历史主义的抨击，把他们的方法比作自然科学发现"法则"的方法。相反，本雅明断言历史是一种"记忆"形式，是作为一个时代的现在，其中任何一个时刻，都可能出现"对一个全新问题的一种全新解决"。[2] 这些论纲包含着描写历史和社会进程的一些惊人形象：历史是缕缕被磨损了的毛发，有待于编织成一种发型；历史唯物主义的方法是对光的光谱分析；革命是火车头的紧急刹车；而尼采的"永恒轮回"是学生的课后留校，在那里，"人类必须无休止地重复抄写他的作业"。[3]

《论历史的概念》是本雅明对社会民主、斯大林主义和资产阶级思想的总结，它们每一项都不能防止法西斯主义带来的灾难。社会民

---

[1] *SW*, 4, p. 390.
[2] *SW*, 4, p. 402.
[3] *SW*, 4, p. 403.

主致力于政治机构和资本,正如一些共产党组织与希特勒已达成协议一样。人民有理由绝望。但是,这些论纲也提供了希望,或至少试图形成一种思维方式,以用于一种光复的革命实践。本雅明非常清楚:"历史认识的主体是斗争中的被压迫的阶级自身。"[1]如在分析可复制的艺术品一样,在论历史的纲要中,重点是积极参与文化和历史的大众。他还说,在马克思的著作中,最后一个受奴役的阶级是以几代受压迫之人的名义完成解放任务的复仇者。

在整个论纲中,重点始终在斗争和历史实践与认识和理论之间的关联上。解放只有在打破根据自动进步来理解世界的某些遗传模式时才能到来,危机是例外,而历史则是向绝不会到来的更好未来的客观展开——这些模式既不能预见也不能防止法西斯主义。本雅明希望书写能够构想革命变化的历史。他的"触及历史本质"的方法打破了展示事实真相的传统方法,拒绝把历史看做已经结束或关闭的东西。过去建造了现在,正如我们对过去的兴趣折射了我们现在的关怀一样。本雅明的历史寻求的是过去在现在的流动:如他在《拱廊计划》中论认识和进步的笔记中所记载的:"历史唯物主义的呈现致使过去把现在带入一种批评状态之中。"[2]同样的,它试图打开存在于过去但仍然等待着激活的各种可能性。

1940年5月7日给阿多诺的一封信讨论了波德莱尔和普鲁斯特、施特凡·格奥尔格和霍夫曼斯塔尔。这封信是关于现正在崩塌的欧洲文化的自我解释和弹性反思的一种结合,试图为记忆和经验理论以及

---

[1] *SW*, 4, p. 394.
[2] *SW*, 4, p. 471.

"反抗"观念提供根据。[1] 本雅明谈到了孤独,不是"一个人的个性完整的场所",而是"他历史地决定的空虚,是他的替身的场所,这个替身就是他的厄运"。[2] 本雅明并没有因为孤独而充实——这封信,与所有其他信件一样,披露了他是在对话中成长起来的——但历史命运却决定了他的孤独。

6月,就在德国军队开进来的当口,本雅明离开了巴黎。他向卢德进发,那里已经聚集了一些避难者。本雅明找到了一个廉价旅馆。他只带了一本书,17世纪活动家雷兹的红衣主教宫迪(Gondi)的回忆录。[3] 他感到每一份报纸都带有个人的印记,每一次广播都播送坏消息。他担心美国签证不会及时办妥,便考虑去瑞士,在那里办理去葡萄牙或非欧洲国家的签证。[4] 8月,他去往马赛,难民们都在那里申请签证,计划从那里逃离首都已经倒塌、维希的贝当政府已经与希特勒同流合污的一个国家。法国的口号"自由、平等、友爱"已经被"工作、家庭、家园"所取代。在马赛,本雅明再次遇到科斯特勒,分享了他用于自杀的工具——自从德国国会被烧毁以来本雅明就一直携带着的吗啡。这座城市里到处都是策划疯狂计划的逃亡者。本雅明想通过贿赂登上一艘货轮,和他的朋友弗兰克尔打扮成法国水手,但没有成功。在马赛的时候,本雅明就听说他已经得到了国家难民服务部的名额外的签证。美国现已是具体可行的计划了——而如果不去美国,研究院还提议在古巴哈瓦那大学给他一个客座讲师的职位。[5]

---

[1] *SW*, 4, p. 415.
[2] *SW*, 4, p. 416.
[3] *GB*, VI, p. 470.
[4] *GB*, VI, p. 473.
[5] *GB*, VI, pp. 477—478.

1940年9月底，本雅明和一伙人一起翻山去往西班牙，计划由西班牙转道美国。他随身带了70美元和500法郎，一只黑色皮箱，里面装着六张护照照片；一张X光片和健康证明；一只琥珀杆烟斗；一只破碎的眼镜盒里装着眼镜；一只磨损的镍链金怀表；巴黎颁发的身份证；带有西班牙签证的护照和信件、杂志和纸张，有些手稿，其内容不详。[1] 15英里的路程就能把这些难民带到山顶，这是西班牙内战期间共产党将军李斯特曾经用过的一条走私路线。对本雅明虚弱的健康状态而言，这的确是一次艰苦的跋涉。[2] 在沿着小路向山顶攀登时，本雅明拒绝回头，不畏严寒或野兽坚持在山顶过夜。第二天，其他人都以他为向导。这个完全献身于城市偶然状况的人对一个遥远地区的地形却竟然如此熟悉。他们找到了去往边境的路。

　　这伙人被隔在了边境小城布港。新的签证规则规定，本雅明没有政府发的出境签证就不能进入西班牙。他担心被移交给盖世太保。本雅明本可以在被永远拦截之前数次越过布港。但遭此厄运的并非他一人。甚至最有权势的人也屈服了，因为加泰罗尼亚的总督也同时被德国特务逮捕，10月被西班牙政府枪杀，那正是希特勒和弗朗哥会晤的时候。

　　1940年9月25日，同行的一位旅行者汉尼·顾兰德（Henny Gurland）收到了本雅明在一张明信片上写下的最后几行字，这张明信片她毁掉了，她凭记忆追述了如下内容：

---

[1] *GS*, V:2, p. 1197.
[2] 领导这个党派的是莉莎·菲特克（Lisa Fittko），完整地叙述了本雅明越界的故事。见*AP*, pp. 946—954. 又见另一个党员卡丽娜·毕尔曼（Carina Birman）的回忆，*The Narrow Foothold*（London, 2006）.

第七章 作家之障：1938—1940年 237

布港一景。这张法国明信片把布港画成了"坐落在一个海湾里的小渔港"。

没有办法了。我没有别的选择，而只能结束了。在比利牛斯山脉的没有人认识我的一个小村庄里，我的生命走到了尽头。我请你把我的想法转达给我的朋友阿多诺，向他说明我所处的环境。已经没有足够的时间去写我愿意写的那些信了。[1]

据猜测，那天或第二天的某个时候，在警察的监视下，在弗朗西亚旅店里，在被强迫回法国之前，本雅明咽下了吗啡片，一位医生曾四次给他注射、放血、测量他的血压，但都无济于事。1940年9月26日下午10点钟，本雅明与世长辞。

---

[1]　*GB*, VI, p. 483.

第八章

后 记

不妨换个角度来讲这个故事。1940年秋，那位肥胖的知识分子瓦尔特·本雅明经过比利牛斯山的一番艰苦跋涉后，终于来到了美利坚合众国。他在西奥多·阿多诺的研究项目"集权者的个性"中谋得了一个席位。几年后，他遇到了提莫赛·雷奥利（Timothy Leary），参加了雷奥利1960年在哈佛羟色胺磷酸项目的毒品实验。此后，他对技术复制的兴趣又使他参与了控制论专家海因兹·封·福尔斯特（Heinz von Foerster）的计算机原型实验。在美国，荣誉的桂冠始终没有戴在他的头上。他最后默默无闻地死在了安伯阿的老人院里。

这不是本雅明真实的最后岁月，而是艺术家、电影制作者鲁兹·丹贝克（Lutz Dammbeck）所幻想的本雅明的故事，如果他成功地流亡美国的话。本雅明的一些事会令人陷入遐想，他会如何、能如何，或该如何。他的传记的惊人结果遭到了破坏，因为人们试图使那段完整的历史不完整，至少在想象中是不完整的。他应该去巴勒斯坦。如果他早一天离开法国，他就能进入西班牙，就能到达美国。他一定能在美国获得一个教授职。或者，如果他在20世纪20年代就去了巴勒斯坦，他就会像他的朋友肖勒姆一样当上了一名大学教授。或者,如果信仰使他在俄国有个稳定的未来,成为一名共产党员或同路人?他应该更加果断。他应该是一名犹太复国主义者。他应该更加靠近马克思主义。他应该当一名拉比。他应该对布莱希特的"粗糙思考"有一种免疫力。

本雅明似乎是由于他自己的身份问题而被误解。他犯了一些小错误,做出了一系列错误的决定,结果铸成了大错。他的确受了柏林童年纪事中写的那个人物的诅咒:每次本雅明打破什么东西或跌倒,那位小驼背"笨拙先生"都会出现。那位"灰头发的助理"挡住他的路,凝视着本雅明,让他跌倒,而当描写那位先生的时候,他还在从"我所做的每件事中"索求"那已经被忘却的一半"。[1] 20世纪30年代本雅明开始描写他,以为他早已把那位先生丢在了脑后。但也许当本雅明自己崩溃时,他又确实又回来了。

无论如何,他的死是由于对身份的误解。1940年9月28日,根据天主教仪式在布港为一位本雅明·瓦尔特博士举办了一个葬礼,为了一个据说是信奉天主教的人颠倒了姓名。医生说他在过境时死于脑流血。如果他的身份丢失了,那他拖着越过大山的那些随身物品也随之葬送了——包括一个手提箱,据说那里有一篇手稿。根据费盖尔当局的说法,不管箱子里装的是什么,在此后的一些年里它都已经被水浸透、被老鼠吃掉了。唯一明确的剩存物是霍克海默的一封证明信,信上说本雅明的确是研究院的一名有用的雇员。这位天主教旅行者的遗物被放在了天主教墓地小教堂南面的一个壁龛里。他的美元和法郎偿

---

[1] *SW*, 3, p.385.

付了5年的租金。[1] 实际上，在布港短暂的逗留花去了他的大部分积蓄，如在小旅馆住了四夜，买了五瓶柠檬汽水，打了四个电话，还有药费；医生、棺木、牧师和法官也都得到了偿付。971.55比塞塔只剩下了273.60比塞塔。[2] 在墓地壁龛里住了5年后，本雅明的遗骨又被搬到一个集体墓地。

关于他的死有许多猜测。而定论却没有一个。被误解的身份和物品的丢失仅仅是个开头。有些人认为，由于担心他会因这些破坏性资料而被捕，汉尼·顾兰德拿走了本雅明的手稿，将其毁掉了，就像她毁掉了本雅明的最后一个明信片，那个自杀遗言一样。也许她拿走了剩余的吗啡片——因为在他身上没有发现任何吗啡，但他携带的却足以毒死一匹马。他死的当天，布港的人们——吉赛尔·弗洛伊德，汉尼·顾兰德，店主朱安·苏纳（Juan Suñer）——所述的情况在细节上相当不同。于是就有了许多故事，每一个人都讲了一个不同的故事。除了本雅明。

这些矛盾导致了进一步的推论。英格里·舍尔曼就相信医生所说，认为死因是脑出血，不是毒品；医生似乎对毒品一无所知。但医生的诊断可能是为了掩盖真相，因为自杀是对天主教之神表示严重的不公。如果这是实情，那至少是对流传广泛、悲剧色彩浓厚、具有强烈诱惑力的自杀故事的一种解毒剂，证明这个故事是对假想和意愿的精确加工，是把本雅明当成不幸的忧郁症患者的神话的一部分。如果没有那个故事，那么重心就不会落在作为特别不幸的个体的本雅明身

---

[1] 英格丽德·舍尔曼发现的文献否定了汉尼·顾兰德说她为坟墓付款的说法。见 *Neue Dokumente zum Tode Walter Benjamins*（Bonn, 1992），p.15.

[2] *Neue Dokumente zum Tode Walter Benjamin*, p.40.

上，而落在了作为典型命运的代表的本雅明身上，这就是逃亡者的命运，一个背井离乡之人的命运。他是许多被迫流亡的人之一；他们也许能够或不能到达他们被迫选择的目的地。本雅明始终被看做是移民的代表——尽管在其不同寻常的情况下，他是少数有名的移民之一，我们大家都久闻其名的一个逃亡者。

还有许多来自国外的说法否认这个自杀的故事。曾经是托洛茨基分子后来摇身变成新保守派的斯蒂芬·施瓦茨（Stephen Schwartz）于2001年在《标准周刊》上发表了引人注目的文章，说本雅明可能是被暗杀的。可能是斯大林的特务干的，因为苏联的秘密警察的确在法国南部活动频繁，所清算的目标就是逃亡的外国流亡者。本雅明与共产党有限的一点联系不可能把他排除在清算的对象之外。

2005年，大卫·毛阿斯（David Mauas）的一部影片《谁杀害了瓦尔特·本雅明？》则指向另一类犯罪者。毛阿斯回到了"犯罪现场"，发现内战后的布港到处都是长枪党党员和法西斯分子。旅店主人朱安·苏纳与西班牙警察和当地的盖世太保关系甚好，他们都在他的饭店里用过餐。他是否插手了本雅明的暗杀事件？或那位医生；他显然是弗朗哥的支持者：他扮演了什么角色？本雅明之死的背后是不是阴谋，而不是自杀？

这从事实转向了虚构，从确实性转向了推论。瓦尔特·本雅明的故事——他的生活、他的理论——也使他成为再现或虚构的首选主题。他曾经是两部小说的主体：杰伊·帕里尼（Jay Parini）的《本雅明的跨越》（1977）以及一年后布鲁诺·阿尔帕亚（Bruno Arpaia）的《历史的天使》，都扮演了跑龙套的角色。维姆·温德尔（Wim Wenders）在柏林国家图书馆举办的《欲望之翼》中有本雅明的影子。两出音

244 本雅明

本雅明（和他的处罚者，一位西班牙边界警卫）在地下面对着马克思和爱因斯坦的幽灵——2004 年慕尼黑举办的布莱恩·佛内休夫 (Brian Ferneyhough) 和查尔斯·伯恩斯坦 (Charles Bernstein) 的《影子时间》一景

乐剧中都有本雅明的角色：克劳斯–斯蒂芬·曼考夫 (Claus-Steffen Mahnkopf) 的《新天使》(2000) 和布莱恩·佛内休夫作曲、诗人查尔斯·伯恩斯坦作词的《影子时间》(2004)。茱莉亚·艾森伯格 (Jewlia Eisenberg) 于2002年录制了《三辩法》(Trilectic)，讲述了两个"愚蠢的左派分子"本雅明和拉西斯的关系——基督徒拉西斯被错当成一位犹太女性（当然为了抨击右翼，她必须是犹太女性）：这部影片是以约翰·索恩 (John Zorn) 的扎迪克商标发行的，被列入了"激进犹太文化系列"。作为虚构对象，本雅明被塑造成一个无能之人，在历史的风口浪尖上颠簸，在理智上太无用，甚至无法管理自己的生活。

关于本雅明的文化踪迹，其历史则相对较长。瓦勒里奥·阿达米 (Valerio Adami) 1973年的平版印刷书《瓦尔特·本雅明肖像》描画了在边界蹒跚的本雅明。同一时期，R. B.吉塔（R. B. Kitaj）的《（瓦尔特·本雅明之后）巴黎中央的秋天》问世，追溯了思想交流的那些快乐时光。由此，迷恋本雅明月亮眼镜式脸庞的时尚开始风靡。用他的脸的照片做成的绘画和拼贴不时出现，而用他的照片做封面的书也与此呼应。实际上，本雅明"激发"的艺术品可能比任何思想家都多。[1] 首先，他论大众生产和光晕的作品渗透到艺术实践中来——过去30年中哪个艺术学院的详细阅读书目上没有他论艺术大众再生产的文章呢？一代又一代的学生对光晕的观念迷惑不解：他们脱离了革新性和资本主义的实际而接受简单的解释，相信本雅明是个天真的人，认为这个奇特的特性真的被废除了，摄影和电影可能被法西斯所利用了。1967年，提姆·乌尔里希（Timm Ulrich）发表了反驳《艺术品》一文的文章；艺术回击了本雅明，甚至用的是其必死的敌人的武器。乌尔里希多次复制了苏尔坎普版的《艺术品》的封面，表明每一次拷贝的质量都在下降，最终导致了封面的不可辨认。或许是辨认之后的什么，光晕美丽的色调变化始终不肯离去。在这方面，艺术自信已经战胜了政治。艺术因此希望自身能够活下去。

近来，为了反映本雅明的传记化过程，沃尔克·马兹（Volker März）制作了无数本雅明的小人像。在《光晕转移》中，每一个小泥人都有一行字幕或标题。我们看到本雅明与妓女，本雅明在梦中，本雅明与犹太人，还有带孔的本雅明，孔里流着水，流水向阿多诺发出了呼救的声音（但被拒绝了）。这些小人像从100欧元起价。马兹等人

---

[1] 见Detlev Schöttker, ed., *Schrift, Bilder, Denken: Walter Benjamin und die Künste* (Frankfurt, 2004)。又见对2004—2005年以此名在柏林的 Haus am Waldsee的展出的评论。

的作品中还有许多天使，1989年安塞尔姆·基弗（Anselm Kiefer）出版《历史的天使：罂粟与记忆》，奥拉·罗森伯格（Aura Rosenberg）用数码操控的照片直接回应了本雅明的主题，天使们迅速飞过地平线，垃圾堆已经通往天际。阴郁和忧郁充斥于这种本雅明式的作品中。吉赛尔·弗洛伊德的系列照片1937年就刊载于一本插图杂志，其中，本雅明摆出一副已有的姿态：巴黎国家图书馆里的一位读者。1998年在坎迪达·霍福尔（Candida Höfer）拍摄的这家图书馆的照片将其更新，现今悬挂在城东新建的图书馆里：这就是浇筑在遗失的忧郁棺木里的历史。德意志民主共和国的艺术家沃纳·马赫勒（Werner Mahler）1989年拍摄了可怕的布港照片，那是本雅明撒手人寰的地方，也是无数条逃逸线之一，在一个仍然被柏林墙隔离的世界上引起了特殊的反响。

本雅明思想的诗意和破碎性为实践者留下了许多缝隙和基点。越是把本雅明看做文化文献，就似乎越不需要对野蛮主义进行特殊的分析，这种野蛮主义包含着需要并容忍文化的一个世界。此外，他在部分作品中善用典故的说话方式鼓励艺术家们进行主题的沉思，但他们也许没有完全掌握他的批评思想。这种主题沉思甚至成了与建造周围环境一样具体的实践。在高级的概念一端，是丹尼尔·利贝斯金德（Daniel Libeskind）的柏林犹太人博物馆（1998—2001），声称是为了纪念本雅明的《单向街》建造的。柏林的其他地方，比较平凡的作品可谓汗牛充栋。作为本雅明上升的市场价值和商标的可识别性的显著标志，瓦尔特–本雅明广场也建立起来，那本是本雅明童年时大踏步行走的夏洛腾堡的一个停车场。一个意大利广场也被移到北方凉爽的气候中来，周围是花岗岩表面和廊柱，柱上的艺术装饰灯照射着对面的办公室、公寓、饭店和咖啡馆。中央是电脑控制的喷泉，周末还有一个农贸市场，这些设计都特意将这个地方建成高级的现代房产。

既然柏林的文化脉搏仍然在米特周围寒酸的地方跳动着，那么，在统一的柏林新近恢复的中央地区，在柏林东南边缘地区仍然装扮着泽林道夫的一个艺术公园，就仿佛具有异国情调而不可渗透，即便其怪异性在于一种非柏林人的庸俗的考究。当要去的地址换成了阿根廷胡同，从昂科尔·汤姆·胡特站再走一站就到了克鲁姆·兰克地铁站时，那种久远的感觉就愈加强烈。这种地理混乱的感觉令苏珊·阿赫那（Susanne Ahner）震惊。她正走在阿根廷地铁站与墨西哥广场的火车站之间，再过几个月，她就要参加在豪斯·安·瓦尔德赛举办的本雅明文化踪迹展，那里离本雅明家所在的德尔布鲁克街不远。柏林郊区的一些偏僻场所令她想起了本雅明关于巴黎欧洲区的评论，那里街道的名字覆盖了半个地球，令旅行者想象地跨越了物理地理之外的地方。阿赫那进一步搜索附近街道上隐藏着更大世界之秘密的迹象，设法发现——并拍摄了——与本雅明度过48个春秋的许多城市和街道相关的地方和场所，从圣雷诺到斯文德堡，从里加到那不勒斯。阿赫那进行了更深入的研究：她的照片中有许多高质量的苦巧克力片，在博物馆的咖啡店里花50欧分就能买到一块，它们成了可收藏品，令人想起本雅明对明信片和照片的收藏。它还令我们想起我们自己对那位逃亡者的迷恋：他的收藏热情变成了一种心理疾病的症状。

瓦尔特·本雅明的比较广阔的世界在法国和西班牙边界上达到了极限。在迈克尔·比利基（Michael Bielicky）制作的录像中，一个人正在山间小路上跋涉。他气喘吁吁，上气不接下气。我们看到的是通过监视器传导的一个影像。这是今天在美国-墨西哥边境或类似边境上的本雅明，通过红外线技术和全球定位系统使权力随时可以见到的本雅明。在当今时代，当一个逃亡者乃是一个高科技问题。本雅明的漫步预示了那些无名的逃亡者冒着跨越边境的危险的漫步，他们生活在一个经济全球化、但边疆却林立着枪口对准人民的堡垒的世界上。如今，这是无数学者和知识分子重新追溯的一种漫步，希望能据此理解本雅明所经历的劫难。[1] 重要的是，这些探寻者一旦捱过了那艰难的漫步，他们便看到了某种东西：布港应该为他的死负责任。达尼·卡拉万（Dani Karavan）的《过道》是1994年建在布港墓地之外的充斥着记忆的一个概念艺术品。这座丰碑是一个狭窄的铁通道。这个狭窄的通道把来访者隔在一扇厚厚的窗玻璃后面，在比喻和现实的意义上都是不可能通过的通道。来访者被阻隔在那里，经过指导而像1940年9月的本雅明那样感觉，一个瘦小脆弱的人被悬在上方俯瞰下面巨浪滔天的大海。玻璃上用几种文字蚀刻着《论历史的概念》的笔记：

> 纪念无名之人比纪念名人要难得多。历史建筑是为纪念无名之人建造的。[2]

本雅明至少是被纪念者之一。实际上，在这个小小的边境之城就尤为如此。1979年，卡特兰的一块小小的牌匾被嵌入墓地的墙上，上

---

[1] 最新的这种漫谈是Michael Taussig, *Walter Benjamin's Grave*（Chicago, 2006）。

[2] *GS*, I:3, p.1421.

写着"一位瓦尔特·本雅明—德国哲学家—1892年·柏林—1940·布港。"在后弗朗哥时代的西班牙,这似乎暗示了在西班牙和德国建立一种非法西斯传统的可能性和必要性。在墓地内也安放了一块石头,这已是1990年的事了。上面用德文、卡塔兰文和英文刻着常被引用的一句话:"任何文化的文献同时也是野蛮主义的文献。"

三座纪念碑:如此多的赞颂。本雅明生前不是名人;他的著述给他带来了一点小名气,但没带来好运。在他死后的岁月里,这一切都发生了变化。社会研究院首先努力传播本雅明的思想。《论历史的概念》1942年以胶版誊写版发表,标题是《纪念瓦尔特·本雅明》。还有历史哲学论纲,它包括本雅明著述的目录,马克斯·霍克海默的两篇文章,和阿多诺的一篇文章。在为论纲写的前言中,阿多诺谈到虽然这些论纲不是为发表而写的,但"这个文本已经成为一个遗产"。阿多诺和霍克海默是这本书的合作编者,他们写道:"我们用这些文章纪念瓦尔特·本雅明。前面的历史哲学论纲是本雅明的绝笔。"[1] 作为《社会学研究》的特刊,它只发行给相对精选的读者。1946年,在阿多诺敦促下出版了一部德文版的本雅明选集,同时,汉娜·阿伦特则为肖肯编辑了英文版。那年10月,她写信给布莱希特问究竟是谁拥有本雅明著作的版权。本雅明的妹妹已经过世。[2] 他的弟弟1942年被送到毛特豪森集中营,根据集中营指挥官的证明,那年8月26日他就触电身亡了。

法国也努力在本雅明死后提高他的声誉。皮埃尔·米萨克(Pierre

---

[1] *GS*, I:3, p.1224.

[2] Wizisla, *Benjamin und Brecht*, p.275.

250 本雅明

达尼·卡拉万 1990—1994 年在布港建立的纪念通道——《向瓦尔特·本雅明致敬》

根据艺术家网站的一个评论，这件艺术品包含着漩涡、岩石、钢、橄榄树、石头、栅栏和文本。比如，橄榄树在纪念碑建立的时候就已经长了起来，象征着"为生命而战"

Missac）1947年为《现代时间》翻译了《论历史的概念》。该文的发表没有引起反响。1950年，该文的德文版在《新评论》上发表，而迎接它的也是沉默。到此时，阿多诺已经设法说服苏尔坎普（Suhrkamp）在德国出版本雅明的一些著作。1950年，《1900年左右的柏林童年》面世，在与苏尔坎普的长期讨论之后，一部两卷本的选集出版。其他选集接踵问世，其中最重要的是1961年廉价的平装本《启迪》和1966年的《新天使》。《艺术品》、《摄影小史》和论福斯的文章于1963年和城市速写的一些文章集成一册出版。1965年问世的是《暴力的批判》，1966年则是论布莱希特的文章，以及两卷本的书信集。在1960年后德国的政治形势下，关于挪用的争论和编辑的政治开始了。从1972年到1989年，本雅明遗产的核心随着分十四部分的德文版《全集》一卷接一卷的发表而引起了争论，充分见证了T. W. 阿多诺档案组助手们扩充的学术机制、删减、收入和编辑的控制。

本雅明的"政治"问题——尤其是他与马克思主义的关系——引起了诸多争论和困惑。在1968年以后的西德，本雅明的著作无疑是对马克思主义学术的贡献，即便是一种非传统的贡献。他也被称作政治实践的向导。20世纪60年代末参与运动的学生们通过阅读海盗版的本雅明著作而汲取了教训。社会叛逆的干部们想象本雅明一手拿着复印机，另一只手拿着一个接头。在革命起义的时刻，这最简明地说明了本雅明的外部影响（媒体中生产和分配的关系）和内部影响（毒品对经验的陌生化）。这个形象可以用一个卡拉什尼科夫枪或炸弹来装饰一下——红军议会党的安德烈亚斯·巴德（Andreas Baader）将在未来的岁月里引用本雅明的话，如在1976年的《致囚犯的信》中引用了《论

布港墓地之外

标识一具不在场的尸体——布港墓地内的瓦尔特·本雅明纪念碑

历史的概念》中的观点。[1] 由此而产生了、时常也有从批评对话中产生的对本雅明的新马克思主义的重要挪用，其中最重要的也许是于

---

[1] Reinhard Markner, 'Walter Benjamin nach der Moderne. Etwas zur Frage seiner Aktualität angesichts der Rezeption seit 1983', *Schattenlinien*, 8—9（1994）, pp.37—47.

尔根·哈贝马斯（Jürgen Habermas）的著作。哈贝马斯的《意识培养还是救赎式批评》1972年首先以德文发表，就是非常有影响的一个说明。[1] 该文把本雅明当做"救赎式批评"的提倡者，与"意识形态批判"或"意识培养"批评大相径庭。救赎式批评与政治实践之间没有内在的联系。哈贝马斯的用意是不想让工具论者利用本雅明，而这正是学生运动可能要做的。

20世纪70年代，基于本雅明与卢卡奇的分歧而提出了一种新的"唯物主义"文学理论。[2] 本雅明为左翼作家和艺术家提供了一套词汇，它与卢卡奇发起的社会主义现实主义的前提毫无共同之处。社会主义现实主义把内容置于形式之上。卢卡奇与社会主义现实主义者一道提倡19世纪的现实主义典范，如巴尔扎克和瓦尔特·司各特。社会主义现实主义号召回归传统的油画和小说形式。对比之下，本雅明是现代性的理论家，提倡的是新的再现模式和媒介。他批评社会主义现实主义压制了艺术的技术和形式实验，恢复了旧的文化模式解除接受模式的权力，这使观众在面对"杰作"时只报以被动的敬畏。

尽管并非没有保留，本雅明赞扬艺术技术复制的进步作用。极为恰当的是，恰恰是本雅明论艺术复制一文的不断再生产使这些论题后来如此流行。该文的简练——不过是几页极易复印的纸张，其在各种

---

[1] Jürgen Habermas, 'Bewußtmachende oder rettende Kritk-die Aktualität Walter Benjamins', in *Zur Aktualität Walter Benjamin*, ed. Siegfried Unseld（Frankfurt, 1972）, pp.174—223.（Translated into English as 'Consciousness-Raising or Redemptive Criticism: The Contemporaneity of Walter Benjamin', *New German Critique*, 17, Special Walter Benjamin Issue（Spring, 1979）, pp.30—59.）.

[2] Bernd Witte, 'Benjamin and Lukács. Historical Notes on the Relationship Between Their Political and Aesthetic Theories', *New German Critique*, 5（1975）, pp.3—26.

读本或选集中的可销售性或流行性，其论点的透明性——容忍简要精炼之二度传播的置换叙事，所有这些因素都强化了《艺术品》一文的无所不在和不可忽视，它迄今始终是本雅明最著名、被讨论最多的文章。这就仿佛论复制的文章是专为复制而设计的一样。他的著作促成了正处萌芽之中的一种批评和媒体理论，如汉斯·马格努斯·恩森斯伯格（Hans Magnus Enzensberger）的著作所见证的，他在1970年就提倡私人化的"意识产业"内部应该大量开放地使用复印机，这在观念上令人窒息。[1]

还有一个德国的故事。在德意志民主共和国，《论波德莱尔的几个母题》于1949年发表，1956年和1957年，论布莱希特和戈特弗里德·凯勒的文章面世。1970年一个文集的发表向明显具有政治倾向的西德编辑们提出了挑战。[2] 1984年目睹了《论历史的概念》在德意志民主共和国的出版，被集于一部承认本雅明神学研究的选集之中。[3]

随着社会运动余音的减弱，本雅明作为马克思主义实践之榜样的力量也逐渐变小。在英语国家，尤其在美国，本雅明与马克思主义的关系已成为争论的话题。肖勒姆的回忆录《瓦尔特·本雅明：友谊的故事》于1981年的出版极大地影响了对本雅明的接受。[4] 肖勒姆申斥本雅明的马克思主义是最终使他失去性命和犹太人民的致命因素。他

---

[1] Hans Magnus Enzensberger, 'Baukasten zu einer Theorie der Medien', Kursbuch, 20 (1970), pp.159—186.

[2] 关于书目细节见Burkhardt Lindner, ed., *Benjamin Handbuch: Leben-Werk-Wirkung* (Stuttgart, 2006), p.28.

[3] Sebastian Kleischmidt, ed., *Walter Benjamin: Allegorien kultureller Erfahrung. Ausgewählte Schriften 1920—1940* (Leipzig, 1984).

[4] Gershom Scholem, *The Story of a Friendship* (New York, 1981).

在别处把本雅明描绘成"被困在世俗领域里的神学家"[1]。此外，肖勒姆首先把本雅明看做语言的形而上学家，沉浸于神秘的语言学叙述之中，属于哈曼（Hamann）和洪堡特的传统。20世纪80和90年代，英语人文学科的主流似乎把本雅明的语言理论与后结构主义思想联系起来，后来又把本雅明与他的敌人海德格尔融合起来了。

本雅明与他所拒斥的人相认同，这个事实或许是对阐释身份错位和分裂的一个理论界的某种补充。作为分裂症患者的本雅明虽然没有受到珍爱，但却由于未始终如一而受到了责骂。从次要文献来看，本雅明似乎是一个多面人，信念、取向和兴趣都大相径庭的人物的拼贴。本雅明是位马克思主义者，或弥赛亚思想家，或是二者的不可能的混合。本雅明的思想在一天之内是一致的，或另一天就突然将其打成碎片。他被读作卡巴拉主义者、后结构主义者、弥赛亚主义者、神学家和或多或少的"庸俗"马克思主义者。他有过各种政治立场，从自由左派到共产党到无政府主义者；从悲观的失败论者到革命的乐观主义者。把这些立场归于本雅明的那些人都把他当做自己立场的反射，或把他打入他们自己显然澄清的思想的对立面：失败的、被误导的、幼稚的本雅明。极少有人花时间重构历史语境或政治的可能性，或认真地把本雅明的行动和思想置于这种语境和可能性之中。

他也确实没有被放在保留他的那个网络之中——即便其他合作毁掉了他。本雅明被不断呈现为孤独的人。那个抹不掉的形象就是国家图书馆里那位孤独的学者，总是在他所描述的天棚上摇晃的彩色树叶的沙沙声之中。但这却是终生与其他人保持关系的一个人：从与魏因

---

[1]　Gershom Scholem, *On Jews and Judaism in Crisis*（New York, 1976），p.187.

肯在一起的日子，到豪宾达和在青年运动中建立的持续一生的友谊，到他喜欢和爱过的，始终是通信者、朋友和支持者的女人们，到他多年来建立和维护的与其他知识分子的友谊。他把自己的著述寄给这些人，珍惜他们的详细指导和回应。他接受其他人的吸引和劝告，同时也吸引和劝告其他人。但他生活的世界变得特别邪恶，把人一个个地分离开来，使他的生存面临着死亡的威胁。

批评的闸门是敞开着的。本雅明写的和写本雅明的书一本接一本地面世。德文和法文的《拱廊计划》被同化成英文，1999年由哈佛大学出版社出版：厚厚的笔记变成了书状，推动着进一步阐释和白日梦的浪潮。本雅明著作现有相当大的部分已被译成多种语言，包括西班牙文、法文、意大利文、英文和日文。此外，数十种研究已经断言本雅明在哲学、艺术史、文化研究、媒体研究、地理学、建筑学……等方面的价值，也就是在所有学科和跨学科研究领域的价值。[1] 一个可证实的本雅明产业业已存在。这个产业的一个副产品就是传记的生产，建议使读者更加接近主体动机的一种形式。

本雅明回避传记这个形式，即便他的回忆录也如此。他的回忆录是一种反传记，选择的是童年的本雅明，那是他所处的环境、时代、地点和阶级的产物。你手中的这本传记采用了一种传统形式，但至少从本雅明的方法中摘取了一种关联的意志，即把他与吸引他的那些地理以及影响和促成他的思想的那些历史事件关联起来的那种意志。你

---

[1] Lindner, *Benjamin Handbuch: Leben-Werk-Wirkung*, for a recent vast effort to orient the entire field of Benjamin research by recommending thematically organized bibliographies and overviews of his life, work and influence. See also 'Benjamin's Finale; Excavating and Re-membering', in Esther Leslie, *Walter Benjamin: Overpowering Conformism* (London, 2000), p. 720.

阅读的这本书把本雅明的故事当做一部传记——但意图却是像本雅明一样把本雅明呈现为他所处时代的积极症候。

在他后期发表的一部著述中，本雅明赞扬乔治·萨尔，因为他是一位作家，"对他来说辩证法不是书本概念，而是生活中得到证实的一个物体"[1]。萨尔予以理论阐述的这种生活——他在博物馆收藏中拯救的那些"被清除的"物体的生活——"被裂隙所破坏，冲撞的痕迹，而恰恰是这些痕迹暴露了历史的辩证运动。"[2] 本书把本雅明的生活呈现为卷入一系列冲突之中的一个物体，其中某些冲突——个人的相遇、地点、书籍——促发了他那些非凡的思想，其中有些伤害了他，但同样具有他思想的生发性。他的整个一生可以读作20世纪展开的暴力，不仅毁掉了他，也毁掉了数百万其他人。然而，他的著述预示了一个不去重复所犯错误的世界，与布朗基的失败主义宇宙论不同的一个世界；政治主体仍然依靠革命实践的一个世界，与哈贝马斯的去魅理论不同的一个世界。本雅明的著述讲的是其他可能性，是未来思维和行动的模式，是与过去的再相遇，和对尚未到来的事物的建议。这些就是他的重要遗产。

在《技术复制时代的艺术品》的第一个论纲中，本雅明陈述了他要杜撰概念的意图，这些概念与现今杜撰的概念不同，它们"对法西斯主义的目的完全无用"[3]。本雅明把这篇文章和许多其他文章作为对流行政治和美学的挑战。他站在强化特权的时代主流的边缘，无论是派生于传统的柔和的教育特权，还是拥有不断扩大的资本特权。他

---

[1]　*GS*, III, p.592.

[2]　*GS*, III, p.592.

[3]　*SW*, 3, p.102.

的著作强行分化，针砭维护所有权和传统的堕落的研究路线，试图用新的解放的阅读、思考和行动模式给新的读者以理论的武装。

他的著述是预言式的，但只是在认真对待经验的意义上，所以能够以圆睁的眼睛识别缘生于过去的或许能支付未来的现在的邪恶倾向和进步倾向。他比许多同代人更清楚地看到了斯大林的苏维埃"军事共产主义的中止"[1]。他认为斯大林主义的问题既来源于掼向大众的那个可怜形象——列宁像警察一样注视着日常生活的缝隙的那些偶像——也来自无望地恢复前革命时代的戏剧文化。他比许多人更早地预见到了法西斯主义、军国主义和民族主义在他的国家的兴起；他不加挑选地阅读了20世纪20年代末问世的战争小说和军官回忆录，在这些作品中看到了对暴力的审美化和对灭绝的渴望。

本雅明的著述能够诊断异化和扭曲，因为它们拥有衡量何为真实生活的标准。这显见于年轻时对市侩主义的浪漫拒绝，以及生命终结时对历史论纲的迫切陈述，这些陈述大声谴责以历史为伪装、实则维护统治阶级的那些故事。取而代之的是，他提倡用一种"历史唯物主义"的方法来叙述经验（Erfahrung），也就是"来自过去的独特经验"。[2] 经验，也就是与客观世界相联系的主观感性，是本雅明终其一生所追求的，是他要在理论上加以阐述、研究和强化的。本雅明试图在旅行中扩展经验，但却被迫成了一个流亡者。经验是对生活、更多的生活的捕捉，是寻找一个地方、一个能够活下去的地方的一场战斗。本雅明寻求的是一种值得生存的生存和值得战斗的战斗。

---

[1] Benjamin, *Moscow Diary*, p.53.

[2] *SW*, 4, p.396.

他历数了文化生活的弊病和矛盾，其方法要求了解那些被剥夺权利之人的状况——而在许多方面那就是他自己的生活状况。冷淡和欺骗——他的美学和他的政治理解都力图抵抗的。冷淡和欺骗，促成了法西斯主义的胜利和他的英年早逝，而且不仅仅是他一个人的英年早逝。冷淡和欺骗仍然是一个没有希望的知识分子阶层的骄傲的结论。本雅明夭折的事实被用作人们久已渴望但相信不可能实现的一个乌托邦的障碍。本雅明的"失败"——他的死——被当做一切改革愿望之徒劳的证据，因为改革总是被打败或被滥用。

这就是本雅明的文化文献所反复言说的东西。但本雅明（生活和著作）不仅是恐惧的语域，同时也是有待实现的各种可能性的索引——也是实现这些可能性的工具——一旦我们都开始真正地生活的话。

参考文献

本雅明的德文著作

Gesammelte Schriften, 7 vols, with the assistance of T.W. Adorno and Gershom
Scholem, ed. Rolf Tiedemann and Hermann Schweppenhäuser（Frankfurt am Main:
Suhrkamp, 1972—1989）

书信

Gesammelte Briefe, 6 vols, ed. Christoph Gödde and Henri Lonitz（Frankfurt am
Main: Suhrkamp, 1995—2000）

德文摹本和档案

Walter Benjamin. 1892—1940, exh.cat. of the Theodor W. Adorno Archive, Frankfurt
am Main, in association with the German Literature Archive, Marbach am Neckar;
ed. Rolf Tiedemann, Christoph Gödde and Henri Lonitz（Marbacher Magazin
55）, 3rd revised and expanded edn（Marbach am Neckar, 1991）

Benjaminiana: Eine biographische Recherche, ed. Hans Puttnies and Gary Smith
（Giessen: Anabas Verlag, 1991）

Neue Dokumente zum Tode Walter Benjamins, Ingrid Scheuramann（Bonn: Aski
1992）

'was noch begraben lag': Zu Walter Benjamins Exil. Briefe und Dokumente, ed. Geret Luhr（Berlin: Bostelmann & Siebenhaar, 2000）

Walter Benjamins Archive, ed. Ursula Marx, Gudrun Schwarz, Michael Schwarz and Erdmut Wizisla of the Walter Benjamin Archive at the Academy of Arts Berlin （Frankfurt am Main: Suhrkamp, 2006）

Das Adressbuch des Exils 1933—1940（Leipzig: Koehler & Amelang, 2006）

英文著作

选集

Reflections, Introduction by Peter Demetz（New York: Harcourt Brace Jovanovich, 1978）

One-Way Street and Other Writings, Introduction by Susan Sontag（London: New Left Books, 1979）

Illuminations, Introduction by Hannah Arendt（London: Fontana 1992）

Selected Writings, I: 1913—1926, ed. Marcus Bullock and Michael W. Jennings （Cambridge, MA: Bellknap Press of Harvard UP, 1996）

Selected Writings, II: 1 and 2: 2: 1927—1934, ed. Michael W. Jennings（Cambridge, MA: Bellknap Press of Harvard UP, 1999）

Selected Writings, III: 1935—1938, ed. Howard Eiland and Michael W. Jennings （Cambridge, MA: Bellknap Press of Harvard UP, 2002）

Selected Writings, IV: 1938—1940, ed. Howard Eiland and Michael W. Jennings （Cambridge, MA: Bellknap Press of Harvard UP, 2002）

按主题的英文单册选集

The Origin of German Tragic Drama, Introduction by George Steiner（London: New Left Books, 1977）

Understanding Brecht, Introduction by Stanley Mitchell（London: New Left Books, 1983）

Charles Baudelaire: A Lyric Poet in the Era of High Capitalism (London: New Left Books, 1983)

Moscow Diary, with an Afterword by Gary Smith [originally an edition of the journal October] (Cambridge, MA: Harvard UP, 1986)

The Arcades Project, ed. Rolf Tiedemann (Cambridge, MA: Harvard UP, 1999)

On Hashish (Cambridge, MA: Harvard UP, 2006)

Berlin Childhood around 1900, with an introduction by Peter Szondi (Cambridge, MA: Harvard UP, 2006)

The Writer of Modern Life: Essays on Charles Baudelaire (Cambridge, MA: Harvard UP, 2006)

英文版书信

The Correspondence of Walter Benjamin and Gershom Scholem, 1932—1940, ed. Gershom Schlem (New York: Schocken, 1989)

The Correspondence of Walter Benjamin, 1910—1940, ed. Gershom Scholem and T.W. Adorno (University of Chicago: Chicago, 1994)

Walter Benjamin and T.W. Adorno,The Complete Correspondence, 1928—1940, ed. Henri Lonitz (Cambridge, MA: Harvard UP, 2001)

论本雅明的英文文选

Andrew Benjamin and Peter Osborne, eds, *Walter Benjamin's Philosophy; Destruction and Experience* (Manchester, 2000)

——, and Beatrice Hanssen, eds, *Walter Benjamin and Romanticism* (London, 2002)

Norbert Bolz and Willem Van Reijen, *Walter Benjamin* (Atlantic Highlands, NJ, 1996)

Momme Brodersen, *Walter Benjamin: A Biography* (London, 1996)

Susan Buck-Morss, *The Origin of Negative Dialectics; Theodor W. Adorno, Walter Benjamin and the Frankfurt Institute* (Brighton, 1977)

———, *The Dialectics of Seeing: Walter Benjamin and the Arcades Project* (Cambridge, MA, 1989)

———, 'Aesthetics and Anaesthetics: Walter Benjamin's Artwork Essay Reconsidered', *October*, 62 (Fall 1992), pp.3—41

Howard Caygill, *Walter Benjamin: The Colour of Experience* (London, 1998)

———, Alex Coles and Andrzej Klimowski, *Walter Benjamin for Beginners* (London, 1998)

Margaret Cohen, *Profane Illumination; Walter Benjamin and the Paris of Surrealist Revolution* (Berkeley, CA, 1993)

Terry Eagleton, *Walter Benjamin or Towards a Revolutionary Criticism* (London, 1981)

David S. Ferris, *The Cambridge Companion to Walter Benjamin* (Cambridge, 2004)

Gerhard Fischer, ed., *With the Sharpened Axe of Reason: Approaches to Walter Benjamin* (Oxford, 1996)

David Frisby, *Fragments of Modernity* (Cambridge, 1985)

Helga Geyer-Ryan, Paul Koopman and KlaasYntema, eds, *Benjamin Studies/Studien I: Perception and Experience in Modernity* (Amsterdam, 2002)

Graeme Gilloch, *Myth and Metropolis: Walter Benjamin and the City* (Cambridge, 1996)

———, *Walter Benjamin: Critical Constellations* (Cambridge, 2001)

Jürgen Habermas, 'Walter Benjamin: Consciousness-Raising or Rescuing Critique (1972)', in J. Habermas, *Philosophical-Political Profiles* (Cambridge, MA, 1983), pp. 129—164.

Beatrice Hanssen, *Walter Benjamin's Other History: Of Stones, Animals, Human Beings, and Angels* (Berkeley, CA, 1998)

——, *Walter Benjamin and the Arcades Project*（London: 2006）

Carol Jacobs, *In the Language of Walter Benjamin*（Baltimore & London, 1999）

Martin Jay, *The Dialectical Imagination: A History of the Frankfurt School and the Institute of Social Research, 1923—1950*（Boston & Toronto, 1973）

Michael Jennings, *Dialectical Images; Walter Benjamin's Theory of Literary Criticism*（Ithaca, NY, 1987）

Lutz Koepenick, *Walter Benjamin and the Aesthetics of Power*（London, NE, 1999）

Margarete Kohlenbach, *Walter Benjamin*（Basingstoke, 2002）

Siegried Karcauer, 'On the Writings of Walter Benjamin'（15 July 1928）, in *The Mass Ornament: Weimar Essays*（Cambridge, MA, 1995）

Richard J. Lane, *Reading Walter Benjamin: Writing Through the Catastrophe*（Manchester, 2005）

Ulrich Lehmann, *Tigersprung: Fashion in Modernity*（Cambridge, MA, 2000）

Esther Leslie, 'Souvenirs and Forgetting; Walter Benjamin's Memory-work', in *Material Memories; Design and Evocation*, ed., Marius Kwint, Jeremy Aynsley and Christopher Breward（Oxford, 1999）, pp. 107—122.

——, *Walter Benjamin: Overpowering Conformism*（London, 2000）

——, 'The World as Image and Thing', *Twentieth Century Literature and Photograph*, edited by David Cunningham, Andrew Fisher and Sas Mays（Newcastle, 2005）

Michael Löwy, *Fire Alarm: Reading Walter Benjamin's 'On the Concept of History'*（London, 2006）

Eugene Lunn, *Marxism and Modernism; A Historical Study of Lukács, Brecht, Benjamin and Adorno*（Berkeley, CA, 1982）

Laura Marcus and Lynda Nead, eds, *The Actuality of Walter Benjamin*（London, 1998）

John McCole, *Walter Benjamin and the Antinomies of Tradition*（Ithaca, NY, 1993）

Jeffrey Mehlman, *Walter Benjamin for Children; An Essay on his Radio Years* (Chicago, 1993)

Pierre Missac, *Walter Benjamin's Passages* (Cambridge, MA, 1995)

New German Critique, no.48 (Fall 1989), Walter Benjamin Issue; includes Beth Sharon Ash, 'Walter Benjamin: Ethnic Fear, Oedipal Anxieties, Political Consequences', pp.2—42; Ackbar Abbas, 'On Fascination: Walter Benjamin's Images', pp.43—62; Rey Chow, 'Walter Benjamin's Love Affair with Death', pp.63—86; Margaret Cohen, 'Walter Benjamin's Phantasmagoria', pp.87—108 ; Christiane von Buelow, 'Troping Toward Truth : Recontextualizing the Metaphors of Science and History in Benjamin's Kafka Fragment', pp.109—134.

Peter Osborne, ed., *Walter Benjamin: Critical Evaluations in Cultural Theory* (London, 2004)

Dag Petersson and Erik Steinskog, eds, *Actualities of Aura: Twelve Studies of Walter Benjamin* (Svanesund, 2005)

Julian Roberts, *Walter Benjamin* (London, 1982)

Christopher Rollason, 'The Passageways of Paris: Walter Benjamin's *Arcades Project* and Contemporary Cultural Debate in the West', in *Modern Criticism*, ed. Christopher Rollason and Rajeshwar Mittapalli (New Delhi, 2002), pp.262—296.

Gershom Scholem, *Walter Benjamin-The Story of a Friendship.* (New York, 2003)

Gary Smith, ed., *Benjamin: Philosophy, History Aesthetics* (Chicago, 1989)

Gary Smith [editor], *On Walter Benjamin* (Cambridge, MA, 1991)

Michael Taussig, *Walter Benjamin's Grave* (Chicago, 2006)

Sigrid Weigel, *Body and Image-Space: Re-reading Walter Benjamin* (London, 1996)

Rolf Wiggershaus, *The Frankfurt School: Its History, Theories, and Political Significance* (Cambridge, MA, 1994)

Bernd Witte, *Walter Benjamin: An Intellectual Biography* (Detroit, 1991)

Irving Wohlfarth, 'Et Cetera? The Historian as Chiffonnier', *New German Critique* 39 (Fall, 1986), pp.147—186

Irving Wohlfarth, ' "Männer aus der Fremde": Walter Benjamin and the "German-Jewish Parnassus" ', *New German Critique* 70 (Winter 1997), pp.3—85

Richard Wolin, *Walter Benjamin; An Aesthetics of Redemption* (New York, 1982) [reissued with a new introduction in 1994]

网络资源

The Walter Benjamin Research Syndicate

http://www.wbenjamin.org/walterbenjamin.html

照片致谢

本书作者和出版者对下列插图材料的出处和使用许可表示感谢。

Photos by the author: pp.224, 227; copy of book from author's collection: p.61 (Weimar: Landes-Industrie-Comptoir, 1801); collection of the author: p.96; postcards from the collection of the author: pp.16, 21, 22, 24, 41, 94, 95, 129, 151, 215; photo Stefan Brecht: p.189; photos HambrugerStiftungzurFörderung von Wissenschaft und Kultur: pp.97, 102, 110, 120, 122; pohtoRegineKoerner: p.219; photo Sasha Stone, 1927, by kind permission of Serge Stone: p.73; photos Studio Joël-Heinzelmann: pp.7, 99; photos courtesy Walter Benjamin Archive, Akademie der Künste, Berlin: pp.7, 12, 15,17, 19, 50, 73, 97 (Sign. Dr 516), 99, 102 (Sign. Dr 526), 110 (Sign.Ms 316), 120,122 (Sign.221), 140, 189.

人名表

（按每章第一次出现的顺序排列，重复出现时不再列出）

1

阿尔弗雷德·科恩（Alfred Cohn）

盖尔肖姆·肖勒姆（Gershom Scholem）

英格里·舍尔曼（Ingrid Scheurmann）

2

古斯塔夫·魏因肯（Gustav Wyneken）

卡尔·施皮特勒（Carl Spittler）

赫伯特·布鲁门塔尔（Herbert Blumenthal）

弗里德里希·梅尼克（Friedrich Meinecke）

海因利希·里克特（Heinrich Rickert）

库尔特·图赫勒（Kurt Tuchler）

莫里茨·戈尔德斯坦（Moritz Goldstein）

路德维希·施特劳斯（Ludwig Strauss）

赫曼·利兹（Hermann Lietz）

乔纳·科恩（Jonas Cohn）

克里斯托弗·弗里德里希·海因勒（Christoph Friedrich Heinle）

卡拉·塞利格森（Carla Seligson）

海因里希·曼（Heinrich Mann）

赫曼·黑斯（Hermann Hesse）

居伊·德·莫泊桑（Guy de Maupassant）

丢勒（Dürer）

格莱特·拉德（Grete Radt）

库尔特·希勒（Kurt Hiller）

罗莎·卢森堡（Rosa Luxemburg）

弗兰茨·梅林（Franz Mehring）

卡尔·李卜克内西（Karl Liebknecht）

弗里兹·拉德（Fritz Radt）

海因利希·沃尔夫林（Heinrich Wölfflin）

莱纳·玛利亚·里尔克（Rainer Maria Rilke）

朵拉·凯尔纳（Dora Kellner）

马丁·布勃（Martin Buber）

J. G. 哈曼（J. G. Hamann）

3

保罗·克利（Paul Klee）

理查德·赫伯兹（Richard Herbertz）

厄恩斯特·肖恩（Ernst Schoen）

路易斯·祖尔林登（Luise Zurlinden）

马勒（Mahler）

雨果·巴尔（Hugo Ball）

艾米·韩宁思（Emmy Hennings）

安娜玛丽·韩宁思（Annemarie Hennings）

夏加尔（Chagall）

瓦西里·康定斯基（Kandinsky）

弗里德里希·莫勒（Friedrich Möller）

保罗·谢尔巴特（Paul Scheerbart）

赫曼·科恩（Hermann Cohen）

厄恩斯特·布洛赫（Ernst Bloch）

修恩·卡罗（Hüne Caro）

埃里希和露西·古特金德（Erich and Lucie Gutkind）

赫沃斯·瓦尔登（Herwarth Walden）

托洛尔施（Troeltsch）

乔治·索莱尔（Georges Sorel）

施特凡·格奥尔格（Stefan George）

邓斯·司各特（Duns Scotus）

弗里德里希·甘道夫（Friedrich Gundolf）

约瑟夫·戈培尔（Joseph Goebbels）

尤拉·科恩（Jula Cohn）

理查德·维斯巴赫（Richard Weissbach）

弗里茨·封·赫兹曼诺夫斯基–奥兰多（Fritz von Herzmanovsky-Orlando）

C. F. 海因勒（C. F. Heinle）

沃纳·克拉夫特（Werner Kraft）

弗里德里希·贾斯丁·贝图斯（Friedrich Justin Bertuch）

福罗伦斯·克里斯蒂安·朗格（Florens Christian Rang）

卡尔·曼海姆（Karl Mannheim）

汉斯·柯内留斯（Hans Cornelius）

弗兰茨·罗森茨威格（Franz Rosenzweig）

西格弗里德·克拉考尔（Siegfried Kracauer）

西奥多·威森格伦德·阿多诺（Theodor Wiesengrund Adorno）

卡尔·封·维甘德（Karl von Wiegand）

弗兰茨·舒尔茨（Franz Schultz）

古斯塔夫·兰道尔（Gustav Landauer）

瓦尔特·拉特诺（Walther Rathenau）

斯蒂凡·茨威格（Stefan Zweig）

雨果·封·霍夫曼斯塔尔（Hugo von Hofmannsthal）

格奥尔格·卢卡奇（Georg Lukács）

特里斯坦·查拉（Tristan Tzara）

曼·雷伊（Man Ray）

汉斯·李希特（Hans Richter）

密斯·凡·德罗（Mies van der Rohe）

路德维希·希尔伯塞默（Ludwig Hilberseimer）

拉乌尔·豪斯曼（Raoul Hausmann）

乔治·格罗茨（George Grosz）

汉斯·阿尔普（Hans Arp）

库特·施威特（Kurt Schwitters）

阿斯加·拉西斯（Asja Lacis）

伯纳德·赖希（Bernhard Reich）

马里奈蒂（Marinetti）

弗兰茨·沃菲尔（Franz Werfel）

卡尔·霍布莱克尔（Karl Hobrecker）

F. J.伯图施（F. J. Bertuch）

4

汉斯·弗雷西（Hans Flesch）

保罗·辛德米特（Paul Hindemith）

瓦雷里（Valéry）

弗兰茨·黑塞尔（Franz Hessel）

潘诺夫斯基（Panovsky）

萨克斯尔（Saxl）

马克斯·霍克海默（Max Horkheimer）

圣约翰·波斯（Saint-John Perse）

拉兹洛·鲁达（Laszlo Rudas）

阿布拉姆·莫伊塞维奇·德布林（Abram Moiseyevich Deborin）

弗里茨·封·昂鲁（Fritz von Unruh）

萨沙·斯通（Sasha Stone）

厄恩斯特·罗沃尔特（Ernst Rowohlt）

约翰·雅各布·巴霍芬（Johann Jakob Bachofen）

路德维希·克拉格斯（Ludwig Klages）

海伦·格伦特（Helen Grund）

唐克马·弗雷海尔·封·蒙什豪森（Thankmar Freiherr von Münchhausen）

犹大·列昂·马格尼斯（Judah Leon Magnes）

勒内·弗洛普–米勒（René Fülöp-Miller）

J. P. 黑贝尔（J. P. Hebel）

斯蒂芬·马拉美 （Stéphane Mallarmé）

阿波利奈尔（Apollinaire）

伯恩哈特·赖希（Bernhard Reich）

奥尔加·卡美妮瓦（Olga Kameneva）

梅耶霍尔德（Meyerhold）

卡尔·拉戴克（Karl Radek）

奥斯卡·A. H. 施密茨（Oscar A. H. Schmitz）

厄恩斯特·乔埃尔（Ernst Joël）

弗里茨·弗兰克尔（Fritz Fränkel）

威利·蒙泽伯格（Willi Munzenberg）

格莱泰尔·卡普鲁斯（Gretel Karplus）

格奥尔格·门德尔松（Georg Mendelssohn）

拉斐尔·舍曼（Rafael Scherman）

约翰尼斯·V. 詹森（Johannes V. Jensen）

毕贝斯科公主（Princess Bibesco）

卡尔·布罗斯菲尔德（Karl Blossfeldt）

安东尼·阿尔托（Antonin Artaud）

罗贝尔·德斯诺（Robert Desnos）

G. 法本（I. G. Farben）

西格弗里德·吉迪盎（Siegfried Giedion）

伯托尔特·布莱希特（Bertolt Brecht）

瓦尔特·梅林（Walter Mehring）

卡尔·克尔什（Karl Korsch）

马克斯·迈耶（Max Mayer）

威廉姆·斯帕耶（Wilhelm Speyer）

马克斯·科莫莱尔（Max Kommerell）

5

安德烈·纪德（André Gide）

路易·阿拉贡（Louis Aragon）

阿德里安·莫尼埃（Adrienne Monnier）

里昂–保尔·法格（Léon-Paul Fargue）

M.阿尔伯特（M. Albert）

伊曼努尔·波尔（Emanuel Berl）

弗里德里希·西伯格（Friedrich Sieburg）

人名表　273

克里斯蒂安·鲁特（Christian Reuter）

E. T. A.霍夫曼（E.T.A. Hoffmann）

加布里埃尔·埃克哈特（Gabriele Eckehard）

布鲁宁（Brüning）

埃里希·安格尔（Erich Unger）

马塞尔·尤汉德（Marcel Jouhandeau）

爱娃·博伊（Eva Boy）

厄恩斯特·荣格（Ernst Jünger）

埃里希·卡斯特纳（Erich Kästner）

库尔特·图霍尔夫斯基（Kurt Tucholsky）

贝尔纳德·封·布伦塔诺（Bernard von Brentano）

赫伯特·伊林（Herbert Ihring）

阿尔弗烈德·库赖拉（Alfred Kurella）

马尔库塞（Marcuse）

威廉·弗里克（Wilhelm Frick）

奥托·迪克斯（Otto Dix）

厄恩斯特·巴拉赫（Ernst Barlach）

埃里希·海克尔（Erich Heckel）

卡尔·施密德-洛特鲁夫（Karl Schmidt-Rottluff）

里昂耐尔·芬尼格尔（Lionel Feininger）

埃米尔·诺尔德（Emil Nolde）

弗兰茨·马克（Franz Marc）

格里高尔·斯特拉瑟（Gregor Strasser）

阿尔弗烈德·罗森堡（Alfred Rosenberg）

海因利希·希姆莱（Heinrich Himmler）

卡尔·克劳斯（Karl Kraus）

罗贝尔特·索戴克（Robert Saudek）

普吕尔（Pulver）

卡尔·施密特（Carl Schmitt）

贝尔纳德·迪博尔德（Bernhard Diebold）

沃尔夫·祖克尔（Wolf Zucker）

马克斯·雷希纳（Max Rychner）

戈特弗里德·凯勒（Gottfried Keller）

约翰·威廉·里特（Johann Wilhelm Ritter）

G. C. 李希腾堡（G. C. Lichtenberg）

安奈特·封·德罗斯–胡尔晓夫（Annette von Droste-Hülshoff）

加斯特斯·李比希（Justus Liebig）

格奥尔格·毕希纳（Georg Büchner）

埃贡·魏新（Egon Wissing）

奥古斯特·桑德尔（August Sander）

热耳曼·克鲁尔（Germaine Krull）

莫霍利–纳吉（Moholy-Nagy）

西奥多·海克尔（Theodor Haecker）

古斯塔夫·格鲁克（Gustav Glück）

菲利克斯·诺格拉斯（Felix Noeggerath）

让·塞尔兹（Jean Selz）

奥拉·帕勒姆（Ola Parem）

亚瑟·罗森堡（Arthur Rosenberg）

6

德特雷夫·霍尔兹（Detlef Holz,本雅明的笔名）

阿道夫·卢斯（Adolf Loos）

保罗·谢尔巴特（Paul Scheerbart）

米老鼠（Mickey Mouse）

安娜·玛利亚·布劳波特·谭·凯特（Anna Maria Blaupot ten Cate）

路易·赛利尔（Louis Sellier）

玛格丽特·斯蒂芬（Margarete Steffin）

克劳斯·曼（Klaus Mann）

洛特·兰亚（Lotte Lenya）

汉斯·艾斯勒（Hanns Eisler）

爱德华·福斯（Eduard Fuchs）

阿尔弗雷德·库赖拉（Alfred Kurella）

索姆赛特·毛姆（Somerset Maugham）

埃尔斯·赫兹伯格（Else Herzberger）

让·达尔萨斯（Jean Dalsace）

谢尔盖·特莱亚科夫（Sergei Tretyakov）

卡尔·提姆（Karl Thieme）

弗兰茨·埃克斯福·巴德尔（Franz Xaver Baader）

弗里茨·弗兰克尔（Fritz Fränkel）

弗里德里希·波洛克（Friedrich Pollock）

安德烈·马尔罗（André Malraux）

让–理查·布洛赫（Jean-Richard Bloch）

赫曼·施耐德（Hermann Schneider）

让·德·布伦霍夫（Jean de Brunhoff）

海伦·黑塞尔（Helen Hessel）

谢尔盖·爱森斯坦（Sergei Eisenstein）

查理·卓别林（Charlie Chaplin）

马克斯·弗莱彻尔（Max Fleischer）

约翰·哈特菲尔德（John Heartfield）

弗拉基米尔·吉尔逊（Vladimir Kirschon）

皮埃尔·克罗索乌斯基（Pierre Klossowski）

维兰德·赫兹菲尔德（Wieland Herzfelde）

威利·布勒代尔（Willi Bredel）

里昂·福斯汪格尔（Lion Feuchtwanger）

尼古拉·列斯科夫（Nikolai Leskov）

鲍里斯·苏瓦林（Boris Souvarine）

罗杰·卡洛伊（Roger Caillois）

特里斯坦·查拉（Tristan Tzara）

加斯东·巴什拉尔（Gaston Bachelard）

于尔斯·莫奈罗（Jules Monnerot）

约翰纳·莫斯特（Johannes Most）

约翰·哥特弗里德·索伊默（Johann Gottfried Seume）

格奥尔格·福斯特（Georg Forster）

吉赛尔·弗洛伊德（Gisèle Freund）

西格弗里德·波恩菲尔德（Siegfried Bernfeld）

杰伊·列达（Jay Leyda）

卡尔·古斯塔夫·约赫曼（Carl Gustav Jochmann）

康斯坦丁·居伊（Constantin Guys）

阿尔弗雷德·索恩–雷特尔（Alfred Sohn-Rethel）

奥芬巴赫（Offenbach）

布莱尔（Bryher）

哥特弗里德·本（Gottfried Benn）

弗里茨·利布（Fritz Lieb）

亚历山大·科耶夫（Alexandre Kojève）

格莱特·德·弗朗西斯科（Grete de Francesco）

路易–奥古斯特·布朗基（Louis-Auguste Blanqui）

7

佛迪南·里昂（Ferdinand Lion）

于尔斯·罗曼（Jules Romains）

黑迪·海伊（Heidi Hey）

安娜·赛格尔（Anna Segher）

安德烈·罗兰·德·勒内维尔（André Rolland de Renéville）

赫曼·麦尔维尔（Herman Melville）

汉娜·阿伦特（Hannah Arendt）

海因里希·布鲁彻尔（Heinrich Blücher）

弗里茨·弗拉恩科尔（Fritz Fraenkel）

保罗·倪瓒（Paul Nizan）

雷蒙·格诺（Raymond Queneau）

米歇尔·雷里斯（Michel Leiris）

雅各·马道尔（Jacques Madaule）

保罗·克罗岱尔（Paul Claudel）

多尔夫·斯特恩伯格（Dolf Sternberger）

吕西安·列维-布鲁赫尔（Lucien Lévy-Bruhl）

萨尔曼·肖肯（Salman Schocken）

玛格丽特·斯蒂芬（Margarete Steffin）

西格蒙德·摩根罗斯（Sigmund Morgenroth）

斯蒂芬·拉克纳（Stephan Lackner）

保罗·德斯贾丁（Paul Desjardins）

艾米利·勒弗兰克（Emilie Lefranc）

阿尔弗雷德·都柏林（Alfred Döblin）

弗兰克·卡普拉（Frank Capra）

于斯图·封·李比希（Justus von Liebig）

卡尔·顾慈科（Karl Gutzkow）

海因里希·海涅（Heinrich Heine）

亚历山大·封·洪堡特（Alexander von Humboldt）

莫里斯·贝茨（Maurice Betz）

西尔维娅·毕彻（Sylvia Beach）

朱利安·法维泽（Juliane Favez）

亨利·霍培诺（Henri Hoppenot）

弥尔顿·斯塔（Milton Starr）

亨利-伊雷尼·马罗（Henri-Irénée Marrou）

埃洛瓦·利格尔（Alois Riegl）

加斯东·巴士拉尔（Gaston Bachelard）

洛特雷阿蒙（Lautréamont）

维克托·赛尔杰（Victor Serge）

帕纳伊·伊斯特拉蒂（Panaït Istrati）

亨利·巴比塞（Henri Barbusse）

乔治·萨尔（Georges Salles）

汉尼·顾兰德（Henny Gurland）

8

提莫赛·雷奥利（Timothy Leary）

海因兹·封·福尔斯特（Heinz von Foerster）

鲁兹·丹贝克（Lutz Dammbeck）

朱安·苏纳（Juan Suñer）

斯蒂芬·施瓦茨（Stephen Schwartz）

大卫·毛阿斯（David Mauas）

布莱恩·佛内休夫（Brian Ferneyhough）

查尔斯·伯恩斯坦（Charles Bernstein）

杰伊·帕里尼（Jay Parini）

布鲁诺·阿尔帕亚（Bruno Arpaia）

维姆·温德尔（Wim Wenders）

克劳斯–斯蒂芬·曼考夫（Claus-Steffen Mahnkopf）

茱莉亚·艾森伯格（Jewlia Eisenberg）

约翰·索恩（John Zorn）

瓦勒里奥·阿达米（Valerio Adami）

R. B.吉塔（R. B. Kitaj）

提姆·乌尔里希（Timm Ulrich）

沃尔克·马兹（Volker März）

安塞尔姆·基弗（Anselm Kiefer）

奥拉·罗森伯格（Aura Rosenberg）

坎迪达·霍福尔（Candida Höfer）

沃纳·马赫勒（Werner Mahler）

丹尼尔·利贝斯金德（Daniel Libeskind）

苏珊·阿赫那（Susanne Ahner）

迈克尔·比利基（Michael Bielicky）

达尼·卡拉万（Dani Karavan）

皮埃尔·米萨克（Pierre Missac）

安德烈亚斯·巴德（Andreas Baader）

于尔根·哈贝马斯（Jürgen Habermas）

汉斯·马格努斯·恩森斯伯格（Hans Magnus Enzensberger）